U0839935

民国清流 叁

大师们的中兴时代

汪兆骞 ◎著

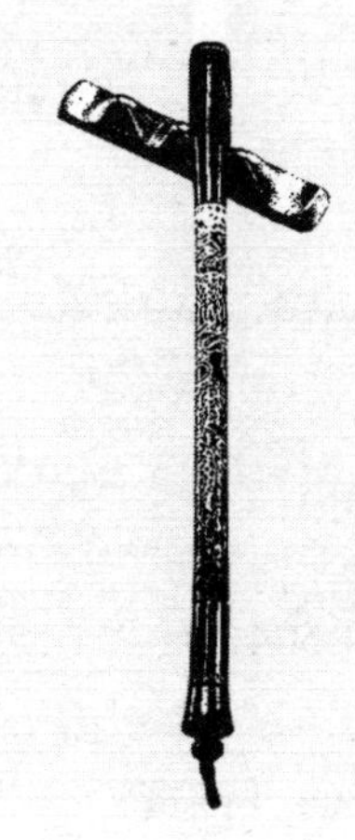

中国出版集团 现代出版社

图书在版编目（CIP）数据

民国清流．大师们的中兴时代／汪兆骞著．—北京：现代出版社，2016.7
ISBN 978-7-5143-5031-9

Ⅰ．①民… Ⅱ．①汪… Ⅲ．①文化－名人－生平事迹－中国－民国
Ⅳ．①K825.4

中国版本图书馆 CIP 数据核字（2016）第 136792 号

民国清流．大师们的中兴时代

作　　者　汪兆骞
责任编辑　张　霆　姚冬霞
出版发行　现代出版社
通信地址　北京市安定门外安华里 504 号
邮政编码　100011
电　　话　010-64267325　64245264（传真）
网　　址　www.1980xd.com
电子邮箱　xiandai@vip.sina.com
印　　刷　三河市宏盛印务有限公司
开　　本　710mm × 1000mm　1/16
印　　张　18.5
版　　次　2016 年 7 月第 1 版　　2018 年 1 月第 5 次印刷
书　　号　ISBN 978-7-5143-5031-9
定　　价　45.00 元

目　录

第一章 民国二十年（1931）

胡适重返北京大学，拉开“北大中兴”序幕。九一八事变唤起国人和知识分子的爱国热情和血性。

1931 年，是民族危机爆发的一年。南京政府公布《危害民国紧急治罪法》，严刑峻法，严加控制言论。7 月，新月书店北平分店被搜查，几百册《新月》被抄没。王造时登上书生论政舞台，在《新月》发表《由“真命天子”到“流氓皇帝”》檄文，酣畅淋漓，讥讽当局，是《新月》论政时代结束前最为响亮的鸣镝。

胡适重返北京大学，选聘丁文江、徐志摩、钱穆、李四光等著名学者到北大执教，一时间，北大人才云蒸霞蔚，社会各界谓之“北大中兴”。

九一八事变唤醒了国人的爱国热情和血性。胡适等知识分子在关乎国家存亡的历史关头，以一腔爱国热忱投入这场民族自卫战争。

此时的周作人是以大时代弄潮儿的身份登上历史舞台的。但到了 1931 年，他在致信汪馥泉时说，当前“封建思想更深且重，所以社会现象亦更不佳，既无反抗之志与力，我想且稍取隐逸态度为宜”。其散文中温暖的人情和人性也渐渐淡化。

冰心散文集《南归》《先知》出版。朱自清作《论诗学门径》《论中国诗的出路》。沈从文《论朱湘的诗》《论刘半农的〈扬鞭集〉》《论中国的创作小说》等论文发表，创作小说《夜渔》《三三》《虎雏》《黔小景》等。胡适发表评论《评〈梦家诗集〉》《以钱穆先生论〈老子〉问题书》《论牟子〈思想论〉》《辨伪举例——蒲松龄的生年考》《〈醒世姻缘传〉考证》等，出版《淮南王书》。

“你总是这样叫人牵挂”——胡适重返北京大学

1930年11月30日，胡适在北方凛冽的寒风中，抵达北平，卜居后门内米粮库四号。距1927年5月17日，自北平迁居上海，已过三年半。其间，胡适曾三次回到北平。

1929年1月，作为董事会董事，胡适北上参加了北平协和医学院校董事会议。他抽空去探望在重病中的老朋友梁启超，不料他赶到时，梁氏刚刚病故几个小时，他悲痛中参加其大殓。后又去北京大学旧地重游，感触良多，赋诗《三年不见他》感怀：

三年不见他，
就自信能把他忘了。
今天又看见他，
这久冷的心又发狂了。

我终夜不成眠，
萦想着他的愁、病、衰老。
刚闭上了一双倦眼，
又只见他庄严曼妙。

我欢喜醒来，

眼里还噙着两滴欢喜的泪，

我忍不住笑出声来：

“你总是这样叫人牵挂！”

1930年6月和10月，胡适受邀到北平演讲与参加学术活动，同时也为来北平寻租新房。胡适在日记中说，他每次演讲都是人满为患，一次到协和医学校用英文演讲，听众仍将会场挤得满满的。通常，关于哲学之类学术性很强的演说听众总是寥寥无几，然而北平的学术界、教育界，总是热情地挤进会场，去听胡适的演讲，显然是对他的思想和文化人格，充满敬意和支持的。10月17日，胡适在日记中写道：“我觉得对社会国家的责任也更重，因为人对我的期望更大了。我如何能负这许多人的期望呢？”胡适常用“凡执事不敬，未有不败亡的”这句话自勉、约束、鞭策、砥砺自己，为中华民族的崛起，勇敢无畏地奉献自己的才智。这句话是在给张学良的信中说的。今天听来，仍掷地有声。

12月6日，中央研究院史语所为胡适开欢迎会，他的学生傅斯年发表热情而真诚的欢迎词，令胡适颇为动容。胡适致答词曰：“生平抱三个志愿：一，提倡新文学；二，提倡思想改革；三，提倡整理国故。此三事皆可以‘提倡有心，实行无力’八个字作为我的定论。”

四天后北京大学为他举行欢迎会，北大代理校长陈大纪、哲学系主任张真如等参加。胡适致答谢词曰：“我们当前的问题是社会、国家、人生、思想，我们应该注意活的问题，不该专研究过去历史上死的问题。古代的成功或失败，仅是我们的指导和教训。我们应该领导社会思想，研究中国当前的社会问题。”

12月17日夜，胡适在北平的米粮库四号宅第，灯火通明，北平各界好友欢聚于寿宴，贺诗拜寿，在生日蛋糕上点起四十支红烛，举杯用英文唱寿诞之歌，为胡适四十大寿祝福。那夜，飘起纷纷扬扬的瑞雪。

1931 年 1 月，胡适到北京大学任教，几经推辞，到 1932 年才接受北京大学校长也是他的经年老友蒋梦麟的坚请，受聘为北大文学院院长兼中国文学系系主任之职。

胡适到北大后，蒋、胡二人多次围炉商议，拟就了一个雄心勃勃的重振北大、加快发展的周密计划。他们再次打出老校长蔡元培“教授治学，学生求学，职员治事，校长治校”的方略，兼设“校务委员会”取代过去的“校评议会”。改文、法、理三“科”为“三学院”，定周炳琳为法学院院长，刘树杞为理学院院长。蒋梦麟自唱白脸，负责“辞退旧人”，请胡适唱红脸，“选聘新人”。胡适如炬慧眼，“选聘”了丁文江、徐志摩、钱穆、李四光、陶希圣、孟森、汤用彤等著名学者、教授到北大执教。一时间，北大人才云蒸霞蔚，社会各界谓之为“北大中兴”。

胡适的《中国中古思想史长编》（七章），也由新月书店正式出版。胡适身在北平，忙于办学，仍不忘为自己在上海发动的人权舆论辩护。是年年初，胡适致信蒋介石侍从室主任陈布雷，强调“《新月》同人在提倡这种个人签名负责的言论自由”，“此类负责的言论，无论在任何文明国家之中，皆宜任其自由发表，不可加以压迫”。

1930 年 11 月 4 日，国民党上海市党部及第八区党部，将写文章批评国民党的罗隆基告到上海警备司令部，指责罗隆基“言论反动，侮辱总理”，罗隆基遂被警备司令部公安局拘捕。在胡适多方营救下，罗被保释。不久，罗又写《我的被捕的经过与反感》。当局又以“挟忿诋毁”为由，强令光华大学开除罗氏。为此，胡适曾代光华大学校长草拟了一个《上蒋介石呈》，直接向蒋介石解释其事缘由并为罗隆基鸣冤，“今有一事上陈，即教育部饬令光华大学撤去罗隆基教员职务是也。罗隆基在《新月》杂志发表言论，意在主张人权，间有批评党治之语，其措辞容有未当。惟其言论均由个人负责签名，纯粹以公民资格发抒意见”，拟请免职撤换处分，以示包容云云。

当时的光华大学校长张寿镛，极力支持胡适，他以校长的身份，给蒋介石上书，力保罗隆基。但翌年 1 月，当局还是以“言论谬妄”，强令光华大学辞退罗隆基的教职。罗继续在上海主编《新月》，依然锋芒毕露地发表他的书生论政。5 月，汪精卫在上海《民报》发表文章说，中国当时有三种思想鼎足而立：共产主义、《新月》派和三民主义。

张寿镛虽多年在朝为官，但以其正直和理性，站到了胡适的一边。张寿镛（1875—1945），字伯颂，号泳霓，浙江鄞县（今宁波）人。乃明末抗击清兵的英雄张煌言的后裔。张煌言，崇祯时的举人。弘光元年（1645），清兵攻陷南京，他与钱肃岳等官吏倡议奉鲁王朱以海监国。清兵入浙东，军败又随鲁王逃浙闽沿海，后入据舟山。永历八年（1654），钱肃岳率军北伐。张率军经宁国、徽州北上。因郑成功兵败，深入无援，又返回浙东，居悬岙岛（今象山境），不久，被清兵所俘，在杭州遇害。有《张苍水集》《北征集》等留世。

张寿镛出身名门，曾在江苏、浙江等地为官。民国后，历任浙江、湖北、江苏、山东四省财政厅厅长。1927 年，国民政府定都南京，任命张寿镛为国民政府财政部次长。后辞去官职回上海创办光华大学，亲任校长，并兼教授。他虽纯为中国传统文化哺育的学者，却注重汲取西方文化精华，中西合璧，办学有成。但他对中国文化最突出的贡献，是穷半生心血，收集、保存、校勘、编辑、出版了《四明丛书》。

《四明丛书》搜集了鄞县历代文化散佚的文献一百七十八种，极具文献价值，堪称文化瑰宝。藏于宁波天一阁。

两天后，即 1931 年 1 月 17 日，陈布雷回信给胡适称，“此事部中既决定，当不能变更”，并表示愿意与胡适等人建立“一个初步的共同认识”。胡适立即从北平再致信陈布雷：“鄙意‘一个初步的共同认识’必须建筑在互相认识之上。”并托井羊先生带上《新月》两份，分别送给陈布雷和蒋介石，希望二人浏览这几期《新月》的言论。胡适还在信中表示，他们看过之后，“该‘没收焚毁’（国民党中宣部密令中语），或该坐监枪毙，我们都愿意负责任。但不读我们的文字而单凭无知党员的报告，便滥用政府的威力来压迫我们，终不能叫我心服的”。

这信，一如胡适在上海的三年半，其政治言论义正词严、理直气壮、毫无顾忌，文章笔势酣畅淋漓。但可悲的是，胡适自己被政治冲撞得鼻青脸肿、鲜血淋漓，却一直对蒋介石尚存幻想。

北京大学新学期开始，胡适开讲“中古思想史”。1931 年 5 月，榴花绽放时，他收到在燕京大学图书馆做工的吴晗的一封信，他在信中说自己正在作《胡应麟年谱》的情况。胡适对胡应麟也有研究，其《文存》有这方面的文章。见信中吴晗寻出吴之器为胡应麟所作的传，推断出“胡氏的卒年是在万历三十年壬寅（1562），存年五十二岁”，与自己推断相关甚微，甚是高兴。他在给吴晗的信中说：“我记得你，并且知道你的工作。你作《胡应麟年谱》，我听了很高兴。”但指出“你信上在万历三十年下注：‘1562’，是大错。不知何以有此误。此年是 1602。生年是 1551”。最后，胡适夸年轻的明史研究者吴晗，“你的分段也甚好，写定时我很想看看”，并邀请他“星期有暇请来谈。罗尔纲君住我家中”。

胡应麟，字元瑞，号石羊生。浙江兰溪人，与胡适同乡。万历中举，屡试进士不第，筑室山中，收藏图书四万余卷，从事著述。其幼能诗，承建安七子诗风而有变化，著有《少室山房类稿》《诗薮》，很有学术价值。

四个月后，吴晗再次写信给胡适，告之蒋廷黻先生劝自己研究明史。胡适致信吴晗说："蒋先生期望你研究明史，这是一个最好的劝告。"信中说，"秦汉时代材料太少，不是初学所能整理"，"晚代历史，材料较多，初看去似甚难，其实较易整理，因为处处脚踏实地，但肯勤劳，自然有功。凡立一说，进一解，皆容易证实，最可以训练方法"。

信中还以自己多年治学经验，从五个方面解答了吴晗所提的几个问题，并将有关学者谢国桢、孟森及其著作介绍给吴晗。最后告诫："请你记得：治明史不是要你做一部新明史，只是要你训练自己做一个能整理明代史料的学者。你不要误会蒋先生劝告的意思。"

其实，二十几天前，胡适为了安排吴晗的学习及工作，已给两位老朋友翁文灏、张子高写信，向他们推荐吴晗。信中说："清华今年取了的转学生之中，有一个吴春晗，是中国公学转来的。他是一个很有成绩的学生，中国旧文史的根柢很好。他有几种研究，都很可观，今年他在燕大图书馆做工，自己编成《胡应麟年谱》一部，功力判断都不弱。此人家境甚贫，本想半工半读，但他在清华无熟人，恐难急切得工作的机会。所以我写这信恳求两兄特别留意此人，给他一个工读的机会，他若没有工作的机会，就不能入学了。我劝他决定入学，并许他代求两兄帮忙。此事倘蒙两兄大力相助，我真感激不尽。"胡适还建议请清华的教授读吴晗的《胡应麟年谱》，"也许他们用得着这样的人作'助手'"。并附上《胡应麟年谱》。

胡适对吴晗无私的关心和指导，使他受益终身。几年后，吴晗成为一位颇有成就的明史学者。

成为明史专家的吴晗，在中华人民共和国成立后，以学者从政，曾任北京市副市长，是大肆拆毁燕京古城的吹鼓手。1966 年，"文化大革命"爆发，吴晗因京剧剧本《海瑞罢官》、杂文《燕山夜话》等，与邓拓、廖沫沙同时获罪，死于非命。

1980 年，台湾《传记文学》第三十七卷第二期，发表了汤晏的文章《从胡适与吴晗来往函件中看他们的师生关系》。确定了师生关系，又有什么意义呢？中华人民共和国成立初，在全国开展批判胡适的运动中，吴晗对恩师胡适照样是口诛笔伐，这是那代文化人的集体悲剧。

是年，胡适还曾复信闻一多、梁实秋，有意牵头《莎士比亚全集》的翻译工作。可惜，种种原因，这一文化工程竟由梁实秋一人穷毕生心血，独立完成三十七卷本《莎士比亚全集》。

在北大教学和著述半年后，暑假到了，1931 年 8 月 6 日，胡适应丁文江夫妇之邀，带儿子祖望到北戴河去度假。

丁文江，江苏泰兴人，地质学家。1921 年与胡适同办《努力周刊》，提倡“好人政府”。1926 年 4 月，曾任淞沪商埠总办。5 月，他在上海各团体欢迎会上发表演说，其中有“鄙人为一书呆子，一个大傻子，决不以做官而改变其面目”等语。1926 年 7 月，鲁迅曾在《马上支日记》一文中，一口气批评了陈源、胡适、牛荣声、刘海粟等一干人，其中有丁文江。鲁迅于 1931 年 12 月写的文章《知难行难》中，针对《申报》一则电文，“南京专电：丁文江、胡适，来京谒蒋，此来奉蒋如，对大局有所垂询……”，再次对丁、胡进行嘲讽。

丁、胡住在北戴河莲蓬山一座别墅里。胡适登上可俯瞰乐亭的碣石山，眼含热泪，自然想起老朋友李大钊。1930 年，《胡适文存》三集出版（亚东图书馆），扉页上题签“纪念四位最近失掉的朋友：李大钊先生、王国维先生、梁启超先生、单不庵先生”。

1931 年 8 月 17 日，胡适携儿子祖望与丁文江夫妇，告别海浪沙滩，回到北平。初秋，9 月 14 日，北京大学第二学期开学。

四天以后，发生了令中外震惊的九一八事变。9 月 18 日夜，日本关东军按早就策划好的阴谋，由独立守备队河本末守中尉率队引爆埋在南满铁路上的炸药，将铁路炸断，却造谣指责中国军队破坏南满铁路。然后在仅仅一周之内，两万多日寇在中国东北的广阔地域上，几乎兵不血刃，相继占领了辽宁和吉林的三十多座城市。

九一八事变，是中国抗日战争史上的标志性事件，自这日起，直到 1945 年日本投降，中日两国处于战争状态长达十四年之久。

在此后相当长的时期内，众多相关历史陈述，皆言国民党政府下达了“不抵抗”的命令。事实并非如此。作家王树增在其长篇报告文学《抗日战争》中说：“1990 年耄耋之年的张学良对采访他的记者说：‘我要郑重地声明，就是关于不抵抗的事情……那个不抵抗的命令是我下的，说不抵抗是中央的命令，不是的，绝对不是。’”按照张学良的说法，“日本要来挑衅，想借挑衅来扩大双方的矛盾……我下的所谓不抵抗命令，是指你不要和他冲突，他来挑衅，你离开他，躲开他，冲突就不会扩大，日本也就找不到动武的借口”，而中央“政府给的回答不外乎是两句话，就是你妥善办理，相应处置”。

张学良后来以发动西安事变而闻名史册，他的话，应该是可信的。

九一八事变，唤醒了国人的爱国热情和血性。原本平静教书治学的生活，已弭平胡适因批评国民党专制带来的伤痕，寂静的书斋也消退了胡适在上海的政治热情。尽管治学和教学的环境深受影响，而心志有些遗憾，但在关乎国家存亡的大是大非的历史关头，他的一腔爱国热忱，又在他身上汹涌澎湃。

"隐逸态度为宜"——周作人躲进"苦雨斋"

1931年年初，北平八道湾十一号周宅，在灰蒙蒙的阴云下，显得清冷而寂寥。周作人在书斋里，写信给汪馥泉，信中说，"我觉得现在各事无可批评，有理说不清，我们只可'闭门读书'，做一点学艺上的工作，此不侒民国十八年的新觉悟也。我觉得现在世界上是反动时代的起头，低文化的各国多趋于专制，中国恐亦难免，且封建思想更深且重，所以社会现象亦更不佳，既无反抗之志与力，我想且稍取隐逸态度为宜"（《现代中国作家书信》）。

周作人是以大时代的弄潮儿的身份登上历史舞台的，他高举"个性解放与自由"的旗帜，扮演了战士的角色，还曾发表《人的文学》《论黑幕》与《平民文学》等重要的进步文章，胡适称《人的文学》是"当时关于改革文学内容的一篇最重要的宣言"（《中国新文学大系·建设理论集·导言》）。周作人这些文章，构成了一个完整的体系，是最能显示五四时期文学革命与思想革命的重要理论。周作人还在1919年的"六三"事件中，站在爱国学生一边，写《前门遇马记》，半是抗议，半是嘲讽，并亲自送到李大钊那里，编进《每周评论》。陈独秀在东安市场撒革命传单被警察厅逮捕，周作人以北大代表名义前去探监，设法营救。李大钊被军阀张作霖杀害，周作人让李大钊之子李葆华躲在八道湾十一号一个多月。周作人还曾着迷于日本的类似共产主义的"新村"运动，那虽是一个空想社会主义的实验地，也是周作人自己的"乌托邦"。中国第一代马克思主义者李大钊是“新村”运动的支持者。进步的周作人，当时的人望是超过其兄鲁迅的。

“清党”以后，周作人躲进寂寞的八道湾，那“苦雨斋”便也萧寂得如同古寺一般。周作人的“五四时代”渐渐结束。

1930 年 2 月 1 日，周作人在《致胡适书》（收入《胡适往来书信选》）中发出这样的感慨：

> 近六七年在北京，觉得世故渐深，将成“明哲”，一九二九年几乎全不把笔，即以前所作亦多暮气，偶尔重读，不禁怃然……

周作人一生读书成癖，且以写作为生命存在方式，“几乎全不把笔”，虽“自知或者于道更近”，却是生命的停滞，其间的痛楚，可想而知。

周作人于 1929 年岁尾，曾提出“闭门读书论”。实际上是一种逃避。周作人面对历史风风雨雨，无可奈何，身处白色恐怖，又选择“苟全性命于乱世是第一要紧”，焉能有所作为？周作人只能沉湎于“凡人的悲哀”了。当他从报上读到胡适以犀利的文锋，批判国民党专制，并讨还“人权自由”，而受到当局排挤迫害时，看似心静如水的周作人，不由自主地对五四运动的旗手老朋友胡适产生深刻的同情。他写信给胡适说：“‘这个年头儿’还是小心点好，拉伯雷说得对，‘我自己已经够热了，不想再被烤’。我想劝兄以后别说闲话，而且离开上海，最好的办法是到北平来……我总觉得兄的工作在于教书做书，也即是对于国家，对于后世的义务。”

尽管周作人的信中，弥漫出文人的世故之气，但胡适还是十分感动。他回信说，“至于爱说闲话，爱管闲事，你批评得十分对。受病之源在于一个‘热’字”，“我对于名利，自信毫无沾恋。但有时总有点看不过，忍不住”。胡适在信中，还引用了王仲任的名句“心渍涌，笔手扰”来表“最足写此心境”。

胡适在信中，对周作人来信中的一句“交浅言深”，颇“有点感触”。胡适十分动情地说：“生平对君家昆弟，只有最诚意的敬爱，种种疏隔和人事变迁，此意始终不减分毫，相去虽远，相期至深。此次来书情意殷厚，果符平日的愿望，欢喜之至，至于悲酸。”

读此信，相信读者会对这两位新文化运动的领袖产生敬意：两人既开诚布公彼此人生选择与政治选择上的分歧，或公开论战于报端，或私下通信相劝；同时都遵循伏尔泰的名言“我不同意你说的话，但我愿意誓死捍卫你说这些话的权利”，尊重对方的选择和言论，保持自己的独立性。

寂寥中的周作人，再受致命打击。1929年11月20日，在深秋肃杀的寒风中，他那如花朵般的十五岁女儿若子，不幸突然凋谢。

对于爱女的夭亡，周作人写《若子之死》记之：

> 十六日若子自学校归，晚呕吐腹痛，自知是盲肠，而医生误诊为胃病，次日复诊始认为盲肠炎，十八日送往德国医院割治，已并发腹膜炎，遂以不起。用手术后痛苦少已，而热度不减，十九日午后益觉烦躁，至晚忽啼曰“我要死了”，继以昏呓。注射樟脑油，旋清醒如常，迭呼兄姊弟妹名，悉为招来，唯兄丰一留学东京不得相见，其友人亦有至者，若子一一招呼，唯痛恨医生不置。常以两腕力抱母颈低语曰，“姆妈，我不要死”。然而终于死了。吁！可伤已。

周作人这段文字，不仅写出爱女夭亡经过，特别是若子临终时神志清明，那一切言行，让人历历在目，不堪回首，更是写出作为父亲的周作人肝肠寸断、如触肿疡的刻骨悲痛，令人泫然。

从此，已四十一岁、意识到“人过中年”的周作人心绪忧郁，向执教的女子学院告假，“在家，终日怅怅无所之”。为了祭悼爱女，他在八道湾十一号寓所，设祭棚，请来众僧人，置道场，放焰口，诵经文。然后素车旌幡，将若子遗体置西直门外广通寺内，托僧侣诵经。后每逢祭日都诵经悼念，成为惯例。周作人乃受高等教育之人，自称是唯物主义者，他这么做，既是抚慰爱女在天国的灵魂，又是借此抚慰自己悲痛欲绝的心灵。更重要的是，他在表达对一切生命的尊重。

接着，在若子逝世后的十二天，周作人在《世界日报》上连续两天刊登广告，将若子之死归罪于德国医院山本忠孝大夫误诊。这种涉嫌迁怒与报复的心理，有些失态。但误诊乃实情，联系梁启超之死、鲁迅之死，皆是外国医生误诊所致，周作人的做法，似又可谅解。笔者有《鲁迅之死与梁启超殒命》一文，刊于 2011 年 11 月 28 日《今晚报》，读者不妨一阅。

1930 年 1 月 5 日，周作人在给胡适的信中说：“去冬十一月次女若子病故，心情恶劣，至今未能安心读书，自思对于死生别无甚迷执，唯亲子之情未能恝然。”

3 月，周作人在《中年》一文中说，“中年是理智的时代”，应“用经验与理智去观察人情和物理”。但若子之死，他表现得并非“理智”。人啊，有时很难说清。

1930 年 5 月，装帧十分精致的小型周刊《骆驼草》悄然问世，立刻引起北平学界的关注。不料，刚到 6 月，左翼作家就在《新晨报》副刊上发表批评文章，讥讽《骆驼草》上的文章，都是文坛“落伍”之流所写。

左翼作家生吞活剥马克思主义文艺观，以“拉普”理论胡乱批评《骆驼草》，不仅引起周作人身边人的极大不满，也让不少自由主义者反感。

《骆驼草》周刊的出版，可追溯到 1924 年。据周作人当年 3 月 14 日的日记载，“交骆驼稿与凤举”，6 月 18 日日记，又记有周作人等在北海公园水榭，下午五时，“由骆驼社宴，二十六人，七时返”。次日，《晨报副刊》报道称：“骆驼社的基干是周作人、张凤举、徐祖正三君。”

1926 年，骆驼社曾出版《骆驼》一期，刘半农在《语丝》第一百一十八期还发表了一篇诗歌《骆驼颂》：

> 祝颂你保持着你雍容的气度，
> 忍受一切人们的侮辱与诅咒。
> 祝颂你永远的慢拖慢拖的向前走，
> 背上永远担负很重的担子。

刘半农面对文坛弥漫着的浅薄与虚浮，赞颂了骆驼社文友的坚忍的文化精神。而这正是周作人筹办《骆驼》的初衷，给浮躁的文坛吹进一缕坚忍的清风。以当时周作人的清明和影响，很快，骆驼社聚集了很多文苑新秀，像与周作人很亲近的俞平伯、废名及冯至、梁遇春等。俞平伯与周作人在 1922 年就熟识，后又成为燕京大学的同事，周是教授，俞是讲师。废名是周作人在北京大学任教时的学生。“清党”之后，周作人躲进八道湾的“苦雨斋”，常去拜访者有俞平伯和废名，后当废名衣食无着时，索性住进八道湾，与老师朝夕厮守。

1930 年，北平已失去文学中心地位，但以周作人和骆驼社为中心，形成了当时北平的一个很有影响的文化圈子。

《骆驼草》周刊是一本新的散文杂志，周作人主持，由废名操办。1930 年 5 月，在《骆驼草》出版前两个月，迁到上海的《语丝》停刊。语丝社是文学研究会一脉的一个文学社团，《语丝》推出并形成的富有思想锋芒的现代随笔，对中国现代散文有贡献。

语丝社成员在创办之初，思想原本就不一致，但在对社会现实进行“文明批评”这一点上，达成了共识，形成了合力。但女师大事件发生，语丝社重要成员鲁迅与周作人、林语堂在要不要执行“费厄泼赖”等方面，发生了分歧，为后来的分化乃至刀笔相见埋下了伏笔。

到后来，语丝体分化成以鲁迅为代表的投枪匕首式的随笔、以周作人为代表的闲适散文和以林语堂为代表的幽默小品。这原本形成了散文样式丰富多彩、风格神味各异的大好局面，但却导致了三方各守城堡甚至大动干戈的局面，真是令人感慨。

《骆驼草》非“语丝体”之延续，而是彰显周作人的“京派”闲适小品风格。其《发刊词》中，开宗明义，“不谈国事”，在“文艺方面、思想方面，或而至于讲闲话，玩骨董，都是料不到的，笑骂由你笑骂，好文章我自为之，不好亦知其丑”。徐祖正在《骆驼草》上发表《文学运动与政治的相关性》说：“希望从事政治革命的人始终不要丧失在文艺世界里少了不成的那种真挚性与彻底性；同时对于从政治的立场回来谈文艺的人少用一点他们的宣传与煽动。”此文表达了《骆驼草》对政治的旁观、超然的态度。这少不了引起进步年轻人特别是左翼作家的批评，称《骆驼草》的作家群是“没落”文人。俞平伯作《又是没落》(《骆驼草》第七期)，反驳这些批评。

俞平伯的反驳是无力的。试想，在国民党黑暗专制的统治下，有良知的文化精英如胡适、罗隆基、张寿镛等，不惜身家性命，掀起人权舆论浪潮，而骆驼社的作家却对此持超然、旁观的态度，知识分子的社会担当和良知何在？

周作人是“京派”散文的代表人物。在《新青年》和《语丝》时，他还是反封建礼教的战士，他那高扬思想启蒙精神的犀利的战斗驳难的文字，犹存其作品间，给他带来很高的声誉。到了 20 世纪 30 年代，文坛各种成分和力量壁垒分明，针锋相对，躲进“苦雨斋”的周作人，还是被卷入社会、生活的旋涡，并没有做到真正的超然。

1931 年，周作人到北平辅仁大学讲演《中国新文学的源流》（1932 年 9 月由北平人文书店印行），在谈到新文学与传统文学衔接汇通时，主张“即兴言志”的创作态度，强调尊重文学的独立性，维护作家自由表达思想的文学原则。从中我们看到这位曾经的新文学的带头人，渐渐偏离了新文学的主潮，走上一条田园牧歌式的文艺之路。

《骆驼草》诸作家之“即兴言志”，是回避政治，言个人情感意绪之态。其散文多冲淡自然，讲究收敛和内蕴，文白相间，收放适度，简约自然，形成一种平和、雍容、淡雅的风格。

值得注意的是，人们读周作人的散文，多讲其清淡的素质、低回的趣味、絮语般拉家常式的风格，却忽略他散文中长存的温暖的人性和人情。

“北平是我的老家”——老舍拓宽了小说题材的疆域

梁实秋在《关于老舍》一文中，曾提到老舍为了文学创作和工作，是非常注意体育锻炼、强健身体的。老舍曾给梁实秋的女儿梁文蔷题词曰：“身体强学习好才是最好的公民。”梁实秋说：“虽然是泛泛的鼓励后进的话，但也可以看出老舍之朴实无华的亲切态度，他深知‘身体强’的重要性。”老舍自己也在《自谴》中说：“没有身体，便没有一切。”故老舍一生大凡条件允许，都注意锻炼身体。

笔者的同事、老舍的大女儿舒济大姐在《从父亲老舍的满族籍和习好说起》一文中，介绍老舍 1930 年夏从英国途经新加坡时，做了几个月教师，然后再经上海回到北平，“住在他的同学、好友白涤洲家中”。“一天，北平学生画报社记者陈逸飞去拜访他，他正在屋中练拳，他对陈逸飞说，他练的是昆仑六合拳的内家拳，专重气功，是为了养生防身。陈不信可以防身，两人一过手，一下子就把陈击败。”

1933 年 5 月，老舍离开北平去济南齐鲁大学教书，因腰背痛，求医难愈，遂拜山东第一枪马子元为师，先学太极，“继以练步，重义潭腿”，练查拳、洪拳、六路短拳等，“又习及枪剑与对击，多外间鲜见之技”。一年多来学会二十多套，而且病痛痊愈，气色红润，精神饱满。老舍为此特赠师傅马子元折扇一把，将习武经历，尽写扇面之上。次年全家搬到青岛，老舍在山东大学任教。一日，诗人臧克家到老舍位于金口二路的寓所拜访，见门楼墙壁上挂满刀枪棍棒十八般武器，知老师老舍乃一练家子（见臧克家《老舍永存》)。

1935 年，在山东大学春节辞旧迎新晚会上，老舍特为师生表演了一套剑术，天津《益世报》以“废年·除夕·青岛·山大一夜狂欢，笑神老舍大显身手”为题，做了报道。

1937 年，抗日战争爆发，老舍弃家小，孤身逃至武汉，加入抗日队伍。时任国民党中央副主席的冯玉祥将军，见老舍写文章宣传抗战，又每天打拳练武，便在最寒冷的冬天对手枪队的士兵说：“你们看见舒舍予先生没有？他每天早晨穿着单衣打拳，没有一天不是这样。”勉励士兵向老舍为抗战而习武的精神学习。

正是老舍一生不间断地习武，战胜病魔，强健身体，他才能以充沛的精力，投入抗日战争的繁重工作。1945 年从美国回中国之前，老舍还应宾夕法尼亚州女作家，后以小说《大地》获诺贝尔文学奖的赛珍珠之邀，在为受伤的“二战”军人举办的盛大晚会上，表演了出神入化的太极拳，显示了他的自尊和自信。

赛珍珠在她的《中国的过去和现在》一书中，记载了这次晚会：

> 老舍的表演精彩非凡，简直是美妙无比的舞蹈，深深地赢得了大家的赞叹。

老舍善于讲演。讲演既是脑力劳动，又是体力活。舒济在《老舍讲演集·后记》中说，他曾有一百七十多次的讲演记录。1936 年在北京大学做《闲话创作》讲演，第二天《北平晨报》报道：大礼堂里“俱无立足之地了”，“可以说打破了历来公开讲演的盛况”。没有好身体支撑，是办不到的。

1952 年，在北京东城迺兹府丰盛胡同十号自家的四合院里，已五十三岁的老舍还拜皮鞋厂李经理为师，学习太极气功。

最为精彩的是，1965 年春，老舍率中国作家代表团访日的一个月间，结交了不少日本文学界的朋友。一次聚会，在未经安排的情况下，老舍与日本年轻的剧作家城山三郎进行了一次交手武术表演。后来城山三郎回忆道：

> 无论如何也想不到，瘦小体弱的老舍先生，走路离不开手杖，居然一出手，就差点使我跌倒，败下阵来。不知老舍先生体内蕴藏积蓄了精气，真有功夫啊！

六十六岁的老舍，继承了自己民族强烈的崇尚武功的精神，一生习武，坚持不懈，使他强健身体、精力充沛，为实现文学梦想提供了最有力的支撑。可惜，从日本回国的第二年，一生“练武学文，扶危敬老”的老舍，连自己都救不了，在“文化大革命”的风暴中，为抗议非人性的政治迫害，也为自尊，而自沉太平湖。

1932 年 8 月，老舍开始在《现代》杂志上连载长篇小说《猫城记》。次年 4 月连载完，历时八个月。《猫城记》这部寓言体式奇幻小说，是老舍创作生涯中重要的小说之一。

《猫城记》以猫城影射国民党统治下的黑暗中国，是对当时中国“政治、军事、外交、文化和教育诸方面”的深刻思考。用王瑶在《关于中国现代文学研究工作的随想》一文的话，主要是写“国民性弱点……与改造国民性有联系”。又有人说，“猫人在很大程度上暴露出被吴敬梓到鲁迅这一系列作家所鞭挞过的‘国民性’上所有的那些弱点”。

鞭挞“国民性”，这是个极严肃的主题。鲁迅在小说创作中关注过，老舍也予以极大的关注，并终其一生都在努力地思考和表现这一课题。老舍的小说、话剧所包含的他对于民族心态中一些消极症候的真切把握，以及忧虑与批判力度上，甚至超过鲁迅。

《猫城记》正在《现代》连载的12月，胡风应《文学月报》主编周扬的邀请，撰写了一篇题为“粉饰，歪曲，铁一般的事实”的长篇评论，发表在《文学月报》第一卷的第五、第六期上，署名谷非。胡风在文中称，他所批评的是在《现代》杂志第一卷上，张天翼、魏金枝、穆时英、杜衡、施蛰存、沈从文、郁达夫、巴金、靳以、马彦祥、沉樱、汪锡鹏、严敦易、彭彤杉等十四位作家所创作的“全体二十三篇（除掉未完成的《猫城记》）创作”。

胡风写道：

> 我们的作者们以为站在第三种人的中立的客观立场上，可以把握到客观的真实，殊不知他们的认识大大地受了他们的主观的限制。为了他们“艺术”的前途，我们诚恳地希望作者们“百尺竿头更进一步”，和新兴阶级的主观能够有比现在较好的接近。

胡风初登文坛，便以“左倾”机械论指导上的“政治艺术一元论”的霸道，“一竿子打翻一船人”，把一干优秀作家如巴金、沈从文等十四位作家全部打成“第三种人”。联系后来他与周扬之间长期的殊死争斗，不难看出，他们的分歧只在宗派主义，在文艺理论上并无差异，都是“政治的正确就是艺术的正确”那套歪曲马克思主义文艺思想的谬论。

即便在当时，胡风的文艺观，也遭到迎头痛击。苏汶在他的《一九三二的文艺辩论之清算》（《现代》第二卷第三期）一文中，一针见血地批评胡风摆出一副无产阶级批评的架势，实乃以阶级划分作家的“左倾”宗派主义，毫无道理地把进步作家打成“第三种人”的谬论。

巴金的反批评《我的自辩》(《现代》第二卷第五期),也批评胡风“拿出一个政治纲领的模子”来机械地套作品，只讲政治，而根本不顾及“构成一个作品的艺术上的诸条件”。

《猫城记》尚未连载完，故老舍因“未完成的一篇”，侥幸逃过胡风的批判。老舍虽未对胡风进行反批评，却以另一种方式，表达了对胡风的鄙视。1934 年，他在小说《抓药》中，塑造了一位名叫青燕的“只放意识不正确的炮”，把作家往死路上逼的评论家。该小说别具匠心地借用一个叫二头的农民的嘴骂他“揍死个狗东西”，意味深长，让人会心一笑。

抗战初期，胡风仍视老舍为中间派，对老舍能被任命为政治部设计委员一职深为不满。他认为这一差事是军委会政治部为延揽国内外知名人士而特设的。此乃每月有二百元车马费，“挂名拿钱”的美差。

1939 年，胡风主编的《七月》发表了老舍的《“五四”之夜》，这是《七月》唯一发表的老舍的作品。胡风评价说，老舍“写了一点现象，没有内在的东西，只好把开头的一段空话去掉发表了，应一应景”(《胡风全集》)。

李广田却非常推崇老舍的《“五四”之夜》，是极具眼光的。即便今天重读《“五四”之夜》，也不能不赞叹，老舍是用他的眼睛、耳朵和“心灵”，记录和呈现了重庆遭受日寇轰炸时，中国作家周文、罗烽、赵清阁、宋之的等瞬间的行为、心灵的反应，为抗战的知识分子留下了一帧珍贵的剪影、一段珍贵的故事。

1944 年 4 月 17 日，重庆隆重召开了“老舍创作二十年纪念会”。胡风做了题为“祝老舍先生创作二十周年”的发言，对老舍的创作、人品，第一次做了正式的评价。他认为老舍在抗战前期的作品，“所走的道路不仅仅是‘旧风流’，那里面还有着流到现在以至将来的血脉”。他对老舍抗战时的创作评价也不高。他认为老舍在抗战初期，利用旧形式来做“救急”的工作，是“落进了当时一些理论家所犯的误解”。虽然，胡风的文艺观念由“政治文艺一元论”改为二元论，政治与艺术分论，可见受到毛泽东的《在延安文艺座谈会上的讲话》的影响。但他对老舍的成见，似并未改变。一直到中华人民共和国成立时，胡风身陷囹圄，也未改变对老舍的看法。不过，胡风看不上老舍的作品，只是透明、干净的文艺之争，与个人恩怨无关。

熟悉故都北平城的老舍，对这座日渐衰败的古都里的平民百姓的生活更为了解。清朝已灭，八旗再无金鼎玉食，城市平民多以当警察、拉洋车、街头卖艺、做小买卖甚至沦落八大胡同做皮肉生意为生。因此，老舍的创作实践中，常常对这些平民的命运予以关注。

1934 年写的长篇小说《离婚》，是老舍自己较为满意的作品。小说通过一群在政府供职的公务员无聊的生活图景，揭露官僚机构的黑暗腐败，小说后面部分还从侧面抨击了特务制度的丑恶，开拓了小说一个新鲜的疆域。

老舍将幽默笔法注入小说创作，乃是他的艺术特色，但在初期把握尚欠火候，并因此遭到非议。他并没有因此放弃那种在本民族生活环境下与生俱来的幽默艺术个性。早期他之所以遭到批评，是因为他把幽默只当外加的笑料，附丽而不是融于作品之中。

创作《离婚》的过程中，老舍内心就有矛盾。他在《致赵家璧函》中说：“时局如此，而我又非幽默不可，真是心与手违，含着泪还要笑，笑得出吗？不笑，我又不足得胜！”最后，他还是坚持这部长篇“返归幽默”（《我怎样写〈离婚〉》）。他把幽默作为表达主题的有机成分，使幽默讽刺变成叙事和塑造人物的艺术手段，较深刻地写出了一群小公务员自私、庸俗、苟且偷安又相互倾轧的灵魂。或许他的幽默讽刺还未达到出神入化的水平，却在含泪的微笑中对这些人物做了批判，发挥了幽默的艺术效果。

《离婚》取材于北平的日常生活，小说中的人物和他们生活的场景，都是老舍极为熟悉的。通过生活细节的描写，让读者看到下层市民的人情世故、悲欢离合，让读者看到一幅幅生动形象又生趣盎然的市井、世态、风俗画卷。说到底，小说的基本审美范畴是塑造人物。《离婚》写出了小市民生活的沉落与心灵的空虚，当中个个都是活灵活现的人物形象。

史家们都说老舍以长篇小说见称，或以话剧为人所乐道，其实老舍的中短篇小说也很精彩。如《月牙儿》写本分的母女两代为生活所迫沦为暗娼的悲惨命运。天真无邪，对皮肉生涯一无所知就沉沦毁灭，使悲剧意味更为强烈。《月牙儿》是以一种富有抒情意味的语言，讲述两个善良女性被毁灭的悲惨故事，使悲剧性更浓烈。

长篇小说《骆驼祥子》是以北平城里的平民为原型，创作出来的优秀作品。《骆驼祥子》写于 1936 年，是老舍辞去山东大学教授之职，成为专业作家后的首部长篇。对于小说主人公祥子，老舍早就听坊间说，有个车夫买车卖车三起三落的经历，非常熟悉车夫生活的老舍，以他小说家的艺术敏锐，认定这个车夫具有典型意义，“这颇可以写一篇小说”，便“入了迷似的去搜集材料”，最后写成关于一个车夫从上进好强而沦为自甘堕落的悲剧命运，从而揭露旧社会把人变成鬼的罪行的《骆驼祥子》。

新文学肇始以来，胡适、鲁迅、闻一多、郁达夫等作家都写过人力车夫。从对人力车夫的深刻了解，小说《骆驼祥子》在局部生活细节体察入微和从其灵魂深处的喜怒哀乐的把握上，以及祥子们与社会生活多方面的联系，融会贯通的体验、展示上，是远远超过胡适、鲁迅、闻一多、郁达夫的。说到新文学史上称得上典型人物的，与鲁迅的阿 Q、巴金的觉新相比较，祥子算是最具光彩的文学典型了。

除了祥子，大胆泼辣、有点变态的老姑娘虎妞，霸道凶残的车主刘四，欲起又落的二强子，忍受迫害的曹教授，一步步走向毁灭的小福子，也都个个鲜活，成为“陌生的这一个”。

当然，《骆驼祥子》在展现古都北平色彩斑斓的生活风光时，小说的时代背景就显得薄弱、凝滞，看不到那个时代涌动的社会变化。小说浓重的悲剧气氛，显示了强大的批判力量。有人批评，小说只有阴郁绝望，而毫无希望。这不是《骆驼祥子》的不足，也不是老舍的过错。这种悲剧正是批判现实主义的力量，也是老舍清醒严谨的现实主义特色。左翼作家在处理这类题旨的作品时，总是给人物以出路，以希望。也正因为如此，他们没有谁写出一部超越《骆驼祥子》的作品。因为加上光明的尾巴，既违背了历史的真相，也违背了文学反映生活的艺术规律。“文化大革命”时，江青炮制了八个“样板戏”，个个都是歌颂光明和英雄的，但骨子里是为文化专制主义唱颂歌，而掩盖反人类政治的罪行的。奇怪的是，党的十一届三中全会全盘否定了“文化大革命”，而“文化大革命”的旗手江青亲手炮制的“样板戏”，现在仍在改革开放的语境下，大行其道。

无巧不成书，《骆驼祥子》在1945年，由美国人伊万·金翻译成英文，改名“洋车夫”时，还真的将悲剧结局改成团圆结局。遂了某些中国评论家的愿。

伊万·金的译本《洋车夫》成了美国纽约著名的读书俱乐部“每月一书”的畅销书。被老舍评价为“译笔不错”的《洋车夫》，让老舍的小说真正走向了世界。该译本影响巨大，带动了老舍的其他作品被译成多国文字，在海外风行。

《洋车夫》不仅“译笔不错”，而且装帧华美，黄色布面精装，内附五十多帧线条流畅、生动形象的速写插图。从妇女的头饰、男子的长辫来看，故事发生在北洋军阀时期，这无疑与《骆驼祥子》所描写的民国初的社会生活有出入。翻译者并没有北平的生活经验，对中国文化也不甚了解，有关北平的生活、风俗、气象、景物多是望文生义，错误不少。

翻译者还画蛇添足地添加了人物与故事情节。比如让清华大学女大学生高喊“出版自由”，“打倒密探”，“驱除政治中的腐败”，“言论自由”等革命性的口号，这显然是伊万·金并不了解北平的社会状态而按西方人的观念，硬加给女大学生的东西。这怕是左联的革命作家们都望尘莫及的革命行动。但这一切充满了进步色彩的拔高，违背了北平真实的政治生态，也不是老舍在那个时代对革命者形象的认识。

小说的结尾，更是狗尾续貂，将小福子沦落“白房子”，最后上吊自尽，祥子也彻底堕落的悲剧，改成祥子抱奄奄一息的小福子冲进树木，他们活着“自由了”的大团圆结局。

伊万·金让祥子不要堕落、绝望，给他安排了一个有希望的未来，是为了顺应、迎合美国读者的阅读期待，这也是文化差异造成的。

不尊重原著的意愿，擅自对《骆驼祥子》的结构、人物、题旨进行篡改、“归化”，老舍是不赞同的。这也是违背文学创作规律、翻译作品原则的错误行为。然而，正是伊万·金这样的译本，使老舍的作品产生了广泛的世界影响。

与《骆驼祥子》同时发表的，还有在《论语》上连载的长篇《文博士》（发表时名为“选民”）、中篇《我这一辈子》等。《我这一辈子》通过一个巡警的自述，呈现了一幅北平底层社会悲惨阴暗的图画。小说在对不合理的世道表述了愤慨的同时，还喊出“这世界……换个样儿”，对旧世界予以彻底的否定。

写于1937年，曾在天津《方舟》杂志连载前四章的小说《小人物自述》，值得一提。《小人物自述》发表后，随着社会的动荡、刊物的消失，也消遁了，连老舍自己都不知该小说之所终。直到老舍去世十多年后，才被文学界意外发现。

人们发现，《小人物自述》在题材、人物、社会背景上，与老舍20世纪60年代创作的长篇自传体小说《正红旗下》有些相似。区别只在于，《正红旗下》描写的满族生活场景是《小人物自述》中所没有的。想来也好理解，在民国时期，社会上的“排满”情绪尚普遍存在，老舍有意地回避了。老舍在1942年写的《入会誓词》中说，“在‘七七’抗战那一年的前半年，我同时写两篇长篇小说”，卢沟桥的枪声一响，“遂不续写”。后来，连原稿也散失了。《小人物自述》当属这两部长篇之一。

后来老舍创作《四世同堂》（包括《惶惑》《偷生》《饥荒》三部分。1950年开始发表《饥荒》），开始重回市民社会，写沦陷的北平人民的苦难生活和斗争精神。《小人物自述》《四世同堂》《正红旗下》主要情节的舞台都在老舍出生的那条小胡同，这是因为老舍对生于斯长于斯的故乡热土的深深眷恋。

老舍在《我怎样写〈离婚〉》一文中说：

北平是我的老家，一想起这两个字就立刻有几百尺“故都景象”在心中开映。

老舍（1899—1966），原名舒庆春，字舍予，北京人，出身穷苦的满族旗人家庭。父亲是一个月挣三两饷银的皇城护军，为了保卫京师，在庚子事变八国联军的炮火中死亡。从此一大家人“全仗母亲独立抚养”。老舍在《我的母亲》（1943年《半月文萃》）一文中写道：“为我们的衣食，母亲要给人家洗衣服，缝补或裁缝衣裳。在我的记忆中，她的手终年是鲜红微肿的。”

勤劳、倔强、为人热诚的满族下层劳动妇女，在精神上也哺育了老舍。生活的贫困与艰难，激起了他对黑暗社会的愤懑和对于古城平民的同情。

强烈的平民意识，给他创作的选材和命意以深刻的影响，对老舍走向人民艺术家的道路也予以深远的影响。

老舍的出身、经历及个人独特的艺术气质，形成了他自己的文学视角和艺术风格。在20世纪30年代的中国文坛，他在题材上突破了新文学限于青年学生和知识分子的圈子，拓展到市民群众中去，这是老舍对新文学的独特贡献。

北京大学“三大魔”之一——废名与《骆驼草》

废名是《骆驼草》周刊的真正编辑者，这与周作人对他的器重和信任自然分不开。废名从《语丝》到《骆驼草》，一直追随周作人，他的所有小说集都是由周作人包办作序。可见师生间的情谊之深。废名在散文周刊《骆驼草》上发表的《莫须有先生传》和《桥》，本可属小品一类，但废名归到自己的小说集。周作人在给废名的小说集《桃园》作跋时说：“废名君是诗人，虽然是做着小说。”肯定其小说是诗的小说。

废名的诗小说或曰散文化的小说，大体可分为两类。

一类写乡村儿女翁媪之事。如《北平通信》，是写童年回忆的。从北京少雨、少雾、干燥的天气，忆起儿时在长江畔总能看到的“湿意的云”。是写故乡，又是写北京。《五祖寺》视角独特，写六岁的自己，在“一天门外”等待上了五祖寺的母亲和姐姐回来的情景。“最可赞美的，他忍耐着他不觉苦恼，忍耐又给了他许多涵养。”“那里等于一个凉亭，半山之上，对于上山的人好像简单一把扇子那么可爱。”一笔未写五祖寺，却笔笔都落在寺上。而今日几去五祖寺游览，已再无童年的意趣。这类小说崇尚平凡，多写生活情趣，颇有禅味。《打锣的日子》《放猖》等，也将童年的感受与禅意的暗示融合。

与写童年回忆的明净不同，废名的另一类散文小说是议论性的。多是对古代文学经典的重解。鉴于废名文学功底深厚，其观点取自阅读经验，颇为独立不凡。《孔门之文》写孔门的学生；《陶渊明爱树》为诗文新释；《三年两竿》说六朝文章是“乱写”的，正是不刻意为文，方能随性挥洒，于冲淡朴纳中显露深意。所以废名心仪和借鉴六朝文章。

周作人在给废名小说集作的序中，表达了自己极喜欢废名的乡土写实、流露寂静之美的小说。鲁迅一开始觉得废名小说尚可，但后来评价不高，在其《中国新文学大系·小说二集·导言》里说：

> 后来以“废名”出名的冯文炳，也是在《浅草》中略见一斑的作者，但并未显出他的特长来。在一九二五年出版的《竹林的故事》里，才见以冲淡为衣，而如著者所说，仍能“从他们当中理出我的哀愁”的作品。可惜的是大约作者过于珍惜他有限的“哀愁”，不久就更加不欲像先前一般的闪露，于是从率直的读者看来，就只见其有意低徊、顾影自怜之态了。

鲁迅此评显然失当。沈从文、李健吾、朱光潜等人就颇不赞同。朱光潜以笔名孟实，写《〈桥〉》(载1937年《文学杂志》)一文，肯定地说，“撇开浮面动作的平铺直叙而着重内心生活的揭露”，“偏重人物对自然景物的反应”，“充满的是诗境、是画境、是禅趣”。

在沈从文、朱光潜看来，废名的小说《桥》，除了如一般小说一样都反映农村风景和风情、风俗之美外，还透露出一种独有的人生态度和体悟生命的方式。而早期对农村小人物的不幸命运的同情，已转向对人间社会人生的“真”与“梦”的营造与编织。小说中小林天真快乐的乡塾生活，他和史家庄美丽的琴子青梅竹马的日子，长大后小林辍学回乡，同未婚妻琴子和堂妹细竹三人的微妙感情关系，是那么宁静、和谐，有波澜却不惊，构成了一曲世外牧歌般的交响乐。小说没有回避社会生活中的矛盾冲突，也无意淡化人性丑陋，而着重呈现人物自重自爱、返璞归真的性情和自然适意的生活形态，表达了废名身处乱世中，对人间美好生活的向往。

废名是位参禅打坐的居士，他的小说将西方的现代哲学思想与东方禅宗思想两相融合，他是利用小说纯粹的童心，抒发自己在人生困顿到乐天知命的人文情结。另外，小说中的人物隐逸的气息浓重，貌似放浪形骸，实为表现知识分子心中的困惑和忧郁。

废名小说为我们贡献的独特文本，比其小说提供的对生活与人生的文学性阐释更为重要。废名的小说淡化故事，重在烘托诗境，正如后来汪曾祺在《作为抒情诗的散文化小说》中所说，废名是中国 20 世纪“作为抒情诗的散文化小说”的开山鼻祖，对“京派”文学的渗透力极大。“京派”小说坛主沈从文，还有芦焚（师陀），甚至汪曾祺、何立伟，都从废名那里汲取过养料。

废名，名冯文炳，湖北黄梅人。童年时家乡的枫柳、沙滩、小桥流水，县城外的四祖寺、五祖寺等禅宗圣地，给他留下了受用一生的文学记忆。1922 年北上北京，进北京大学预科。1926 年发表作品时，使用“废名”之名。1929 年从北大英文系毕业并留校任教。其时，他的第一部短篇小说集《竹林的故事》已出版。

1930 年，骆驼社创办《骆驼草》时，周作人让废名做实际编辑者，很好地贯彻了周作人提倡的平淡隐逸的文学思想，《骆驼草》成为“京派”作家的重要阵地之一。

周作人是 1923 年 9 月第一次见到废名。那时，冯文炳在北大校园里已小有名气。读其文，周作人发现有些“涩”，但却喜欢，破例主动为废名《竹林的故事》作序。这让一直崇拜周作人的冯文炳，喜出望外。

周作人在《怀废名》一文中，对废名的音容笑貌，是这么描写的：

废名之貌奇古，其额如螳螂，声音苍哑，初见者每不知其云何……废名眉棱骨奇高，是最特别处。在《莫须有先生传》第四章中房东太太说，莫须有先生，你的脖子上怎么那么多的伤痕？这是他自己讲到的一点，此盖由于瘰疬，其声音之低哑或者也是这个缘故吧。

《莫须有先生传》系废名的小说，莫须有是该小说的主人公。因莫须有言行乖张、内向、躁郁、自卑，颇像废名，便称废名为莫须有先生。但周作人只看到废名的“特殊的谦逊与自信”，这可能是过于喜欢爱徒之缘故吧。

冯文炳见到鲁迅是两年之后。那时作为学生的冯文炳已是《语丝》的重要作者了。沉静木讷的冯文炳，没有给鲁迅留下太深的印象。

1926 年，废名对鲁迅是理解的。他在那年 6 月的日记中写道：“昨天读了《语丝》八十七期鲁迅的《马上支日记》，实在觉得他笑得苦……而他玩笑似的赤着脚在这荆棘的道路上踏。”但到了 1930 年，废名对鲁迅站到左翼作家一边就不理解了。他曾在《人间世》写文章批评鲁迅、郁达夫等组织的左联是“文士立功”。自然遭到鲁迅的批判，鲁迅在《势所必至，理有固然》一文中，嘲讽道：

有时发表一些顾影自怜的吞吞吐吐的文章的废名先生，这回在《人间世》上宣传他的文学观了：文学不是宣传。

若真懂马克思主义文艺观，鲁迅自然会羞于他主张文学是宣传的主张了。

不少文史书籍都说，废名于 1929 年从北大毕业后，即留校任教。事实是，废名毕业后，曾有三年到处奔波谋职。据胡适为废名做的一个任职资格证明来看，废名是 1931 年 11 月被北大聘为讲师的。1931 年，南京的《现代文学评论》发过一则消息“冯文炳将来（南）京”，可证在北平找不到工作的废名，曾想到此地谋生。在谋职的三年里，废名写了《桥》《莫须有先生传》，于 1932 年出版，引起社会关注，给他到北大任教，创造了条件。

受聘于北大后，废名给学生留下怎样的印象？他的学生柴扉在《〈莫须有先生传〉的作者》一文中说：

> 他说话时不住地摇着他的脚。他的口音很低，好像喉间腻有许多痰。我从他的装束——黑皮帽、呢大氅、驼绒袍——和短短的平头，瘦削的脸，深陷的眼，看他好像是个拘谨的商人。

废名第一次登上讲台，讲的是鲁迅的《狂人日记》。他摘掉帽子，用深陷的眼睛扫了扫课堂里的年轻学生，然后出声。声音不高，却振聋发聩：“敝人对《狂人日记》的理解，比鲁迅先生自己了解得更深刻。”学生个个目瞪口呆，然后是人声鼎沸。待课堂安静下来，他讲得头头是道。指出《狂人日记》与俄国作家果戈理的小说同名，又都写“迫害狂”患者的心理活动和精神状态，自己是读果戈理的《狂人日记》的。学生们觉得这狂放的老师，还真是有学问、有见识的。

有时，废名确实有些狂傲。一次，他给学生讲修辞炼句，不讲唐宋八大家，也不讲明清小品，而以自己的（未完成的）长篇小说《桥》中的句子为例说，“日头争不入”一句，就是托出诗境的神来之笔，真是“世上唯有凉意了”。学生说：“先生是否认为自己是大笔了？”废名笑不作答。

抗日战争爆发，废名告别留在北平的老师周作人，回到老家湖北黄梅，在县城一所小学谋得小学教师之职。从全国文化中心避难到寂静的有禅宗圣地铜磬诵经声萦绕的山村乡野，废名的灵魂是寂寞的，他的心开始向佛，写出了《阿赖耶识论》。多年后，他拿给诗人卞之琳看。1929 年废名从北大毕业留校任教，卞之琳刚入北大英文系，也算是废名的学生了。废名对卞之琳说，《阿赖耶识论》是自己“对佛的一种认识”，是“正合马克思主义真谛”的。而废名的好朋友熊十力也是研究佛学的，闻此论，大为不屑，二人经常为此争吵不休。邻居早已习惯二人的高声辩论，常常对这两位书呆子一笑了之。但有一天，论争之声戛然而止，众人前去一看，废名与熊十力正扭作一团，相互拳打脚踢。众人忙将二人分开，然后掩嘴窃笑。

二人的老师周作人，将之写进《怀废名》中：

有余君与熊翁同住二道桥，曾告诉我说，一日废名与熊翁论僧肇，大声争论，忽而静止，则二人已扭打在一处，旋见废名气哄哄的走出，但至次日，乃见废名又来，与熊翁在讨论别的问题矣。

两位书生憨直的举止神态及文化精神，皆现于笔端，让人读来不禁莞尔。

1934 年，由邵洵美主编的《十日谈》第四十四期上，有一篇文章写周作人与废名的关系：

记得今年暑假，周作人先生为了搜集做日本文学史的材料，到了东京的时候，有一个日本人问他，周先生的弟子有没有几个特别出色的人物。当时周先生回答道：“有，一个是在清华大学教书的俞平伯，一个是北京大学担任讲师的冯文炳，便是笔名废名的冯先生。”

可见周作人是多么器重弟子废名的。当时，废名被称“京兆布衣周作人氏的三大弟子”之一。

1946 年，废名经俞平伯推荐，返回北大中国文学系任副教授。三年后，已成为教授的废名，从老家黄梅把儿子接到北京，妻子仍在乡下。熊十力则不接家眷，自雇了一个男佣，每天打杂做饭。废名天天带着儿子到熊家蹭吃蹭喝。酒足饭饱之后，好戏——争吵便鸣锣开幕。

卢沟桥事变后，北京大学将废名解聘了。在他无奈回湖北黄梅避难前，曾在北京雍和宫住了一段时间，史料鲜有提及。

1939 年 8 月 11 日、18 日的《新北京报》副刊，曾两次刊登废名致朱英诞书简，名曰“冯文炳书简”，还加个小按语：“最忠实于自己灵魂的废名先生的作品，多年不见了。这些短简，是他寄给朱英诞先生的。谢谢先生的盛意，他让我们知道冯先生平安，让我们在冷落的文苑里，竟得尝了一滴‘竹青色的苦汁’。”

书简之一，是谈朱英诞的诗集《无题之秋》，准备邀林静希及几位诗友到公园讨论一下。

另几封书简也是写友人聚会、谈诗说禅的。前不久，见收信人朱英诞写的《纪念冯文炳先生（外一篇）——西仓清谈小记》（《新文学史料》）一文，让我们对那时废名的处境有所了解。

> 卢沟桥事变后不久，我收到废名先生一函，匆匆跑到雍和宫西仓后院去找他；这是一个僻静的禅房，院中只有两棵瘦松。
>
> 冯先生说，他们把他解聘了。我以为：“走吧。”冯先生当时颇以为知言。

废名借住的西仓后院，是他的少年时代的同学，行脚僧寂照的住处。寂照曾写信请朱英诞到西仓去清谈。朱到西仓后，朱与废名闲谈。谈到英雄美人、才子佳人，废名是反对的，他说："自然，那些圣贤都很好；可是，从文学上说，你以为哪一部书给青年人读最好？"

朱英诞不禁脱口而出："《聊斋》。"

废名说："《聊斋》跟我也有点关系。不过，我说最好的一部书是《牡丹亭》。"

朱英诞作诗较早，1928 年有《雪中跋涉》，1932 年回北平寄籍定居后，诗写得多起来。又有诗集《小园集》问世，由废名作序。林静希的《冬眠曲》、程鹤西的《小草》也由废名作序。

抗战胜利后，废名回北平后作三篇诗评，一为冯至《十四行诗》，一为林静希，一为朱英诞。朱英诞到沙滩北大访废名。彼此重逢，不胜感慨，废名"高兴地拈一粒榛子说，'好久没有吃到了'，便咬开硬壳，好像还问了记否温飞卿有什么咏抹胸之类的诗词云云"（《怀废名先生》）。

中华人民共和国成立后，废名一直在大学里任教职，20 世纪 50 年代初从北京大学调至东北大学（现吉林大学），从事古典文学、美学、鲁迅等学术研究，不再搞文学创作了。

嘲讽鲁迅“为一世故老人”——以《狂飙》闻名的高长虹

1930 年 4 月，《未名》半月刊在北平停刊，5 月迁至上海的《语丝》周刊也无奈终刊。

《未名》是此前两年的元月，由鲁迅联系几个青年作家创办的《莽原》停刊后又创办的半月刊。《莽原》由莽原社办，《未名》是未名社出版，可视为《语丝》的延伸。

《莽原》周刊于 1925 年 4 月在北京创刊，鲁迅主编，附于《京报》发行。鲁迅为《莽原》写的广告是：“率性而言，凭心立论，忠于现世，望彼将来。”实乃《莽原》的办刊宗旨。但仅办了七个月就休刊，又隔一个月改为半月刊发行。

莽原社较语丝社更为激进，与进步学生运动联系密切，主要成员为高长虹、向培良、尚钺、韦素园、李霁野、台静农等，他们都是从《莽原》步入文坛的。随着革命的深入，这些进步的青年作家，几经分化，各自走上不同的人生道路。

高长虹，深受尼采哲学影响，从莽原社分化出去后，到上海重办《狂飙》周刊，鼓吹“狂飙运动”。狂飙社是五四运动以来最不寻常的文学社团，正如它的主持者高长虹是现代文学中最怪异的作家一样。

高长虹少年成名，1915 年，十七岁的他在山西读中学时写讽刺军阀阎锡山支持袁世凯“称帝”的诗《提灯行》。1922 年在《小说月报》发表诗歌《红叶》。1924年，他与同乡好友出版《狂飙》杂志，提倡“狂飙运动”。同年到北京，联络向培良、尚钺、黄鹏基等青年作家，是年11月创办《狂飙》周刊，随《国风日报》出版。在《本刊宣言》中宣示：

> 软弱是不行的，睡着希望是不行的。我们要作强者，打倒障碍或者被障碍压倒……一滴水泉可以作江河之始流，一片树叶之飘动可以兆暴风之将来，微小的起源可以生出伟大的结果，因为这个缘故，我们周刊，便叫作“狂飙”。（《狂飙》第一期）

《狂飙》主张“与现实的黑暗势力作战”的精神，得到鲁迅的认同，他在《两地书·十七》中说：“意见也有一部分和我相合，而似是安那其主义者。”《狂飙》出到第十七期，因《国风日报》易主而被迫停刊。

鲁迅得知，邀高长虹等人到《莽原》参与编辑工作。高长虹以“弦上”为题，在《莽原》上发表多篇较为偏激的批评现代派研究系文人的文章，后结成《心的探险》一书，鲁迅将之编为“乌合丛书”之一出版。后来高长虹与郑效洵、高歌等人又创办《弦上》周刊，还是主要批评现代评论派的。高长虹一贯激进，藐视一切权威，信奉尼采的唯我独尊、唯我独醒的哲学观念，在加入《莽原》不久，便因思想分歧及鲁迅的性格问题，与鲁迅闹矛盾。

1926年下半年，因编《莽原》的韦素园没有发表高长虹好友向培良的稿子，便对韦素园不满，并迁怒鲁迅。他在1926年写的《走到出版界·革革革命及其他》（《狂飙》第一期）中，说“鲁迅是一个深刻的思想家，同时代的人没有能及得上他的”。但在下一期《狂飙》之《走到出版界·一九二五北京出版界形势指掌图》一文中，则换了口气，嘲笑鲁迅已“递降而至一不很高明而却奋勇的战士的面目，再递降而为一世故老人的面目”了。文章还以康有为、梁启超、章太炎等为例，以见“老人”之难免“倒下”，说：“有当年的康梁，也有今日的康梁；有当年的章太炎，也有今日的章太炎……所谓周氏兄弟者，今日如何，当有以善自处了！”

其实，高长虹批评鲁迅的同时，也批评了鲁迅的死对头陈西滢（陈源）。1926 年年底，鲁迅到厦门教书。他在《〈阿 Q 正传〉的成因》以及 1928 年 6 月写作的《〈奔流〉编校后记》等文中自然以更难听的语言回击。

鲁迅在《狂飙》停刊后，以笔名燕生在《语丝》发表《吊与贺》，文中多幸灾乐祸：

> 不料我刚作了《读狂飙》一文之后，《狂飙》疾终于上海正寝的讣闻随着就送到了。本来《狂飙》的不会长命百岁，是我们早已料到的，但它夭折的这样快，却确乎“出人意表之外”。

细看鲁迅与高长虹两方的交恶及相互嘲弄的文字，似看不出有什么难以调和的恩怨和重大的政治分歧。更多的是文人间的意气用事。鲁迅对同类作家如徐懋庸、沈从文等人滥加挞伐还少吗？

高长虹与鲁迅闹僵，远走上海，复活“狂飙运动”。1926 年年底，鲁迅到上海定居前，《狂飙》周刊再度问世。高长虹也迎来创作丰收，《走到出版界》（杂文集）、《献给自己的女儿》（诗集）、《游离》（小说散文合集）等相继问世，可谓春风得意。

纵观高长虹的作品，其思想充其量只是唱唱“与现实的黑暗势力作战”的高调，毕竟只是“虚无的反抗”。左右开弓、四面出击，看似炮火很猛，但多伤及进步的文学营垒。自己便在文坛孤立，几成孤家寡人。

但是，穿越“狂飙运动”的迷雾，认真研究高长虹留下的文学作品，可见他还真是给文学史提供了可资鉴赏和鉴别的诸多经验。

作家高长虹的一生，经历了曲折动荡的时代风云和特异的生活经历，始终不懈地追求光明，从未与黑暗势力为伍。他总有自己的独立思考，绝不人云亦云，他信奉尼采，独尊尼采哲学观念，却藐视一切权威。是无政府主义、个人主义思想，加上他那不合时宜的狷介孤傲的性格，让他最终未能走出有点悲剧性的命运。

抗战爆发，高长虹来到延安。这之前作为狂飙社的创办人和精神领袖，高长虹在文学界名噪一时。他的第一本诗集甫一问世，即轰动文坛，众多读者纷纷写信表达他们对诗人的仰慕。其中有后来与鲁迅同居的许广平，有后来成为家喻户晓的作家的冰心，还有鲁迅在《两地书》第一集提到的北京女子高等师范学校毕业的《妇女周刊》编辑、作家波微，即作家石评梅。有三个著名女性的仰慕，足见高长虹的名气之大。

名气大，脾气就大。延安文艺座谈会召开，特给他发了请柬，他却以自己是研究经济的，搞文学创作只是业余爱好为由，拒绝参加。成了受邀请，唯一“因故”未参加的人。

称自己是研究经济的，却偏偏写了一部政治著作，因其观点与斯大林相悖，不能出版，竟声明要与苏俄铁腕人物斯大林辩论。

高长虹与友人能倾心而谈，如发生争议，后来自知错了，他马上承认并改正，绝不文过饰非。但对朋友之外，不能交心者，一律“采取一种不理不睬甚至嫉恨、轻蔑的态度”。

他又是个不会生活的人，有钱即挥霍。他曾到香港、日本、欧洲等地游历，无钱就颠沛流离，有时睡在大街的商店屋檐下，买不起火车票就搭乘煤车赶路。但他可以几天食不果腹，却坚持到图书馆阅读查资料，编字典。他甚至不惧被捕危险，认真阅读列宁著作，研究马列主义辩证法。确如他自己所说，与文学创作相比，他更热衷于研究经济，甚至学习开矿，以图报效国家。他是怀着爱国热情，到革命圣地延安的。

刚到延安，与鲁迅发生矛盾并相互攻讦的高长虹，非但没有受到歧视，还受到了很高的礼遇。享受单独的小灶，每天忙不迭地应邀去参加各种文学活动，时不时到诗歌朗诵会上当嘉宾。但性情狂怪的他，禀性难移，竟然拒绝边区政府让他任文协副主任的邀请。一次，在延安掌管文化大权的、曾在上海被鲁迅称为“四条汉子”之一的周扬，屈尊到驻地请他去延安最高学府鲁迅艺术学院去做报告，他对鲁迅原本就不屑，便大声说：“艺术就是暴动，艺术就是起义！”这让极左的周扬都望尘莫及，只好呆呆地望着高长虹。据说，抗战胜利后，毛泽东问高长虹想到哪个解放区去。高长虹的回答是，想去美国研究经济！

高长虹的个人悲剧是，他在那个动荡的年代，在国共两党为夺取政权激烈搏杀的时候，反对政治上的权威，也反对思想上和人格上的权威，太不合时宜。

高长虹随着革命进程，由性格的孤傲转化为政治的孤独，是其命运的必然逻辑。20 世纪 50 年代，有人在东北局宣传部的招待所里，看见了这样的高长虹：“一个人坐在面墙的桌子边吃饭，满头白发，不言不语。”（《高长虹，不合时宜的孤独》）

第二章

民国二十一年（1932）

胡适、丁文江、傅斯年、蒋廷黻等在北平创办《独立评论》周刊。陈独秀被捕，文化界声援。

1932 年，是继续内忧外患的一年，也是北平知识分子“坚持独立发言”的一年。

1 月，罗隆基在天津《益世报》发表社论《一国三公的僵政局》，戳穿国民党“党外无党”“党内无派”的谎言。又写《可以战矣》《剿共胜利不算光荣》及《攘外即可安内》等文，以其所向披靡之锋芒，与国民党政治宣传针锋相对。

5 月，胡适、丁文江、傅斯年、蒋廷黻等留学欧美归来的有社会影响的学者，在北平创办《独立评论》周刊。创刊号响亮提出“独立精神”，“不依傍任何党派，不迷信任何成见，用负责任的言论来发表我们各人思考的结果”。他们之间对很多问题的看法并不一致，如丁文江等人，和胡适在民主与独裁问题上就争论了一年，这并不妨碍他们的友谊。

《独立评论》周刊，“说平实的话”，“用公平的态度，来研究中国当前的问题”，“坚持独立发言”，并且都以实名发表，赢得声誉。

9 月 24 日，北平《导报》与天津《益世报》，因登第二十九军驻北平办公处处长秦德纯骗婚丑闻，秦指使士兵砸《导报》，抓记者。26 日，北平新闻记者公会通电国民党中央和南京政府，呼吁保障言论自由和人权，同时通电全国各界请求声援，一时声势浩大。

10 月 15 日，已被开除出党的陈独秀在上海被捕，引渡押解南京。北平由胡适等人呼吁各界救援。平、津各大报纸发表社论要求释放陈独秀。北平《晨报》、天津《大公报》等还都做了追踪报道。胡适在北京大学发表《陈独秀与文学革命》演讲，赞誉他对文学革命之大贡献。傅斯年在《独立评论》撰写《陈独秀案》一文，称他为“中国革命史上光焰万丈的大彗星”。曹聚仁在上海的《涛声》杂志上，组织了有关“陈独秀案”的讨论。1932 年是在知识分子和舆论界声讨国民党和关注“陈独秀案”中度过的。

胡适的著作《中国中古思想史提要》出版，他还写有政论《废止内战大同盟》《论对日外交方针》《汪精卫与张学良》《惨痛的回忆与反省》等文。冰心的《冰心全集》出版。沈从文作小说《都市一妇人》。老舍在《现代》杂志，连载重要的寓言体奇幻长篇小说《猫城记》。周作人出版《中国新文学的源流》。

"走到哪里，哪里就会响起叫骂声"
——钱玄同与章太炎、刘师培的交谊及晚节

在参与新文化运动的诸子中，钱玄同算不上像鲁迅、胡适、周作人那样的文学主将，甚至一直以来，他的思想和学术都遭到过质疑，但是他的学术成就和文化人格却越来越被人推崇。研究新文化运动，研究民国时期的文学、经史和语言文字等，谁都无法绕开这位参与者和建设者。

钱玄同，原名夏，字中季，自称"疑古玄同"。浙江吴今（今湖州）人。1906年留学日本早稻田大学文学系，翌年参加同盟会，与周氏兄弟、刘师培等人师从章太炎，学习文字学，研究音韵训古。1910年归国在浙江、北京等地的中学教书。1916年被聘为北京高等师范学校兼北京大学教授。1917年，北大文科学长陈独秀携《新青年》入京，钱玄同参与编辑。与胡适、陈独秀等一起从事新文化运动，在他的催促下，鲁迅的《狂人日记》发表在《新青年》上，赋予中国小说新气象，具有划时代的意义。

如果没有"愿意给它（《新青年》）当一名摇旗呐喊小卒"，戴着深度眼镜，夹着公文包的钱玄同，几次到绍兴会馆，找"整天在绍兴会馆内抄写古碑文，把这当作惟一愿望"（鲁迅语）的周树人，去怂恿催促他给《新青年》写文章，中国文坛能否出现小说巨将鲁迅，怕是个问题。

鲁迅在《自叙传略》中承认，"初做小说是在一九一八年，因为我的朋友钱玄同的劝告，做来登在《新青年》上的。这时才用'鲁迅'的笔名"。周作人后来写回忆，证实了此说不虚。

鲁迅称钱是“我的朋友”，钱也说自己是鲁的“老朋友之一”。且他们的交往长达二十九年。钱玄同把他们的交往过程总结为“头九年（1908 年至 1916 年）尚疏；中十年（1917 年至 1926 年）最密；后十年（1927 年至 1936 年）极疏”。在钱玄同与鲁迅的关系中，可见他是以一种超然的心境，而非以恩怨来认识、评价鲁迅的，对我们认识鲁迅也是有重要帮助的。

一生从事经史研究，于文字学、音韵学有很深造诣。1939 年去世，留下《文字学音篇》《重论经今古文学问题》《中国文字概略》等丰厚的文学遗产。

与胡适、鲁迅等人相继离开北京到外地谋生不同，钱玄同自 1917 年来到北京，便与之相“厮守”二十二年，至死都没有离开过这座城市。这在众多民国学人中，是绝无仅有的。

1931 年，钱玄同曾出了个对子“江冯二庸”，规定“二”不许对“两”“双”等字，他的著名学者朋友都对不出下联，他只好将下联出示：“崔胡一适。”众友人才明白，“崔”者，崔适也，“一适”，胡适也。

钱玄同的国故之学，得益于两位老师：一是主张古文经学的章太炎，一是推崇今文经学的崔适。崔适曾在北京大学任教，不幸病故于北京绍兴会馆，钱玄同为之主持治丧活动。

钱玄同与其老师章太炎、崔适之间的师生友谊保持一生，更是难能可贵的。章太炎就与老师俞樾有“谢本师”的经历。章太炎曾师从经学大师俞樾，在其主持的诂经精舍学习，达七年之久。因章太炎敏而好学，学业优秀，深得老师俞樾的赏识，被老师视为高徒。

章太炎后来到东吴大学任教时，曾去拜望过老师俞樾。时俞樾已八十高龄，甫一见弟子章太炎，一贯和蔼可亲、温文尔雅的老人，竟怒目而视，痛骂他“背父母陵墓”，远游海外，是“不孝”；揭露大清罪恶，乃“不忠”。“不忠不孝，非人类也。”他还搬出孔夫子的话，申斥“小子鸣鼓而攻之可也”。

章太炎突遭一贯敬爱的老师的痛斥，当场反唇相讥，便拂袖而去。马上写了《谢本师》，向世人公开与俞樾从此断绝师徒关系。

有趣的是，章太炎同样遭到弟子周作人的“谢本师”，更奇的是，弟子沈启无也“谢本师”周作人。

钱玄同一生恃才傲物，“走到哪里，哪里就会响起叫骂声”，但与朋友、老师却相处融洽。他与老师章太炎的深厚友情，在章太炎自 1906 年至 1936 年给钱玄同的五十九封通信中，一览无余。从中可知，钱玄同比周氏兄弟等人师从章太炎先生，要早两年。钱玄同是 1906 年 10 月初认识并师从章太炎的。章太炎在该年 10 月 8 日，曾有信致钱玄同，曰“得书知君为好学研精之士”，“期欲握手”。其时，离章太炎因“《苏报》案”获释，旋即流亡日本，只过了三个月，离钱玄同入早稻田大学不久。

钱玄同将这些信函，依时序装裱成册，注明从何地寄往何处。其中四十封是讨论学术的，八封系论时政，余下十一封，乃为家常闲事。从这些信中，我们可知钱玄同求知若渴，好学不辍，老师章太炎诲人不倦，有问必答，钱玄同学业大进。

章太炎及门弟子多达百人，其中得意者五人，即世人所云“天王黄季刚、东王汪东、西王朱希祖、南王钱玄同、北王吴承仕”，五人各继承师说一端，自成体系，自成学派，皆成民国初之有影响的学者。与章太炎关系最密切的，首推钱玄同，依次是朱希祖、吴承仕。周氏兄弟在章门中，学无所长，一般而已。

章太炎致钱玄同的信函中，有的还反映当时的政治形势，如辛亥革命后章太炎因反袁世凯称帝，被囚北京。1914 年 8 月 19 日，写信给钱玄同称：“知弟近甚郁郁，仆亦不甚舒畅，何不相过一谈。”抗日战争爆发，章太炎以赴京讲学为名，促少帅张学良抗日。讲学时，钱玄同等弟子或为翻译，或代写板书，或递茶送水。章太炎晚年继续讲学，创建出版《制言》杂志，钱玄同等积极参与。最令章太炎高兴的是，钱玄同、吴承仕为他编印《章氏丛书续编》。章太炎亲自作跋，跋中对钱、吴称赞有加："吴兴钱夏，前为余写《小学答问》……忽忽二十余岁，又为余书是《考》。时事迁蜕，今兹学者能识正篆者渐希，于是降从开成石经，去其泰甚，勒成一编，斯亦酌古准今，得其中道者。"章太炎去世，钱玄同为老师作一副长联为挽联，并与同门为恩师在孔德学校礼堂开追悼会。

《钱玄同文集》曾收录了钱玄同为编辑出版《刘申叔遗书》一书而给该书校对郑裕孚先生写的六十八封信。从中可以窥见钱玄同为编此书的许多历史细节，包括钱玄同所坚持的学术思想，以及这本书的指导原则、体例构思，特别是所经历的艰辛。

一位新文化运动的骁勇之将，曾以思想激进、言论偏激者著称于五四运动时期，但他在整理编辑《刘申叔遗书》的过程中，对学术毫无门派之见，知人论世客观平和。而其间弥漫着对故友的深情厚谊，更让人感动。

刘申叔，即刘师培，江苏仪征人，晚清著名革命党人。1903 年在上海晤交章太炎，赞成光复，参加同盟会后一度亡命日本，其妻以不得志于同盟会，转入清端方幕中，出卖革命党人。袁世凯窃国称帝，刘师培又为筹安会上劝进书之六君子之一。后落魄于天津租界，蔡元培主政北大，请他到北大任教授。家传文字训古之学，治三传。擅长文字，善骈体文，所著文学论文，时有独到见解，著述较多。但身后萧条，无力整理出版，钱玄同编入《刘申叔遗书》共七十四卷，乃为国学大师。

在黎锦熙看来，为人结集著述，友人强于弟子，钱玄同是最佳人选。其一，二人交情深厚。钱玄同 1903 年便接触刘师培的著作，甚是叹服，"有世谊，愿与订交之心甚炽"。1907 年，在日本章太炎处初见刘师培后，钱、刘二人过从甚密。钱玄同曾说："自尔遂恒与刘君谈论，获益甚多。"其二，钱玄同乃章太炎之高徒，学问博大精深，且与胡适等亲近，深具现代科学与民主素养。用黎锦熙在《钱玄同传》的话，就是钱玄同"以音韵学为主，本其师传，复运以科学方法，参以新获材料，卓然成当代大师"。他能以历史眼光来整理、评判。

曾有人劝钱玄同，刘师培晚节不保，曾引起公愤，这等人不值得为之编辑遗著。钱玄同认为"吾侪此时刊行申叔遗书，首在表彰其学术，次则为革命史上一段史料"。一切已成历史，不容改变，也无须讳饰，故当实事求是，以尊重历史，其学术成就自有价值，需要继承。钱玄同坚持"尊重历史，表彰学术"的原则，即可体现伟大的思想境界，这又是《刘申叔遗书》成功的原因。

刘师培虽仅享寿三十六岁，但一生勤奋著述，共著有四百多万字，居民国初同辈学者之前列。当时为乱世，遗著多散佚。钱玄同除翻遍各种报刊、仪征刘家的藏书、藏稿，还到处收集。黎锦熙说，除了报刊与直接从仪征刘家所得的材料外，"大部分是钱先生旧存与逛厂甸陆续得来的材料"。

钱玄同为一著名学者，一般还是易征得相关资料，但也有舍不得示人者。黄侃曾于1919年焚香跪地拜刘师培为师。黄侃处就藏有不少刘师培的书稿。不过钱玄同与同门师兄黄侃曾闹矛盾失和，不便向他借刘师培的资料。后来钱从另一师弟吴承仕处得知黄的友人，河南大学教授邵次公曾向黄借《西汉周官师说考》，录有副本，又有某君转录了邵之副本。钱玄同立刻给郑裕孚写信说，先生只须访吴承仕，托人向邵或某君转借抄录，"如此，则此书竟能印全帙矣，岂非大快事！黄藏周礼、仪礼两注，以前我们认为最无办法者，今周礼有黄氏油印本，当由弟向其门人陆宗达君借校，仪礼可由检斋去向邵君借抄。此最难得圆满解决之问题，从此竟有解决之方法矣"。

钱玄同承担《刘申叔遗书》的编辑工作，已是五十岁左右，身体状况极差，他还要到北京师范大学上课。一次在课堂上头晕目眩，差点摔倒。同时，他还任教育部“国语统一筹备委员会”常驻干事，要承担编《简化字表》的工作。此外，他和吴承仕受恩师章太炎之托，共同编辑《章氏丛书续编》。身体虚弱，工作繁重，但他以过人毅力，全身心投入，一丝不苟地做好所有工作。

1937 年 3 月 31 日，《刘申叔遗书》全部编完，由钱玄同为全书作序，次年 11 月付印。又一年后，钱玄同溘然而逝。

为亡友、为中国学术遗产做了一件功德无量的事，钱玄同严谨的治学精神、重情重义重理的人格魅力，长留文化长河之中。

钱玄同是留日出身的，但对日本帝国主义的态度上，却保持了一位学者的爱国主义立场。1931 年九一八事变以后，钱玄同与所有日本人包括学者，都断绝往来。几乎在社交场合，甚或在文人的宴会上，凡有日本人参加，他坚决不出席，如若偶见日本人，他会怒目拂袖而去。

九一八事变后次年，章太炎先后三次到北平演讲。有一次钱玄同正与老师章太炎在客厅谈话，特从南京大学赶到北平的黄侃也来拜见老师。黄侃常戏呼他“钱二疯子”。同门师兄弟都在，黄侃忽然大呼“二疯”，指责他不好好研究音韵学，偏偏要弄什么注音字母，提倡白话文。

钱玄同原本性子火暴，一听大为恼火，二人便争吵起来。这时，章太炎从内室走了出来，见两个最有出息的弟子吵作一团，既不从中调解，也不怒喝，只沉痛地说：“现在都什么年月了，还吵什么注音字母、白话文啊，快要念日文‘ァイウエオ’（日本片假名）了！”意思是说，如今正值日寇入侵，占我东北，欲灭我中华，国难当头，你们应团结对敌才是。老师一席发自肺腑的话，让两位大学者羞愧难当。

三年后，黄侃病故，钱玄同以同门身份，给与之争吵了一生的黄侃献了一副挽联：

> 小学本师传，更紬绎纽韵源流，黾勉求之，于古音独明其真谛；
> 文章宗六代，专致力沉思翰藻，如何不淑，吾同门遽失此隽才。

挽联高度评价了同门师兄黄侃的学术成就，表达了兄弟之情。

七七事变之后，日寇铁蹄踏进北平，之前北平各高校西迁云南，钱玄同任教的北京师范大学也迁陕西汉中。只有周作人等，不听胡适等友人劝告，从“苦雨斋”中走出，当了汉奸。钱玄同因患严重高血压等病，行动不便，被迫留在北平，但他以满腔爱国之心、堂堂凛然之民族气节，不向日寇屈服。

1938 年，在日寇的刺刀之下，钱玄同恢复多年不用的旧名“钱夏”。他请学生魏建功替他刻一方“钱夏玄同”图章，以表不做亡国奴，早日恢复华夏之志。钱玄同早年留学日本时，参加同盟会，为反清王朝，取名钱夏。

但是，关于钱玄同在日寇占领北平后的晚节问题，曾遭到质问和怀疑，自古以来，爱国精神和民族气节是知识分子最为看重的操守，也是文人风骨的核心。

质疑是一种科学态度。《汉书·陈遵传》说：“竦（张竦）居贫，无宾客，时有好事者从之质疑问事，论道经书而已。”现在对钱玄同的质疑，已非“论道经书”，而是关乎他的晚节，因此须事实回应。

不错，1928 年以后，钱玄同已由“猛士”转为“隐士”，他的思想方法和学术结论趋向保守是事实，但到日本入侵之后，所表现的民族气节，成就了钱玄同作为士的名节。他躲进书斋，闭门谢客，寄语外地学人：“钱玄同绝不污伪名！”是自勉，又是号召。其爱国精神、干净灵魂，得到了国民政府的褒奖，曰“永保清操”。

日本入侵之后，从他的日记中可以看到，他对曾经的老战友、同门，已当了汉奸的周作人之偏重享受、无耻事敌有私议；有对离北平的北师大秘书长汪如川表示自己决不当汉奸的铮铮之誓言；有对日本人的文化拉拢的坚拒；国难间，有多次婉拒友人邀宴吃饭的记录。钱玄同的日记，对质疑者做出了清白的回答。

1933年春，钱玄同在给黎锦熙的信中，就有辞谢符定一邀请吃饭的表述：

> 缘国难如此严重，瞻念前途，忧心如捣，无论为国为家为身，一念忆及，便觉精神如此不安，实无赴宴之雅兴也。（《钱玄同日记》）

言之铿锵，铁骨铮铮。士者，不仅是民族专司思考的理想的智者，还是不惜性命、一身热血的爱国者。

是年5月7日，北京师范大学研究院的毕业生们，为答谢师长的谆谆教导，特宴请众教授。钱玄同照例谢绝，为顾念师生情谊，他参加了饭后的师生合影。

6月6日，胡适即将参加第五届太平洋国际学会之前，钱玄同写信给胡适，破例为他设宴践行：

> 我从热河沦陷以后，约有三个月光景，谢绝饮宴之事，我并非以国难不吃饭为名高，实缘彼时想到火线上的兵士以血肉之躯当（挡）坦克之炮弹，浑噩的民众又惨遭飞机炸弹之厄，而今之东林党君子犹大倡应该牺牲糜烂之高调，大有“民众遭惨死事极小，国家失体面事

极大”之主张，弟对于此等怪现象与新宋儒，实觉悲伤与愤慨，因此，对于有许多无谓之应酬实不愿参与，盖一则无心谈宴，一则实不愿听此等“不仁的梁惠王”之高调也。

自塘沽协定签订以后，至少河北民众及前线士兵总可以由少惨死许多乃至全不遭惨死，故现在不再坚持不饮宴的主张了。

钱玄同念及国难与苍生的苦难而不饮宴，又以“民众及前线士兵”“少惨死”，“不遭惨死”为由，“不再坚持不饮宴的主张了”，于情于理，皆不相悖。钱玄同“非以国难不吃饭为名高”，我们当也不该以其“不再坚持不饮宴的主张”为怪，乃至责其自食其言。

但 1938 年 3 月 29 日，北平、天津沦陷之际，钱玄同却接受何克之的邀请，出席了有日本人山崎宇佐和文化汉奸参加的宴会。

《周作人年谱》（张菊香著）记载了这次宴会：“午往玉华台，赴中国大学校长何其巩之招宴，同座有山崎宇佐、罗文仲……钱玄同、沈兼士。”

何其巩为招宴者。何其巩即何克之，原冯玉祥的智囊。1928 年任北平特别市市长，1936 年至 1946 年任中国大学校长。沦陷后，何氏所主政的中国大学从不挂日伪旗帜，不接受日伪一分钱的资助，校内无一日伪官吏。作为一个多年在旧军政界任职的有复杂社会背景的官员，他与日寇不即不离，在灰色地带做了不少的事。他参加过不少日伪的活动，但不助纣为虐，特别是受日本宪兵队怀疑拘传，以沉默绝食自保。何克之不是爱国志士，却也不是汉奸，怕连“亲日分子”也不是。

可惜钱玄同的日记对此次宴请没有记录。但在其 3 月 23 日的日记中，有一与之相关的信息，钱玄同当日电话约周作人，“同访何其巩，为孔德事也，在何家见”。孔德学校是早年蔡元培借中法庚款而建的学校，钱玄同不仅在该校兼课，有自己的办公室并数年在此居住，与该校渊源颇深，是多年为孔德学校尽心尽力的“五四”学人。

钱玄同出席何克之的玉华台之宴，应视为与“孔德事”有关。况沦陷下的北京，社会名流与普通市民，不可能生活在没有日本人影子的社会空间里，如同剃头匠不能不为日本人剃头，引车卖浆者也不能不卖给日本人，老师不能不领日伪发的薪水，与日本人有一两次礼节性的接触，岂能与周作人接受日本人的授命，主管其机构中的一部分的汉奸勾当相提并论、混为一谈？

在钱玄同生命最后的1939年，1月1日，他得知周作人被刺，先派儿子秉雄去三道湾慰问，4日，他自己也曾去周府见老朋友一面。周作人记录了这次拜访，二人谈话时，“未几又有客至，玄同遂避入邻室，旋从旁门走出自去”。这证明钱玄同极重感情和私谊。在周作人尚未完全落水的情况下，探望被刺的老朋友，完全可以理解。

1939年1月17日，下午6时，距最后一次见周作人的第十三天，在严冬寒风肆虐的北平城，钱玄同因高血压致脑溢血亡故。家人为他办了一个简单的祭悼活动，送走了这位新文化运动的骁将和国学大师。消息不胫而走，远在陕西的北师大旧同事们，以西北联大的名义为他开了隆重的追悼会。老朋友许寿裳为他送的挽联是：

滞北最伤心，倭难竟成千古恨；

游东犹在目，章门同学几人存？

短短几年，章太炎、黄侃、钱玄同先后辞世，不啻国学的重大损失。好在，作为文化大师，他们的灵魂已铸刻在20世纪的中国文化史上。人们不会遗忘他们。

“一条清溪，澄澈到底”——由叛徒到隐士的刘半农

鲁迅先生不胜感慨地说过：“旧朋云散尽，余亦等轻尘。”岁月淘人，尤其未曾叱咤亦未曾煊赫的人，于世间，如同匆匆过客。好比刘半农，连各种文学史都轻描淡写，更何况当下追逐滚滚红尘的年轻人，即便文学系的大学生，或只知他曾与钱玄同客串，演过一出《复王敬轩书》双簧，痛驳国粹派的那段佳话而已。或顶多看过胡风写的《五四时代的一面镜子》，说刘半农是“平凡的战斗主义”者，有一种不妥协的硬汉精神，“始终没有离开所谓‘实事求是’的精神”。

其实，身处破旧立新时代的刘半农，是个富有理性的战士和个性鲜明的学者。

回头看看“五四”以来的文化骁将及革命文艺战士们，从文学到文化，求激进巨变，都有急躁极端的心理倾向，常常导致急功近利或简单片面化的倾向，尤其更易导致以政治标准取代文艺本身的美学价值衡量。举凡创造社、太阳社诸公，包括在共产国际指挥和“左倾”路线影响下的左联，他们提倡并实践的所谓“革命文学”，恰恰与文学、文化的健全发展相悖。

鲁迅的悲剧，也正在于他对一切都批判，都否定。比如对国学、文学传统、汉字，对国粹京剧、中医，无不采取文化虚无主义的立场。说到京剧，不妨听听刘半农的意见。他在《梅兰芳歌曲谱·序》中对京剧反思道：

十年前，我是个在《新青年》上做文章反对旧剧的人。那时之所

以反对，正因为旧剧在中国舞台上所占的地位太优越了，太独揽了，不给它一些打击，新派的白话剧，断没有机会可以钻出头来。到现在，新派的白话剧已经渐渐的成为一种气候……所以对于旧剧，已不必再取攻击态度；非但不攻击，而且很希望它发达，很希望它能把以往的优点保存着，把以往的缺陷弥补起来……必须按着步骤，渐渐的改去。若要把它一脚踢翻了搬进西洋货来，恐怕还不是根本的办法。

刘半农是位自由主义诗人，但他对待文化及文化遗产的观念，具有马克思主义精神。新文化运动培植了知识分子磅礴的个性精神，使他们的文学创作与时代同时高涨。但随着历史的发展、时代的动荡，有人继续高歌猛进，有的渐失去“战士”的锋芒。刘半农后来下苦功夫研究语言学，“战斗”变成“青灯古卷”。在研究语言学时，砥砺精神并没有消遁，于寂寞中建立起自己的学术体系。这由“叛徒到隐士”的命运，是悲剧还是正道，留给后人评说。

1932 年，刘半农在编自己的《初期白话诗稿》时，在为之作的序中慨然曰：

从民国六年到现在，已整整过了十五年。这十五年中国内文艺界已经有了显著的变动和相当的进步，就把我们这班当初努力于文艺革新的人，一挤挤成了三代以上的古人。

在这篇序中，还曾提及另一位“五四”作家陈衡哲，她说到早年创作白话诗时，说那“已是三代以上的事了”，说明刘半农、陈衡哲都深感新文化运动的迅猛与自己的落伍。遥想年轻时的激进，不胜感慨。

刘半农原名寿彭，后名复，初字半侬，后改半农，江苏江阴人。少时在家乡念私塾，后以江阴考生第一名就读常州府中学堂，与后成为国学大师的钱穆、成为中国共产党领袖的瞿秋白同窗。1911年，刘半农与这几位同学参加学潮，被开除学籍，回乡当小学教员。辛亥革命爆发，又与其二弟，后成为音乐家的刘天华赴清江参加革命军。1912年，离开军队回乡，向人借得五块大洋，同刘天华闯荡上海，加盟开明剧社，兄为编剧，弟任音乐指导。

其间，刘半农又以自己的创作，很快成为所谓“鸳鸯蝴蝶派”作家。1916年10月，刘半农在《新青年》以半侬之名，发表《灵霞馆笔记》，其中收录了爱尔兰诗人约瑟·柏伦克德的诗《火焰诗七首》等。接着，《新青年》又以“灵霞馆笔记”为题，连载刘半农用白话文翻译的诗歌、散文，与胡适在该刊连载的日记《藏晖室札记》，相映成趣。

1917年9月，主政北京大学的校长蔡元培和文科学长、创办《新青年》的陈独秀，欣赏刘半农的思想观念和学识才华，将中学都没毕业的他，聘入北大任教。这在非常倚重学历来遴选教师的北大，是破了先例的。

当年，刘半农与从美国归来的胡适博士，几乎是同时踏入位于北京沙滩的北大校园的。很快，陈独秀、胡适、刘半农便着手改组《新青年》工作。是年10月16日，刘半农在给好友钱玄同的回信中有这样一段话：

> 文学改良的话，我们已锣鼓喧天地闹了一闹；若从此阴干，恐怕不但人家要说我们是程咬金的三大斧，便是自己问问自己，也有些说不过去罢！……比如做戏，你、我、独秀、适之，四人，当自认为“台柱”，另外再多请名角帮忙，方能“压得住座”；“当仁不让”，是毁是誉，也不管他，你说对不对呢？

这是迄今所见将《新青年》由陈独秀一人操办，转为同人组合来办的最早动议。经陈独秀、胡适、钱玄同、刘半农四位“台柱”的商议，《新青年》自1918年元月始，由北大的六位教授陈独秀、胡适、钱玄同、刘半农、沈尹默、陶孟和轮流编辑；后来又由李大钊、高一涵顶替了出国访学的陶孟和与刘半农。《新青年》由此得到改观。

刘半农在《新青年》等报刊上，发表多篇以文化评论为内容的杂文，除了与钱玄同合演双簧作《复王敬轩书》，又有《辟〈灵学丛志〉》《作揖主义》等，对封建守旧派及黑暗社会现象无情痛击。其文笔流畅，生动活泼。他还翻译了小仲马的歌剧《茶花女》及不少英、法作家的作品。诗歌和散文也写了不少，有白话文诗集《扬鞭集》。刘半农对白话新诗在内容和形式上，做了不少尝试和探索，吸取民歌和民间口语的营养，富有写实风格，音韵节奏和谐自然。杂文有《半农杂文》，语言也颇为犀利。

如前所说，刘半农是被破格从中学尚未毕业提拔为北大教授的。刘半农自知资历浅陋，所以刻苦学习，教学也极为认真。但中国最高学府之北大，是个学院派占统治地位的地方，像他这样的乡巴佬，是经常受到质疑的。再加上刘半农人生经历复杂，在上海滩花花世界染上“海派”的才子气，衣着入时，做派新潮，被人诟病。在蔡元培的支持下，刘半农考取了公费赴法留学资格，1920年偕夫人从上海乘日轮“贸茂丸”赴英留学。翌年又转入法国巴黎大学。1925年获法国国家文学博士学位，是年秋返国，任北京大学国文系教授。

重新返回北大的刘半农，已不是鲁迅在《忆刘半农》一文中所说，参加新文学运动之后，“当然更是《新青年》里一个战士，他活泼、勇敢，很打了几次大战”的刘半农了。

但是，向往性情的真实、表达的轻松自如、格调的清新通脱，却是一贯的刘半农。对于作家来说，不乏真诚的情怀气质，使他的文学永生。

从鲁迅、周作人等人的相关回忆中，均或明或暗地扯出有关刘半农与胡适的恩恩怨怨，特别是当了汉奸又被人民政府宽大释放的周作人，晚年已改名知堂，为了迎合意识形态的需要，歪曲文人间的某些误会，硬是杜撰“反动文人”胡适“瞧不起，明嘲暗讽”“五四”“战士”刘半农。时至今日，仍有人依鲁迅、周作人之说，继续重复胡适看不起刘半农之说。比如有人说：“刘半农是憋着一股气出国深造的，周作人说他的博士是胡适促成的。”刘半农“终于得到博士学位，他是要以这博士学位来回击所谓英美派绅士的”。刘半农出国前与“英美派绅士”关系极不好，1917 年新文化运动肇始，胡适在美国读到刘半农登在《新青年》上的受胡适《文学改良刍议》所感而写的《我之文学改良观》，有“吾所绝对赞成者也”之评。

钱玄同致信刘半农说，你的《我之文学改良观》，与“适之先生的《文学改良刍议》正如车之两轮，鸟之双翼，相辅而行，废一不可。文学革新的事业，有你们两位先生这样的积极提倡，必可预卜其成绩之佳良，我真欢喜无量”。因同道，胡适、刘半农等才轮流编辑《新青年》。因相好，胡适才在 1918 年写的《你莫忘记》诗自序里，写道：“送给尹默、独秀、玄同、半农诸位，请你们指正。”因相知，1919 年教育部“国语统一筹备委员会”在北京成立，由胡适、钱玄同等提出《国语统一进行方法的议案》，由刘半农向大会提交，获得通过。胡适与刘半农配合默契，以谋求全国普及。因信任，1920 年在胡适推荐下，刘半农任“国语辞典委员会”委员。胡适是否“瞧不起”刘半农，读者自明。

1921 年春，胡适越洋寄《新青年》给刘半农。9 月，刘半农复信给胡适：

听说你害了多时的胃病，近来看报，说你到上海考查商务印书馆的编辑部，知道是病好了：这是个可喜的消息……我老实警告你：你要把白话诗坛的第一把交椅让给别人，这是你的自由……我近来的情形，真是不得了！天天闹的是断炊！北大的钱，已三月没寄来，电报去催，也是不寄；留学费也欠了三个月不发，高鲁还逍遥自在，做他的官，领他的俸。我身间有几个苏，便买只面包吃吃，没有便算。但除闭眼忍受之外，也就没有别法。（这是件不得了的事，另有详信在夷初处，请你向他要了看一看，救救我罢！）但有一件事要请你出力帮忙。我今天向蔡先生提出一个《创设中国语音学实验室的计划书》，想来你不久就可以看见。这是我万分希望他成功的一件事，曾向蔡先生当面说过，他很赞成。但他虽赞成，还要经过种种的会。所以我要恳求你，也替我卖些气力，使他早日有些成议，我真感激不尽了。

你能写个信给我么？我给你请安。

夫人公子等均问好。

弟刘复

九月十五日

刘半农是个充满血性的刚直的正人君子，如若胡适果真“很看不起他”，他绝对不会低三下四吐露自己的窘境，那样不更让人瞧不起？此信写得如此真诚、亲切，并委以重托，使人想起宋人辛弃疾之《定风波》中“但使情亲千里近，须信，无情对面是山河”的词句。

1934年3月8日，刘半农在日记中，留下了这样一段足可视之为胡适辩诬的文字：

上午续编中小字典。下午到北大上课。去冬为研究所事，逵羽来谈，曾言及适之为人阴险，余与适之相交在十五年以上，知其人倔强自用则有之，指为阴险，当是逵羽挑拨之言。曾以语孟真，孟真告之孟邻。今日孟邻面诘逵羽，不应如是胡说。逵羽大窘，来向余责问。余笑慰之。

孟真，胡适高徒、学者傅斯年。孟邻，北大校长蒋梦麟。逵羽是北大教务主任樊际昌。逵羽听信别有用心之人的诬陷胡适之说，经刘半农的劝说，消除对胡适的误会。

是年7月14日，胡适在日记中载：

早起得半农夫人电话，说半农从绥远回来，发热不退，昨日下午方石珊来诊，说是黄疸病，劝他进协和医院。半农最恨协和，没有去。病似更重了，所以我要去看看。

下午3时，得知刘半农病逝，胡适大惊，立邀校长蒋梦麟驱车到医院，刘半农妻女见胡、蒋，跪下恸哭，胡、蒋也很悲痛，并组织北大相关人员，料理棺木等后事。

10月14日，在景山东街北大二院大礼堂举行刘半农追悼会。蒋梦麟主祭，胡适等人先后介绍刘半农生平事迹。胡适为老朋友写的挽联是：

守常惨死，独秀幽囚，《新青年》旧日同伙又少一人；
拼命精神，打油风趣，老朋友当中无人不念半农。

胡适的挽联，寓意深广，他是在新文化运动的大背景下，来评价他的老战友、好朋友、战士刘半农的。把刘半农与李大钊、陈独秀等文化巨人相提并论，足见他对刘半农在新文化运动中的地位的肯定。

周作人等人，在各自的回忆中，制造的胡适与刘半农间的种种恩怨是非，意图很明显，想扳倒比他们更高的文化大树。其结果，浊者更浊，清者更清。

但更可悲的是，严重违背历史真相的谣传，迄今仍在不少文学史和书本里流传，不仅继续把胡适妖魔化，更把那代文化清流的面目弄得灰头土脸。呜呼，前辈原本形逝而神留，尚有不能遮拨、火烬的价值，结果面目全非了。

刘半农曾在《半农杂文·序》中说："看我的文章，也就同我对面谈一样，我谈天时，喜欢信口直说，全无隐饰，我文章中也是如此；我谈文时喜欢开玩笑，我文章中也是如此。"但他写《赛金花本事》时，却不是这样，而是认认真真地根据事情真相去写。既不率性为之，又毫无戏谑玩笑之笔。

为写好《赛金花本事》，刘半农以民国清流之尊亲见、采访烟花柳巷的名妓赛金花，一开始为世人所诟病，刘半农并不在意。他是从报刊上陆陆续续得知一些关于身世飘零的妓女赛金花的事迹的。但资料众说纷纭，乃至相互矛盾，有人说赛金花不过是一个和八国联军头目瓦德西睡过一觉的轻薄的妓女，而另有人说她是"民族英雄"，用肉体使洋鬼子对北京百姓的屠戮减至最小。为了解这位名噪大江南北的奇女子的真实面目，他必须掌握真实的材料。

曾经风华绝代的清末名妓，得知大名鼎鼎的北大教授要来采访她，非常感动，欣然接受。这一深入采访，刘半农得知赛金花乃是中国近代史上极不寻常的奇女子。她曾随丈夫洪文卿，作为驻欧洲四国钦差大使的夫人出使欧罗巴。三年后归国，洪文卿病故，赛金花被洪家驱逐出门，再落风尘。庚子之灾，她从洋人屠刀之下营救众生。洋人走后，被下大狱。后到上海重操旧业，挥金如土。为她心爱之人离开娼业，晚年蛰居北京天桥，甘于贫困。掌握真实材料的刘半农，结合历史研究，拂去蒙在赛金花身上的重重迷雾，重现真实的、传奇的、悲剧的、别样的赛金花，再度成为京城的热门话题。

刘半农去世后，赛金花参加了他的追悼会。只见她身着一袭黑裙，在飒飒秋风中，独自默默低头走进景山东街北大二院，在“文曲星”会聚的追悼会上，深深地向刘半农的遗像鞠了一躬，然后献上一束白花，又在无数双惊愕的泪眼下，默然离去。

刘半农去世后，经他的学生商鸿逵整理后的《赛金花本事》得以出版。这部褪去红粉、还原赛金花真面目的“本事”，具有文学和文献价值。

天不假年，刘半农虽英年早逝，一切都留在飘香的文字里，是不用我们画蛇添足论其功过毁誉的。

他在《半农杂文》中说：

> 一个人的思想感情，是随着时代变迁的，所以梁任公以为今日之我，可与昔日之我挑战。但所谓变迁，是说一个人受到了时代的影响所发生的自然的变化，并不是说抹杀了自己专门去追逐时代。

刘半农在这里，谈的是一个人既要顺应社会变革，又要保持自己的独立精神。我们可视之为贯穿刘半农一生的精神，也是很多为新文学开辟过道路的作家、学者很快与政治运动疏离，一生投入文学的共性。

刘半农在他去世之前，又补充了一则笑话：

> 说有一个监差的，监押一个和尚，随身携带公文一角，衣包一个，雨伞一把，和尚颈上还戴着一面枷。他恐防这些东西或有失，就整天

的喃喃念着：“和尚、公文、衣包、枷。”

一天晚上，和尚趁他睡着，把他的头发剃了，又把自己颈上的枷，移戴在他的颈上，随即逃走了。第二天早晨，监差一觉醒来，一看公文、衣包和雨伞都在，枷也在，摸摸自己的头，和尚也在，可不知道我到哪里去了。

联系那时上海的创造社、太阳社诸公，虽心怀革命之志，肩负历史使命却不结合中国文学的实际，把“五四”以来的文学局面搞得风声鹤唳，却忘记了自己究竟是谁，想来，刘半农的这则笑话，还真未必只是笑话而已。

遗文犹在，仍可读出为世故风尘所不能湮没的刘半农精神：作为平凡人的刘半农，有愤世嫉俗的一面，有幽默灵性的一面，有追求功名的一面；作为战士的刘半农，曾有过时代磅礴的生气，有过意气风发向旧世界开火的锋芒；作为隐士的刘半农，依然不失砥砺精神而甘于寂寞，依然不失在“理”与“势”的矛盾中的哲学、人生的思考。

"毕竟书成还是否，敢将此意问曹侯"
——将《红楼梦》研究当作终身事业的俞平伯

1931 年 9 月 18 日，九一八事变发生。其时，距俞平伯移家清华园南院七号，自定东屋室名为"秋荔亭"整一年。他于戊辰年（1928）秋，受聘到清华学校大学部中国文学系任讲师。翌年，清华学校改名清华大学，俞平伯开始讲授《清真词》、戏曲和小说，同时到国立北京大学兼课。再一年，在清华大学同朱自清、杨振声等教授合开"高级作文"课，专授"词"习作课。

九一八事变发生后，俞平伯即刻找到胡适，晤谈时事。30 日晚，又致胡适函，"述忧国忧民之心，以为知识分子救国之道，唯有出普及本单行周刊，从精神上开发民智，抵御外侮"。虽是书生救国之道，却见拳拳爱国之心。

胡适等人面对日本亡我之心，也心绪恍惚。胡适很同意俞平伯的建议，他说："我们这些'乱世的饭桶'，在这烘烘热焰里能够干些什么呢？"最后，办《独立评论》便是他们这帮"乱世的饭桶"，用爱国之心、良心抚平伤痛，为国家出点微力，尽点心智的一个重要举措。

从胡适写的《丁文江的传记》中可知，"当时北平城里和清华园的一些朋友，常常在我家里或在欧美同学会里聚会，常常讨论国家和世界的形势"。俞平伯常常从清华南院"秋荔亭"，乘车到后门内米粮库胡同四号胡适家，参加讨论。在交通不发达时代的北平，那是很遥远的路程。

要知道，俞平伯此时，已渐渐专注于《红楼梦》和其他古典文学的教学和研究工作。由一个诗人、散文小品作家，正在向一个纯粹的学者转化，能如此积极关心国事，已表明其爱国者的姿态。

壬申年（1932）元旦，《中学生》月刊第二十一期，在“贡献给今日的青年”的总题目下，发表了五十二位学界名人的短简。其中俞平伯告诫青年们，要相信自己的力量可以救中国，应当救中国，还要积极创造救国的条件。他向世人宣告：“不存此心，不得名为中国人。”

丁文江曾有名言，称知识分子是“治事之能臣，乱世之饭桶”。此话有些偏颇，更有些深意。1932 年 11 月 3 日，九一八事变一周年，俞平伯写《广亡征！》。因文中有令人震惊之名言“中国不亡是无天理”，与《中学生》里的短简大唱反调，自我否定，而被批判为投降主义汉奸论调。书生啊，有时是民族理性的代表，有时是酒囊饭袋，一脑袋糨糊。

认真阅读《广亡征！》可知，其实总体上是痛彻心扉的陈词、一腔沉痛的爱国之言。但错在缺乏理性分析，遂得出悲观结论。原本是批判当权者误国之罪，却因骨子里的孤傲之气、书生之见，做出了错误的表达。

前面已介绍过的废名，对好友俞平伯看得清楚，他在《古槐梦遇·小引》中说：

> 我常心里有点惊异的，平伯总应该说是“深闺梦里人”，但他实在写实得很，由写实而自然渐进于闻道，我想解释这个疑团，只好学时行的话说这是一种时代的精神。

惊鸿一瞥，说得端是剀切。俞平伯身上反帝反封建的意气，一直都没有泯灭，作为一个爱国的有良知的作家，在虎狼窥伺的国家危亡之时，他终不是“深闺梦里人”。他的血液里、他的文章里，激荡着爱国主义的回响。

俞平伯，光绪二十六年十二月初八（1900年1月8日）生于苏州。原籍浙江省德清县。原名俞铭衡，字平伯。曾祖父俞樾，著名经学家。道光二十四年（1844）恩科举人，道光三十年（1850）进士。官庶吉士、编修、河南学政。罢官归苏州治经学，主讲紫阳书院及杭州诂经精舍。后以会试复原官，一生著述甚多，作诗词，写小说，编戏曲，著有《春在堂全书》计一百六十种，近五百卷。俞平伯六岁时，已享弄孙之乐的俞樾方故去。

父俞陛云，晚清探花，也是饱学之士。母许之仙，是清朝松江府知府许祐的女儿，也精通诗文。俞平伯自幼从母读经书，九岁入塾从师学古文。后又入苏州平江中学，乙卯年（1915）秋，十六岁的俞平伯考入北京大学文学系。全家迁入北京，居北京大学后垣毗邻的东华门箭杆胡同。两年后，陈独秀携《新青年》也租住该胡同。

俞平伯十七岁时，师从北大教授、训诂学家、狂士黄侃，开始读周邦彦的《清真词》。十九岁时，第一首白话新诗《春水》发表在《新青年》。不久，又作《白话诗的三大条件》一文，据理驳斥保守派对白话诗的责难，提出新诗是“抒发美感的文字，虽主导写实，亦必力求其遣词命篇之完密优美。因为雕琢是陈腐的，修饰是新鲜的。文辞粗俗，万不能抒发高尚的理想”。同年，与北大同学傅斯年、罗家伦、徐彦之等组织新潮社，出版《新潮》杂志，被推选为干事部书记。次年，第一篇白话文小说《花匠》发表在《新潮》上，后被鲁迅收入《中国新文学大系·小说二集》。

五四运动爆发，他“浮慕新学，向往民主”，积极投身运动。是年，二十岁的俞平伯从北京大学毕业，准备去英国留学，离开之前，作新诗《别她》，表达对祖国的依恋之情，决心寻求救国之路。翌年与傅斯年同赴英国留学，只在英国住了两个月，因费用不足，返国。

胡适的新诗集《尝试集》，是中国现代新诗的第一本集子，也是中国新诗的奠基巨碑，在中国新文学史上的开山地位，显然不可低估。胡适成为“新诗老祖宗”也顺理成章。正是在《尝试集》的影响下，俞平伯的新诗集《冬夜》也破土而出。这是继《尝试集》后最早的诗集。胡适对《冬夜》的批评多于赞扬。胡适批评《冬夜》过于理性化，表现力薄弱，他说：“平伯最长于描写，但他偏喜欢说理，他本可以作诗，但他偏要想兼作哲学家”，“偏要做那很长而又晦涩的诗”。

俞平伯知道，那是老师胡适语重心长地告诫他这个新诗坛的少年人，要用形象思维，不能用抽象说理。胡适是器重和信任少年俞平伯的。辛酉年（1921），俞平伯刚刚加入文学研究会，胡适就找到二十二岁的俞平伯，让他删定《尝试集》第四版。

胡适的《尝试集》“增订四版”，是他生前出版的唯一的新诗的集子，其文化意义不仅在开创风气、独领风骚的历史地位，更在标榜声气、指引途径、提携新人上。将这么重要的《尝试集》第四版的删定任务交给俞平伯，其深意是不言而喻的。

新诗的“老祖宗”胡适，从此再不删增《尝试集》，是对俞平伯工作的充分肯定。

俞平伯十三岁始读《红楼梦》。二十一岁与傅斯年同赴英国留学的漫长航途中，熟读《红楼梦》，便有了研究《红楼梦》的愿望。《红楼梦》研究作为一门学问或学术——所谓“红学”——从《红楼梦》诞生，便已开始。“红学”一词，据《清稗类钞》，最早出现于清代嘉庆、道光年间，后又有“咸（丰）同（治）以来，红学大盛”的记载。不过“红学”在那时不是一门严肃的学问或学术，而带有调侃戏谑的味道。真正将它作为严肃的学问对待，是辛亥革命之后。但很少从哲学、美学入手，而是各种“索隐”“释真”“考事”之类的“索隐派”成了主角。

胡适考证《红楼梦》的第一篇文章《〈红楼梦〉考证》问世，宣告“新红学”的诞生。而胡适在北大的学生俞平伯、顾颉刚，在老师胡适的启示下，其“红学”研究也硕果累累，与胡适一起，成为当时海内外公认的“新红学”权威与大师。

胡适、俞平伯等人对“新红学”的贡献有二，确立《红楼梦》为“自叙传”。首先，得到鲁迅的认可。鲁迅当时正在北大讲“中国小说史”，屡屡引证胡适考证，并说胡适的“自叙传”，“实是最为可信的一说”（《中国小说的历史变迁》）。其次，断定《红楼梦》前八十回为曹雪芹之作，后四十回为程传元、高鹗串通作伪，由高补续。

“新红学”骨干俞平伯、顾颉刚二人在辛酉年，关于《红楼梦》研究的大量通信，证明他的研究，弥足珍贵。如俞平伯在是年 4 月 27 日的信中说：

> 《红楼梦》作者所要说者，无非始于荣华，终于憔悴，感慨身世，追缅古欢，绮梦既阑，穷愁毕世。宝玉如是，雪芹亦如是。

5 月 13 日又写信说：“总之《红楼梦》实事居多，虚构为少，殆无可疑。”5 月 30 日，信中说：“从本书看本书作者与宝玉即是一人，实最明确的事实。”

特别是 6 月 18 日信中所说：

> 因为我们历史眼光太浓重了，不免拘儒之见。要知道雪芹此书虽记事实，却也不全是信史。他明明说“真事隐去”“假语村言”“荒唐言”，可见添饰点缀处亦是有的。从前人都是凌空猜谜，我们却反其道而行之，或者矫枉竟有些过正也未可知。

俞平伯这一段话，正确阐述了《红楼梦》艺术典型源于生活、高于生活，道出了艺术真实与艺术典型的全部奥秘。

俞平伯与顾颉刚的另一重大发现，是高鹗续补《红楼梦》后四十回。

一次，俞平伯在旧书摊购得一部《红楼复梦》，书写得颇为无聊。但该书“凡例”前有“前书八十回后立意甚谬”之语。经考证，证明确是高鹗补了《红楼梦》后四十回。

俞平伯潜心研究《红楼梦》，屡有发现。顾颉刚劝说俞平伯将《红楼梦》研究作为“终身事业”，挑起历史大任，日后必定“大功告成”。

1923 年 3 月 5 日，顾颉刚为俞平伯的第一本红学专著《〈红楼梦〉辨》作序，说：

> 红学研究了近一百年，没有什么成绩，适之先生做了《〈红楼梦〉考证》之后，不过一年，就有这一部系统完备的著作……我希望大家看着这“旧红学”的打倒，“新红学”的成立，从此悟得一个研究学问的方法。

后来的不少红学家读胡适的《红楼梦》考证文章，多有取其椟而还其珠者，而俞平伯得其椟更得其珠。

到了 1954 年秋，继对电影《武训传》的批判之后，又开始了对俞平伯的《红楼梦研究》的批判，从而引导了对胡适思想的全面批判。而事情的导火线，是李希凡和蓝翎两个青年合作的《关于〈红楼梦简论〉及其他》和《评〈红楼梦研究〉》两篇文章。

实际上，在 1954 年 7 月 24 日，中国作家协会古典文学部，在作协会议室，就召开了《红楼梦》研究问题座谈会。公开批评俞平伯《红楼梦》

研究观点的大幕拉开了。

出席此次座谈会的有茅盾、周扬、郑振铎、冯雪峰、刘白羽、林默涵、何其芳、俞平伯，还有写《关于〈红楼梦简论〉及其他》《评〈红楼梦研究〉》的作者李希凡和蓝翎，共计七十余人。会上，发言者们批评了俞平伯在“红学”研究中的资产阶级观念。会场上谈笑风生，并不紧张，俞平伯也极为自然、冷静。

“两个小人物”发言了，首先表示是来学习的，其次对俞平伯一向敬重，文章观点不同，但没有扣帽的想法。《人民日报》《光明日报》《文汇报》分别报道了座谈会的情况。

因俞平伯在文学研究所任副所长，后来批判俞平伯的活动，有六次在文学研究所召开。组织、主持批判会的是该所所长何其芳。他在会前着重指出：“会议的性质是学术讨论会，对所讨论的问题过程中，应提倡说理的态度……学术问题常常是比较复杂的，必须进行自由讨论。有不同意见应允许大胆发表。被批评的人也可以进行批评。”何其芳在20世纪30年代与李广田、卞之琳被称“汉园三诗人”，后也研究《红楼梦》。京城著名学者大都参加了批判会并积极发言。

据《〈红楼梦研究〉批判中的何其芳与俞平伯》的作者马靖云说：

> 钱锺书感到俞先生把“色空”二字看得太实了。钱锺书认为做和尚在当时不一定就是最坏的。鲁智深、武松做和尚，也好像可以做得；明代有许多民族英雄人物也做了和尚。对“红楼梦”三个字不要看得太重。莎士比亚在一些戏剧中也有过人生如梦的感慨，但不能说他具有佛家思想……贾家这样的人家，做了许多坏事，结果自然就是坏结局。

余冠英、李健吾、毛星都做了发言，皆按照何其芳会前定的调子，进行学术讨论。有时发言者之间，还有争论。力扬发言时，说文学所的讨论还算实事求是，而外面发表的相关文章，则有不乏简单粗暴等问题。文学所里，在何其芳的主持下，和风细雨地讨论学术问题，而社会上对俞平伯的批判，已轰轰烈烈。

李希凡和蓝翎的《关于〈红楼梦简论〉及其他》等文章，是以意识形态代表学术研究的应时应景之作，影响极为恶劣。社会上报刊已将俞平伯的《红楼梦简论》由学术问题转向政治范畴，公开发表了俞平伯和胡适有关学术讨论的私人信件，为不久开展的全面批判胡适思想运动，做舆论准备。

任何政治运动，总有落井下石者，有趁火打劫、造谣诬陷者，文化圈子中尤为突出。这时就有人在《人民日报》发文揭发俞平伯垄断研究资料的问题。

俞平伯不服："有人说我霸占材料，与事实不符。事实是我曾给北大图书馆写过一封信，指出该馆收藏的某个《红楼梦》抄本有珍贵价值，应作善本对待，不宜随意出借，以防损坏。纯属爱护文物的意愿，希望文学所代为说明。"

《人民日报》发表揭发俞平伯垄断材料一文前，曾打电话向北大图书馆和文学所询问过是否有垄断之事。但在北大图书馆、文学所皆证明根本无此事之后，仍发表了这篇诬陷俞平伯的文章。这毕竟是捏造丑闻，所以垄断之说，不了了之。

学术问题，要探明真理，要更坚持真理。俞平伯面对全国批判的浪潮，勇于坚持真理，毫不畏惧，更不妥协。俞平伯找到何其芳，承认自己受胡适影响，自己的烦琐考证或可对读者有影响。但那只是研究方法问题。他表示，自己坚持三点。其一，无论如何，《红楼梦》是很难解释的；其二，无论如何，曹雪芹是有"色空"观念的，并以之开始，以之收尾；其三，无论如何，有关《红楼梦》的“自传说”是不对的，但如果说带有自传成分是可以的。

在那个政治代替一切的年代，一介书生俞平伯坚持这三个“无论如何”，可视为公然对抗主流话语、挑战政治运动的鲜见的壮举。

俞平伯自落“红尘”，乐于斯，悲于斯，幸与不幸，只有他自己深解此中滋味。晚年，他曾作《红楼梦缥缈歌》，最后四句是：

> 补天虚愿恨悠悠，磨灭流传总未酬。
> 毕竟书成还是否，敢将此意问曹侯。

其一生感慨，皆寓其中。

1986 年 1 月 20 日，八十七岁的俞平伯，已满头白发。中国社会科学院文学研究所为他从事学术活动六十五周年，举行了盛大的庆祝会。社科院院长胡绳在致辞中，称俞平伯是有贡献的爱国学者，他的“红学”研究具有开拓性，取得了重大成就。1954 年对俞平伯的政治批判是不正确的。那次政治围攻，从精神上伤害了俞平伯，在学术界产生了不良影响。

俞平伯老人平静而从容地用乡音朗读了自己的“红学”新作《旧时月色》。

俞平伯的旧体诗，得其清末探花诗人父亲俞陛云的真传，有着深厚扎实的功底，甚得诗界的推崇。叶圣陶夸他“天分高，实践勤，脚踏实地，步步前进，数十年如一日”，叶恭绰在《古槐书屋词·序》中赞他“于词所造既深，而又能审音度曲”，“功力深至，迥异时流”。俞平伯乃兼擅新旧两种诗体的诗人，他创作旧体诗时间如此之久、数量如此之多，诗意如此之丰盈葱茏，境界如此之淡泊清幽，艺术如此之圆润纯熟，风格如此之鲜明，诗坛怕再无别人。

写旧体诗，成为俞平伯自娱、抒发情感、张扬个性的重要形式。“文化大革命”初，他在老君堂的“古槐书屋”被占，被挤到放置刻书雕版的别院小屋居住。他写了一首诗：

先人书室我移家，憔悴新来改鬓华。
屋角斜晖应似旧，隔墙犹见马缨花。

该诗“怨而不怒”，甚或“温柔敦厚”，但结果，在学部文学所，还是挨了一顿狠批。不料，没过多少日子，他在《“五四”六十周年忆往事》一诗里，却再次提到马缨花：

马缨花发半城红，振臂扬徽此日同。
一自权门攖中怒，赵家楼焰已腾空。

回忆自己年轻时，在马缨花开遍京城时，参加五四运动的情景。马缨花见证了俞平伯少年时的意气风发、暮年时的寂寥和苦痛。

1977 年，为怀念“嬿婉同心六十年”的老妻，俞平伯写旧体长诗《重圆花烛歌》，读之令人动容：

兼忆居停小学时，云移月影过寒枝。
荆扉半启遥遥见，见得青灯小坐姿。

俞平伯是“但令一顾重，不吝百身轻”式的文人，只要受到别人一次看重，便不惜为他做出百次牺牲。在批判俞平伯《红楼梦研究》时，何其芳坚持实事求是的态度，保护了俞平伯。为此，何其芳还受到责难和批斗。俞平伯在何其芳逝世时，来到西裱褙胡同三十六号何宅哀悼，还写《纪念何其芳先生》诗，其情谊真挚动人：

昔曾共学在郊园，喜识“文研”创业繁。
晚岁耽吟怜《锦瑟》，推敲陈迹怕重论。
习劳终岁豫南居，解得耕耘胜读书。
犹记相呼来入苙，云低雪野助驱猪。

胡适在《蕙的风·序》中，说俞平伯诗的“音调、字面、境界，全是旧式诗词的影响”。从旧诗和词曲里蜕化出来，熔铸词曲的章节于其新诗中，当代诗人无人可与俞平伯相比。而他写旧体诗之水平，也无人出其右。

第三章

民国二十二年

（1933）

内忧外患，国难当头，政府昏聩，民不聊生。文化界一片肃杀之气。

内忧外患，国难当头，政府昏聩，民不聊生。整个中国陷入苦海之中。

1933 年新年伊始，胡愈之在《东方杂志》推出“新年的梦想”。一百四十二位知识分子遂有二百五十个“梦想”，刊于《东方杂志》。现实无望，寄以梦想，乃绝望之举。鲁迅不相信“梦想”，即写《听说梦》，说“无论怎么写得光明，终究是一个梦”。

“‘梦’是我们所有的神圣权力啊”，但胡愈之没想到的是，在“昏黑的年头”，“做梦”也没自由，在国民党威逼下，胡愈之被商务印书馆辞退。民国政府创造世界文明史上不准“做梦”的纪录。

4 月，周作人致信曹聚仁，称“守常殁后，其从侄即为搜集遗稿，阅二三年，略有成就，唯出版为难，终未能出世”，“滦东失陷，乐亭早为伪军所占，守常夫人避难来北平，又提及此事”，询问曹“群众图书公司可以刊印否”。此前一年，周作人即致函胡适，研究此事，几经周折，终未出版。同月，在北平下斜街浙寺为李大钊公祭，周作人参加并送花圈、奠仪十元。“主义”不同，周作人不忘旧友，其情历史当记。

5 月，北平世界日报社社长成舍我被捕。7 月，北平《文学杂志》被禁，编辑及撰稿人被捕。11 月，北平《文艺月刊》遭查禁。

巴金小说《萌芽》被禁，鲁迅的《二心集》在浙江遭查禁。文坛一片肃杀之气。

《江声日报》主笔刘煜生被枪杀，杨杏佛遭暗杀，邹韬奋流亡国外，《益世报》的罗隆基遭暗杀未遂，幸免于难。血腥杀戮之气，弥漫全国。

但哪里有镇压，哪里就有反抗，上海二百三十九名记者发表联合声明，抗议国民党杀害刘煜生，声讨当局摧残言论自由，草菅人命。陈独秀“危害民国”案开庭，陈独秀当场慷慨陈词，揭露国民党的种种罪行。章士钊挺身而出，义务为陈独秀辩护。尽管陈独秀最终以“文字为叛国之宣传”罪获判处十三年徒刑，但《申报》《益世报》等多家报纸，都做了倾向陈独秀的报道。汪原放的东亚图书馆此刻重印千册《独秀文存》，又印章士钊《陈案书状汇录》，蔡元培为《独秀文存》第九版作序。6月6日，北平新闻记者公会再次举行集会，要求国民党停止新闻检查，还自由言论于社会。

文化界、新闻界、文学界在“昏黑的年头”，敢于与国民党反动统治开展针锋相对的斗争，这是漫漫长夜中的一抹亮色。

沈从文创作小说《如蕤》。萧乾创作第一篇小说《蚕》。冰心出版短篇小说集《去国》，诗、散文集《闲情》，发表小说《我们太太的客厅》。朱自清散文《冬天》及《中国文评流别述略》发表。胡适出版《四十自述》《短篇小说第二集》两本书，发表政论文《民权的保障》《日本人应该醒醒了》《我们可以等候五十年》《制宪不如守法》《保全华北的重要》《建国与专制》。

“真迷众色看如雾”
——沈从文是一本内容复杂、分量沉重的大书

1933年，沈从文辞去青岛大学教职，与恋人张兆和、九妹沈岳萌一起来到北平。1922年，沈从文从山清水秀、人情瑰丽又浪漫，充满楚文化的湘西凤凰小城，来到早已有些颓败却依然有帝工之气的北京，那年他才二十岁。

沈从文孤身到京，举目无亲，又无收益，生活清苦，但他到大学旁听自修，转益多师，加以天赋异禀，又受到新文化的启迪，早年文学创作出手不凡，其作品不忘情于湘西风土，又瞩目于京城都市人生。再加上，沈从文独特、传奇的少年人生经历，为他的文学创作提供了丰富的生命感悟。

沈从文，原名沈岳焕，湘西凤凰人。他出身行伍之家，其祖父少年卖马草为生，后因镇压太平军有功，当了贵州提督。因厌倦官场斗争，竟辞官归隐。其父向往辛亥革命，参与革命军攻打凤凰城之役，后到北京与同党密谋刺杀袁世凯，事败亡命关外。其祖母为苗族，母亲为土家族。“苗汉混血青年的某种潜在意识的偶然奔放”这句话，是沈从文的朋友、致力于现代派诗歌却以小说而闻名文坛的施蛰存，在《长河不尽流——怀念沈从文先生》一文中说的，剀切中理。沈从文十四岁到土著军队里当兵，在后来成为他小说背景的沅水一带，闯荡了五年，之后，才脱去军服，又到上海闯荡的。初到北京，谁也不会想到，面前这位身着土布长衫、面貌清秀又有些柔弱寡言的少年，会有这样丰富的人生经历。

在北京，他与也到北京求学的丁玲、胡也频成了朋友，同时直接接触了不少新文学运动的领军人物和新文化运动催生的有成就的作家。那时的文坛，已开始分化，沈从文始终着眼思想启蒙和文学革命这个大目标，无心介入纷纷扰扰的门户、派系之争论。他的交友，以性情言之，从善中流。在文化思想、文学流派上，也不说长道短，自走自路。于是有的评论家说他“缺乏政治理论思维应有的某些坚持与机敏”。倘沈从文真的有突出的“政治理论思维”，沈从文只能是政治的沈从文，中国则失去了小说家沈从文。

例子也可举一个。1930 年，沈从文创作小说《丈夫》。丈夫乘妓船去探亲，碰上自己老婆在船上卖春接客。待后半夜，老婆抽空爬过后舱，给丈夫一片冰糖。第二天一早，夫妻二人一起回乡。小说写了这对夫妻在乡里受到过村长、乡绅等人的剥削，在船上，水保、巡官可任意霸占妻子，丈夫只能在后舱默默接受这种欺凌。小说还写了老婆身边的掌班的大娘，还有幼年的女孩五多，漂亮的五多是妻子未来的影子。

一个真正懂得文学的叫冈崎俊夫的日本人，是这样谈《丈夫》的：

> 要是一位左翼作家的话，一定以咏叹的怒吼来描写这场悲惨状况，这位作家却用冷静和细致的笔来描写，而且在深处漂浮着不可测度的悲痛。

沈从文的晚辈表侄，是画家又是作家的黄永玉，在《太阳下的风景——沈从文与我》一文中说：

> 他的一篇小说《丈夫》，我的一位从事文学几十年的，和从文表叔没见过面的前辈，十多年前读到之后，深受感动，他说：“这篇小说

真像普希金说过的，伟大的俄罗斯的悲哀。”

谢天谢地，多亏沈从文是“缺乏政治理论思维应该有的某些坚持与机敏”的，倘若反之，沈从文还能成为世界的沈从文吗？左翼作家或可很有“政治理论思维应该有的某些坚持与机敏”，而且他们的作品描写了较广阔的社会生活画面，并企图表现革命的出路，但因生活的不足和艺术上表现的弱点，作品表面化、概念化。尽管瞿秋白、茅盾等总结过以创造社、太阳社为代表的左翼作家这方面的经验教训，但收效甚微。

1928 年，经徐志摩介绍，沈从文南下上海，在中国公学主讲大学部一年级现代文学。随他同行的有即将从文坛脱颖而出的丁玲和她的男友胡也频。上海有他们的朋友施蛰存，他们还一起参加了施蛰存的婚礼。这一年，孤身一人的沈从文，在授课时，发现了刚从预科升入大学一年级的面目清秀、身材窈窕、举止文雅的女生张兆和。

张兆和是民国著名的“张家四姐妹”的老三。她们依次是张元和、张允和、张兆和、张充和。她们出身名门望族，祖父张树声是著名的淮军将领，曾任两广和直隶总督。父亲张冀牖，是民国开明教育家，曾在苏州创办乐益女中和平林中学，四位女儿不仅受到良好教育，且个个才华横溢、兰心蕙质、如花似玉。苏州老乡叶圣陶曾说，谁要娶张家四姐妹，都会幸福一辈子。后来四姐妹都嫁了名人。老大嫁给昆曲名角顾传玠，老二许配给了语言文字学家周有光，老三与沈从文成秦晋之好，老四与德裔美籍汉学家傅思汉成亲。

已经二十六岁的沈从文，在当时早就过了谈婚论嫁的年龄，但他一直在寻觅和等待。他相信，那个令他心动的女子，总会悄然而至。果然，张兆和的出现，让他平静的心里燃起了爱情之火。他不是那种可以当面倾诉情感的男人，却有一般男人所没有的用文字表述爱情的功夫。从此，他开始了漫长的、持久又坎坷的鸿雁传书的经历。

情书如雪片般，纷纷落到年轻姑娘张兆和的手里，情窦未开的她，面对一封封飘然而至的情书，感到紧张惶惑。而沈从文不见回答，更是烦躁不安，神不守舍。终于有一天，张兆和带着一大摞情书，找到校长胡适。当时道德文章名满天下的胡适，在张兆和的眼里，不仅是新文化运动的旗手，更是青年人的思想导师。

张兆和对胡适说，您看，这是沈先生写的，我想集中精力好好念书，现在不是谈这个的时候。胡适见怯怯的、满脸绯红的张兆和，笑了，这也好嘛，他的文章写得很好，可以彼此通通信嘛。

一方不断写情书，一方始终沉默的局面继续着，连有成人之美、想尽力撮合的胡适都在给沈从文的信中叹息："这个女子不能了解你，更不能了解你的爱，你错用情了。"

锲而不舍的沈从文，以近四年的时间，继续向张兆和表达着他的爱恋。"我愿意等她，到三十岁。"沈从文那炽烈真挚的、矢志不渝的甚至有些傻傻的爱，最终还是打动了张兆和。

其实呢，沈从文与张兆和的婚姻，起重要作用的人物是张兆和的二姐张允和。前面所述，皆来自文传或口传。而张允和是亲历者，她的表述最具权威。

1988 年 4 月，张允和从台湾飞到北京，一是旧地重游，二是探望妹妹张兆和和妹夫沈从文。

4 月 6 日，春风和煦，张允和来到东便门、崇文门东大街二十二号，探望已享受副部级待遇的三妹夫沈从文，同往的还有台湾青年作家张大春。张兆和沏上一壶湘西绿茶，聊起一大堆旧事。沈从文笑着指了指张允和："你是三姑六婆中的媒婆。"引起了张允和以下的回忆：

那是1932年一个夏天的早晨，约莫十点钟左右，太阳照在苏州九如巷的半边街道上。石库门框黑漆大门外，来了一个文文绉绉、秀秀气气的身穿灰色长衫的青年人，脸上戴一副近视眼镜。他说姓沈，从青岛来的，要找张兆和。我这二小姐是家中八个妹妹和弟弟的头儿。一听呼唤，我“得、得”地下了“绣楼”，走到大门口，认出是沈从文。我说：“沈先生，三妹到公园图书馆看书去了，一会儿回来。请进来，屋里坐。”他一听我这样说，现出不知所措的样子，结结巴巴地告诉了我他的住处是个旅馆。天哪，我想这完了！三妹怎么会到旅馆里去看他呢？

张允和接着写三妹回来，她告诉三妹沈从文的房间号，叫三妹吃完饭就去看沈从文。三妹表示不去。她给三妹出了个主意，就说家里姐弟很好玩，请他到家里坐。沈从文来到张家，给弟妹们讲故事，深得好感，直讲到小主人们一个个睁不开眼，只好去睡。她以不再做“臭萝卜干”托词走开。

1933年春，张兆和给张允和看沈从文给自己写的信。那信中请张允和代沈从文向父母提亲，并说如其父母同意，让兆和立刻发电报告之。张允和找到父母，“一说即成”了。

那时打电报，讲究用文言，不用大白话。电报要字少、意达、省钱。苏州只有一处电报局，远在阊门外。我家住在城中心，坐人力车要拐拐弯弯走好长的路。我在人力车上想，电报怎么打。想到电报末尾要具名。我的名字“允”字不就是“同意”的意思吗？

进了电报局，我递上电报稿：“山东青岛大学沈从文允”。得意扬扬地转回家门，告诉三妹：这一个“允”字，一当两用，既表示婚事

“允”了，也署了我的名字“允”。这就是“半个字”的电报。当时，三妹听了不做声，她心中有些不放心，万一沈从文看不明白呢？

她悄悄地坐人力车再到阊门电报局，递上了她的用白话写的电报稿：“乡下人喝杯甜酒吧兆。”三妹的白话电报里，居然有一个“吧”字，这在当时真是别开生面。可惜电文还不完整，还缺少一个感叹号。这甜酒多么甜！真是“蜜”电。

这篇文章回忆那已遥远的，几被岁月尘埃湮没的温馨而美好的往事，原本是张允和要和三妹夫沈从文逗逗乐的，不料，在《文汇报》刊登的第二天，沈从文突然辞世，竟成了别样的悼文。

1933 年，沈、张重回北平后，在秋高气爽的 9 月 9 日，二人在北平中央公园水榭，向亲友们宣布结婚。京城名媛林徽因和她的夫婿梁思成，特为他们送了锦缎百子图床单，给极为简单的婚房，增添了喜气。

有情人终成眷属之后，沈从文迎来了创作的高潮。人们把从此至 1938 年，视为他创作的成熟阶段。经过几年的探索，沈从文小说的独特艺术风格已基本形成，他对社会人生独具特征的思考及对小说形式多方的尝试和创新，给他的小说带来了沈氏特别的风景。

1933 年冬至 1934 年创作的中篇小说《边城》，便是这时的代表作。

《边城》呈现了湘西从一个闭塞的充满原始野性的自给自足的乡村社会，向现代社会转型的历史风貌。小说于历史的运动、社会的嬗变、新旧的交替之中的“常”与“变”的纠缠、恩怨之中，表现湘西民性中的朴素之美和底层乡民的命运的苦难、人性的沉沦。

《边城》是“善和美”的悲剧。它与俄罗斯的列夫·托尔斯泰着眼于崇高的毁灭不同，沈从文更关注普通、善良、美丽的翠翠们的命运。翠翠“在风日里养着，把皮肤变得黑黑的，触目为青山绿水，一对眸子清明如水晶”。翠翠所爱的老二在选择“走马路”（唱歌）求爱时，偏睡着了。他一气之下去了桃源。不久，她那慈祥的老船夫祖父去世了。正如作者所说，小说“一切充满了善，然而到处是不凑巧。既然是不凑巧，因之素朴的善终难免产生悲剧”。说穿了，翠翠的悲剧是湘西乡民在抗拒不了的灾难和险境面前，所经历的祸患与厄运。用美学家朱光潜先生的话说，这“表现出受过长期压迫而又富于幻想和敏感的少数民族在心坎里那一股沉忧隐痛，翠翠似显出从文自己的这方面的性格”。

说起《边城》创作，不能不提1933年夏，沈从文偕夫人张兆和的山东崂山之游。沈从文与张兆和来到山溪边，见一身着白色孝服的小姑娘，一边哭泣一边烧纸钱提水。沈从文凝视良久，神情严肃地对张兆和说：“我要用她来写个故事！”这便是沈从文创作《边城》的导因。当然《边城》又是沈从文的一个追忆、一个梦境。他第一次回乡探亲时，他少年时光乡村里的正直朴素的人情美几乎荡然无存。他在《沈从文别集·长河集》中说：“《边城》中人物的正直和热情，虽然已经成为过去了，应当还保留些本质在年轻人的血里或梦里。”

沈从文把《边城》里的一些人物、风俗写得有些理想化抑或叫美化，正是他有意为之的，为了那一个他久久挥之不去的梦境。但明眼人会看出，“看起来很平静的笔底下，恐怕隐藏着对于现代文明的尖锐的批判和抗议——至少也怀有嫌恶之感”（《沈从文研究》）。这是一位叫山宝静的日本作家说的。

写于1935年的《八骏图》，是沈从文城市题材的代表作。小说写一位作家达士先生到青岛讲课和休假，通篇是一幅自嘲图。他发现同来青岛的七位专家“心灵皆不健全”，他们的性意识同虚饰的外表发生冲突。达士自认是他们的医治者，是主人，结果反倒成了被医治者和奴隶。小说还贯穿了一位有点神秘的女人的黄色身影。小说在对人物性意识、潜意识等“无常的人性”进行认识与分析之后，“从病理学角度剖析作家的使命，对中国现代知识阶级尽情嘲弄”（金介甫《沈从文传》）。

沈从文的散文系列《湘行散记》，是从1934年他回到阔别十余年的湘西故乡，沿途写给张兆和的信函整理集成的。《湘行散记》与三年前的《从文自传》相互印证，前者为社会见闻，后者是往事追忆。

《湘行散记》是沈从文蘸满了感情的浓墨，带着游子的乡愁，以淡淡的孤独、悲哀的叙事，诉说着对故乡和乡里人的深深怀恋，又表达着深深的悲悯。

《从文自传》《湘行散记》是散文化的历史生活的长卷，把历史回顾、社会观察、人世变故、命运沧桑，由浓郁的情感绾住，摆脱了不少散文家的学院气、闲适气、闺秀气、市井气，留得清气满乾坤。

1933年9月，刚到北平不久，沈从文正式接手天津《大公报·文学副刊》（后更名《大公报·文艺副刊》）。从1928年起，《大公报·文学副刊》由吴宓主编。

世上有许多机缘。在那年，吴宓与沈从文在驶往上海的日本轮船“天津丸”上不期而遇。两人虽初次谋面，但谈笑甚欢，清华大学教授兼北大教授吴宓，是利用暑假到杭州去见诗人毛彦文的，而二十六岁的无名小卒沈从文是到上海谋发展的。在“天津丸”上，谁也没有想到，五年后沈从文会接替吴宓入主《大公报·文学副刊》。吴宓守旧的文化姿态，使该报老板甚为不满，他将吴宓辞掉后，请已在文坛上声名鹊起的沈从文主持。

沈从文乃谦谦君子，明知早年文言文与白话文之争时，吴宓曾放言“欲杀胡适耳”，对自己接替他的工作心存怨言。但是，自己还是以谦恭的态度相待，并在中山公园来今雨轩商讨办报事宜时，专门请前辈吴宓到会听其建言。参会的吴宓的好友、诗人凌宴池曾有诗作记此会。《偕吴雨生沈从文坐来今雨轩》诗曰：

花下曾销几斗才，忘筌得句本无胎。
真迷众色看如雾，欲避同声响若雷。
布谷自呼渐强聒，卢龙轻弃付微唉。
画廊高馆移时坐，怀抱因君忽复开。

从此吴宓不再说三道四。人缘好的沈从文又团结了朱自清、周作人、巴金、老舍、林徽因、杨振声、萧乾、李健吾等文学老将和新秀，《大公报·文艺副刊》成为北方文坛"重镇"。

后因沈从文在《大公报·文艺副刊》发表小说《自杀》，吴宓看了甚为不满。小说写刘习舜教授因恋爱而自杀，吴宓认为是在影射自己。吴宓原娶同学之妹为妻，妻子陈心一是一旧派女子，与吴宓难以匹配，后吴宓与女诗人毛彦文邂逅，便倾心追求，与陈心一离婚。毛彦文出身望族，留美获文学硕士学位。而且人家早就情有所属，最后与大自己三十三岁的前国务总理熊希龄结秦晋之好，在上海公寓相濡以沫。吴宓深受打击，心如死灰。突读《自杀》顿生联想，岂能不怒。

沈从文对影射之说全然否认，写《给某教授》发于《大公报·文艺副刊》作答：

您在生活上与心灵上的悲剧，也许是命定的，远近亲疏朋友皆无法帮忙。就因为您既不明白自己，更不明白别人。您要朋友，好朋友没有多少；要女人，好女人永远不易对您发生兴味……

您看书永远只是往书中寻觅自己，发现自己，以个人为中心，因此看书虽多等于不看（无怪乎书不能帮助您）……治这种病的方法有三个。一是结婚，二是多接近人一点，用人气驱逐您幻想的鬼魔，常到……朋友住处去放肆的谈话，排泄一部分郁结。三是看杂书，各种各样的书多看一些，新的旧的，严肃的与不庄重的，全去心灵冒险看个痛快，把你人格扩大，兴味放宽。

沈从文这封信，开诚布公，与人为善，一针见血，笔笔中的，语多剀切，指出病因，又晓之以治疗方法，是沈从文的人生智慧的肺腑之言。

此公案了断之后，1936年7月4日，吴宓在日记中记有与沈从文相晤的文字："陪企孙至北总布三号金岳霖宅，并见林徽因、沈从文等多人。值陈总宴客（团体中人轮流），企孙与宓亦邀至同居晚宴。"（《吴宓日记》）可见，沈、吴交情未断。

沈从文与吴宓因在文学见解的殊异，虽未彼此反目成仇，也终未成为挚友。

沈从文一生有不少朋友，像丁玲、胡也频、胡适、徐志摩、林徽因、施蛰存、俞平伯等。沈从文也受过鲁迅、郭沫若等人攻讦。

细看民国以来文人的交好与交恶，从中可看出他们的文化人格的高尚丑陋，其间更有着躁动的痛苦的时代生活在文人心理上反弹出来的难以言说的内容。人性和人格会被政治漂洗得面目全非。

1937年，七七事变爆发，沈从文离开北平，南下武汉、长沙，后经贵阳到达昆明，在西南联合大学任教。从1938年始，动笔写长篇小说《长河》，以写实风格，意在抗战中给外界提供湘西社会的真实图景，给抗战的人们以"克服困难的勇气和信心"（《沈从文研究》）。小说表现了沈从文从思想到艺术的多面性，把社会批判与牧歌情调、历史追求与社会场景都写了进去。

可惜，原定三部曲的《长河》，只完成第一部便没了下文。当然不是江郎才尽，他已是胸怀苍生、腹有才华、吞吐天地、驰骋文坛的骁勇之将，他的那支生花之笔，写了多少锦绣文章。当然，也不是生活题材枯竭，《长河》第一部结尾之“社戏”里，已为下部小说埋下了国民党派武装镇压湘西地方势力的伏笔，将会有更惨烈的故事发生。联系沈从文写完《边城》后，曾打算以沅水为背景，要写《十城记》也没了下文，他或是另有隐情，或是性格有毛病。所谓“君子耻其言而过其行”是也。

1948年3月，曾有一篇文章说沈从文是反动派。1949年，解放军进北京，在北大任教的沈从文，过去写过一篇《论作家从政》，纯是书生之清谈，但是被郭沫若看到了，痛加批判。学生将此文抄录成大字报，张贴出来。吓得沈从文想自杀，后住进清华大学的梁思成、林徽因家养病，才逃过一劫。

沈从文已感到，不仅不能创作，连老师也不宜做了，便改行躲进历史博物馆做文物工作。一次，毛泽东参观历史博物馆，听说了沈从文在这里工作。很快，沈从文做了全国文代会代表。开文代会时，毛泽东和周恩来接见了沈从文等代表，还让沈从文继续写小说。沈从文却写信给领导，提出要编写一本有关服饰的书。周恩来同意，就定下来了。虽在“文化大革命”中，此书的许多珍贵资料被毁，但“文化大革命”过去后，经沈从文十年辛苦，一部《中国古代服饰研究》终于问世。这部轰动国内外的书的价值和地位，堪与沈从文半生写的小说、散文媲美。

晚年，沈从文在与历史博物馆的老同事李之檀谈到自己写的《中国古代服饰研究》时，说了这样一番话：一个人不应该去追求权力和钱，一个人追求的应该是怎样发展你的智慧，而发展智慧就需要增加知识，你的知识增加了，你的智慧才能够发展。这或许不是沈从文的原话，但这样的表达，已让我们看到了书生本色。

“人生是一本大书”，是沈从文的名言。他这本大书，用季羡林的话说，就是“一生安贫乐道、淡泊宁静”。但这似乎并不全面，应该说这是一本充满对立矛盾的书。研究沈从文的美籍华人专家金介甫的《沈从文传》，让我们看到两个沈从文。金介甫认为，中华人民共和国成立后，20 世纪 50 年代初的沈从文感受到了社会的进步：内战结束，饥饿和鸦片被清除，“中国人民已经挺胸站立在世界之林。特别是他作为政协委员，重返湘西，生活欣欣向荣，他的心已向人民政府靠拢。特别是 1961 年，他与十多名青年作家，一起拜谒革命圣地井冈山，感受更深，甚至想写一部讴歌革命烈士的长篇”。

但是，随着国内阶级斗争日渐激烈残酷，知识分子都受到了整肃。沈从文也不例外。据陈徒手的《午门城下的沈从文》所述，“文化大革命”期间，沈从文曾经帮助过的画家范曾，竟写大字报揭露沈从文“头上长脓包，烂透了。写黄色小说，开黄色舞会”。沈从文对范曾之举，万分震愕和愤怒：“十分痛苦，巨大震动。”

当生存、尊严受到严酷挑战时，并不是每个人都守得住良知的。1957 年“反右”期间，一次在文联大楼（即现在商务印书馆）开批判萧乾的大会，沈从文一改往日的生性孱弱，站起来大声发言，耸人听闻地揭发他的学生萧乾道：

> 我知道萧乾早在 1930 年，就同美帝国主义相互勾结上了。

他所谓的 1930 年与美帝勾结，是指当时萧乾曾协助美国青年威廉·阿莱编辑过八期英文期刊《中国简报》，宣传中国新文学。沈从文也曾帮助《中国简报》，他是清楚知道萧乾仅仅帮助阿莱宣传中国新文学而已。

萧乾在口述自传《风雨平生》中，写到了沈从文揭发自己的这件事，萧乾理解宅心仁厚的恩师沈从文对自己的“揭发”，只是为了自保。反正自己已被打成“右派分子”，老师表态划清界限，是可以理解的，没必要过多计较。

到了更严酷的“文化大革命”岁月，萧乾从湖北干校回京治病，同时为解决自己被无端没收的住房问题，四处奔波求助。他也没忘记去看老师沈从文。见他挤在一间小屋内忙着写《中国古代服饰研究》一书，为改善沈从文的住房条件，他到处呼吁，甚至找到当时在北京市“革委会”工作的朋友帮忙。

令萧乾万万没想到的是，沈从文闻听萧乾帮他跑住房问题，竟勃然大怒。师生在马路上相遇，老师声色俱厉地责骂学生，曰此举影响了他正在好转的前程，他训斥道：“我的住房问题，用不着你管。”

后来，沈从文还让夫人张兆和转给萧乾一封亲笔信，大意是我死后，不许你参加追悼会，也不准写悼念文章，不然，将诉诸法律。

在严酷的政治背景下，我们看到了另一个沈从文。是政治的丑陋，还是人性在高压下的堕落？纵观沈从文的一生，你会发现有许多难以整理的矛盾，许多写他的文章，一直萦系于他生命进向与存在困境、理性与情感相冲突的主题。可沈从文自己却说：

> 人生实在是一本大书，内容复杂，分量沉重，值得翻到个人所能翻到的最后一页，而且必须慢慢地翻。我只是翻得太快，看了些不许看的事迹。

读懂他的书，或可看懂他的为人包括他周围的世界。

“我弦索上迸落着明珠”——冰心，从清丽温婉的《繁星》《春水》到寓意深邃的“问题小说”

第一部曲是神仙故事，故事里有神女与仙姑；围绕着他们天花绚烂，我弦索上迸落着明珠。

——《往事集·自序》

1933年，冰心来到燕京大学任教之外，又兼在清华大学担任国文系讲师。

两年前，她的长子宗生（吴平）降生。1923年，她在赴美国威尔斯利女子大学搭乘的“约克逊”号邮轮上认识吴文藻。后来，这位仪表堂堂、文质彬彬又学富五车的年轻人成了冰心的丈夫，二人相濡以沫地走过了一生。

在美利坚合众国学成后，冰心于1926年再次乘坐“约克逊”号邮轮，在北京明丽的初秋时节重返曾求学的燕园，成为燕京大学的一名助教。不久，又被聘为《燕京学报》的编委。次年，《燕京学报》的创刊号上，学者王国维、新秀冰心的文章同时刊出。冰心的文章是《元代的戏曲》。又两年后，吴文藻以博士学位归国，与冰心举办了简朴而温馨的婚礼。

冰心，原名谢婉莹，福建长乐人，幼年即随时任海军“海圻舰”副舰长的父亲谢葆璋住在上海、烟台，又迁北京。进位于灯市西口的教会办的贝满中学读书，曾信仰基督教。1918年，考入北京协和大学预科，后入燕京大学就读。受《新青年》影响，五四运动中参加反帝爱国宣传活动。在《晨报》发表《二十一日听审的感想》一文，表达爱国热情。在新思潮的影响下，冰心产生利用小说反映和探索问题的想法。从次年始，署名冰心在《晨报》等报刊发表《谁之罪》等“问题小说”，广受文坛关注。

《谁之罪》，通过两个精神依托和生活方式完全不同的家庭的鲜明对比，揭示旧生活方式对年轻人的事业和进取心的戕害和消磨。《斯人独憔悴》写父与子因学生运动所产生的矛盾，批判了封建家长的落伍。《去国》描写一位学成归国的爱国学子英雄无用武之地的痛心遭遇，是对黑暗社会扼杀一切生机的控诉。《庄鸿的姊姊》和《最后的安息》写黑暗社会妇女的悲惨命运。但是，这些小说情节较简单，人物较苍白而软弱，名为“问题小说”，却未提真正的本质的社会问题和发人深省的人生问题，与叶绍钧同类小说相比，轻浅许多。评论者较为推崇冰心朴实的写实风格，但因是浅层的“实”，未触及社会生活的肌理，故只能雾里看花。

冰心参加文学研究会之后，其反帝爱国热情中，渗入基督教的“博爱”思想和印度诗人泰戈尔的“人类之爱”幻想。小说写得少了，散文写得多了。其散文高扬“爱”的旗帜，将田野、鲜花、孩子、老人，都笑着融化在“爱的调和里”，构成一种虽美丽却是虚无缥缈的境界，离社会人生太远。文学充满悖论，冰心多少触及现实生活的小说，早已随世纪之风，化成斑斓之尘，被人遗忘了，而她那些远离动荡历史生活、感情真挚、曼妙轻盈的对人生咏唱和慨叹的散文和诗篇却一直在被人传诵。

1931 年，冰心又写了短篇小说《分》。这距她在《小说月报》革新后的初年，井喷式地发表《超人》《爱的实现》《最后的使者》《离家的一年》《烦恼》等一大批“问题小说”的时候，已有七八年了。《分》对自己早年的“爱的哲学”似有反省。小说通过两个婴儿的眼光看到人间境遇的不同。两个婴儿在医院降生后，教授的儿子用汽车接回家，屠户的儿子伏在父亲的肩上冒着漫天大雪回家。小说虽有斧凿痕迹，但能以阶级的分野来审视并反映生活了。

冰心应丁玲之邀，在左联的《北斗》上发表了一些作品，但远无“五四”之后那么有影响了。抗战爆发后，举家迁到重庆，积极参加抗日救亡的文化运动。署名“男士”，发表系列小说《关于女人》，写各界女性积极参与抗日战争的故事，寄寓爱国主义思想。比起早期小说，一改大家闺秀式的轻曼，始有较多的社会现实内涵存焉。茅盾在《冰心论》一文中说：

谁也看得出，这篇《分》跟冰心女士从前的作品很不同了。

冰心写完《我们太太的客厅》后，于1934年在《文学季刊》的创刊号和第三期上，分别发表了短篇小说《冬儿姑娘》和《相片》。1936年又创作短篇小说《西风》。

《相片》应是冰心的力作。写的是一位年轻貌美的美国传教士施女士，遭到爱情背叛后，以种花、养狗、玩古董打发寂寞的生活。后又收养了一位中国孤女，把一腔母爱倾注在孤女身上，孤女淑贞十八岁时，随她到了自己的国度度假。已青春觉醒的淑贞，在异国与同胞李天赐邂逅，但是他们间的爱情却被施女士冷酷地扼杀了。小说展示了东西方不同的社会背景，揭露了慈善家、传教士施女士在抚养孤女的背后隐藏着的自私、卑鄙和占有欲的丑恶灵魂。

《西风》是一篇通过描写职业和婚姻矛盾而揭示社会问题的小说。女主人公秋心与男主人公远，同在异国读书，彼此产生了爱情。但秋心不愿抛弃所爱的教育工作去做家庭主妇。被拒绝的远，与另一姑娘结婚。从此，秋心和远天各一方。十年后，二人竟在旅途中不期而遇，激起感情的波澜。无奈此时的秋心已到“卷地西风，半帘残月”的中年，专心于教育而亲朋零落流散，只留下无边的苦寂。当突然面对往昔的恋人家庭美满，牵儿拉女，享天伦之乐，她备感悔恨、伤感。这篇小说，是冰心游历了日本、美国、英国、意大利、法国、德国、苏联之后创作的。冰心在该小说中，表达了对女性生存命运的焦虑，耐人寻味。

1933年深秋时节，冰心创作了短篇小说《我们太太的客厅》。此作在天津《大公报》连载。《我们太太的客厅》写的是女主人公我们太太家里客厅发生的故事。我们太太倚仗富有的银行家丈夫的钱财，将家里的客厅营造成北平闻名遐迩的“文化沙龙”。我们太太的客厅里，常常聚集一群学者、作家、艺术家、哲学家等社会名流，他们边喝咖啡、品茶，边谈莎士比亚、哈代、叔本华。《我们太太的客厅》给现代知识阶层勾画出一幅漫画，寓以一定程度的讽刺和谴责。纵观冰心以现实生活为背景，以反映社会矛盾为主旨的“问题小说”，这不是她最好的小说。但小说的题目引起不少人的关注。因为那时北平总布胡同有一间闻名遐迩的“太太客厅”，主人正是当时的文坛名媛林徽因。那是当时沈从文、萧乾、林语堂、金岳霖、俞平伯、梁实秋等社会名流经常聚会、讨论文学的沙龙，与朱光潜的“读书会”文化沙龙相映成趣。当时，年轻的作家萧乾从沈从文那里得知，因他写了小说《蚕》被林徽因极为赏识，“太太的客厅”主人邀他去她那里吃茶。萧乾多年后在《一代才女林徽因》一文中，清楚地记录了他1933年第一次到“太太的客厅”去的情景：

> 我就羞怯怯地随着沈先生从达子营跨进了总布胡同那间有名的“太太的客厅”。那是我第一次见到林徽因。如今回忆起自己那份窘促而又激动的心境和拘谨的神态，仍觉得十分可笑。然而那次茶会就像在刚起步的马驹子后腿上，亲切地抽了那么一鞭。

可见，萧乾把这次茶话会，看成一次收获了信心和勇气的文学聚会。当然，沈从文、金岳霖也有不少写“太太的客厅”深厚的学术氛围和文友的深情厚谊的文章。请注意，颇具影响力的《中国文学通史》，在“林徽因”一节，有这样一段文字：

> 林徽因是一代才女，她的专业是研究中国古代建筑，同时中西贯通，有广泛的文学兴趣。她的北京的家成为“京派”作家聚会的中心并非偶然，主要由于她的高雅艺术气质具有的魅力。

文学原本就是表现人灵魂的艺术，冰心在《我们太太的客厅》里，写出旧社会一些无聊文人的丑态，对他们做出一定程度的讽刺和谴责，乃是有良知和道义的作家的责任。至于有人不满冰心打击面过大，未免不够厚道，甚至怀疑小说有恶意诽谤他人之嫌，这是把小说中的艺术形象与现实中的人物对号入座的做法，这类现象并不鲜见。

茅盾在《冰心论》中说：“她在家庭生活小范围里看到了‘爱’，而在社会生活这大范围里看见了‘憎’。”这位沉浮于文坛经年，深谙世道人心的作家说出的话，大有玄机，意味深长。从生活中发现真、善、美的作家，都是对苍生怀有悲悯情怀的。在茅盾看来，冰心将“爱”与“憎”、正与邪、高尚与卑下和谐统一于一身，从而揭示人物的复杂人性，正是文学的高境界。

1931 年，丁玲任左联机关刊物《北斗》主编时，曾写信给在青岛教书的沈从文：“我意思这杂志仍像《红黑》一样，专重创作，而且得几位女作家合作则更好。冰心、叔华、杨袁昌英、任陈衡哲、淦女士等，都请你转请，望他们都成为特约长期撰稿员。”

又据《沈从文与丁玲》中载：

冰心回忆，当年沈从文前来找她，由冰心直接寄到上海她于7月底写出的一首诗《我劝你》，寄给了丁玲，成了《北斗》创刊号的重头之作。

《我劝你》是首较长的诗，只引几句：

你莫相信诗人的话语：
他洒下满天的花雨，
他对你诉尽他灵魂上的飘零，
他为你长作了天涯的羁旅。
……
你爱听这个，我知道！
这些都投合你的爱好，
你的骄傲。
……
你逗露了你的真诚，
你丢失了你的好人，
诗人在他无穷的游戏里，
又寻到了一双眼睛！
嘘，侧过耳朵来，
我告诉你一个秘密：
“只有永远的冷淡，
是永远的亲密！”

有人说这是一首劝诫诗，劝诫的对象是与冰心名气不相上下的诗人、小说家、建筑学者林徽因，“诗人”指的是天下无人不识君的徐志摩。其实，作者表达的并不一定局限于现实中具体的某事某人。

冰心一生，曾多次做过关于文学和写作的演讲，其间涵盖了她的文艺观念和创作思想。她的演讲风格，平实严谨，深入浅出，从容自然，真挚有趣，可以从中读出冰心的人生经历和文化人格。

冰心的演讲，始于在燕大读书时，她的《二十一日听审的感想》等文章在《晨报》发表之后，她的爱国热情、漂亮的文笔感染了北京的中学生。位于西单辟才胡同的北京女高师附中，就请她去演讲。那次演讲的题目是“什么是文学”。时间是 1923 年 4 月 14 日。从当时学生刘逸等记录后发在《辟才杂志》上的演讲内容看，讲了文学史对文学发展的表述，介绍了时代与作家、文学的文体与流派，但缺乏分析，少有自己的阐述。

1926 年，留美归来已成燕京大学国文系助教，讲授西洋戏剧史的冰心，以她留美前的影响，被邀到北大演讲《中西戏剧之比较》，整理后发在《晨报副刊》。此次演讲，主要讲悲剧，对比中西方的悲剧，讲中国悲剧的缺失，已有个人的观点。但对中国元代以来的悲剧的成就，似视而不见，遭到向培良的批评，其文《冰心胡说些什么》在高长虹主编的《狂飙》上发表。其文有失偏颇，但一些批评也有正确的部分。

冰心学养深厚，但文化结构及其专长不在文学理论，而在文学创作。其文学创作，优势不在小说，她更擅长诗歌、散文。她的小诗，被视为经典，至今仍在熠熠闪光。

《繁星》《春水》是冰心诗化了的“随时随地的感想和回忆”，三言两语之间，含蓄隽永，富于哲理。她自己曾说，那是受了泰戈尔《飞鸟集》的影响。《繁星》和《春水》的主旋律是母爱、童真和对大自然的咏叹，用冰心自己的话说，那里是“理想的人世间”，“有同情和爱恋”，“有互助和匡扶”（《往事集 · 自序》）。在歌颂“理想的人世间”的同时，诗人还有对黑暗现实的揭露和反抗。《繁星》《春水》是作者心怀纯洁的思想，用清雅的文字和温婉的诗句，还有淡淡的愁绪，表现“自我为中心的宇宙观、人生观”的同时，又有对新生力量、新生活的呼唤。

《繁星》《春水》将中国古典诗词与外国文学调融在一起，或写景，或表现瞬间的情感，含蓄蕴藉，清丽温婉且闪烁哲理之光。用冰心在《冰心小说集〈遗书〉》中的话说：“我自己的意思是如有含蓄不尽的意思，声调再婉转些，便可以叫做诗了。”

冰心开创了“小诗”写作之先河，形成了诗的一种风气。她是中国现代文学史上进入文坛最年轻且创作生涯最悠长的作家之一。巴金活过百岁，而杨绛这位一百多岁的文曲星，刚刚不幸陨落。

人艳如花——才女作家林徽因及“太太的客厅”

1931年，九一八事变前，林徽因患了严重的肺病，从沈阳的东北大学回到北平就医。那年，她二十七岁，虽然脸颊的桃红褪色，这位才女依然“人艳如花”。

1924年4月23日，应林徽因父亲林长民和梁启超之邀，印度诗人在石榴花开的季节，来到北京。文学界在天坛开欢迎大会。泰戈尔发表演说，二十岁的林徽因担任翻译。吴咏在《天坛史话》对此有这样的记载：

> 林小姐人艳如花，和老诗人挟臂而行，加上长袍白面、郊寒岛瘦的徐志摩，犹如苍松竹梅的一幅三友图。

5月8日，新月文学社，又在北京协和大礼堂举办庆祝泰戈尔六十四岁生日的晚会。胡适、梁启超发表祝寿演说。泰戈尔致谢辞。

林徽因装扮成一古装少女望“新月”的造型，表达新月社对老诗人的祝寿盛情。

晚会用英语演出印度老诗人泰戈尔的诗剧《齐拉德》。林徽因饰主角公主齐拉德，徐志摩饰爱神玛达那。林长民饰春神戈森塔。梁思成担任布景。《晨报》报道了这次演出盛况：“父女合演，空前美谈”，“林女士态度音吐，并极佳妙”。

泰戈尔还由林徽因、徐志摩等陪同去紫禁城拜会废帝溥仪。

当时古城北京，几乎无人不谈“人艳如花”的才女林徽因。林徽因是苍老颓败的宫阙外开放的一朵充满生气的春花，是幽深凋敝的胡同里吹过的一缕清风。

七年过后，古城依旧。为了养病，林徽因住进香山的双清别墅。一人在溪流石径间徜徉，往事历历在目。她想起拜伦的诗：“世间哪有一种欢乐能和它拿去的相比，呵，那冥想的晨光已随着感情的枯凋而萎靡；并不只是少年面颊的桃红迅速地褪色，还未等青春流逝，那心的花朵便已凋落。”徐志摩常到这里看望孤独的林徽因，那“心的花朵”依然艳丽。

这年，林徽因写了《谁爱这不息的变幻》《仍然》《那一晚》《情愿》《深夜听到乐声》《一首桃花》等，发在《诗刊》上。后来，那时她结识的费正清夫人费慰梅回忆时说：

> （林徽因）是当时你所遇到的人中，能够向任何方向发展的艺术家之一，她可以是个杰出的设计师、艺术家和诗人。那时，她也写散文，是一个很有才华的建筑师和非常有魅力的姑娘。她美貌，活泼，可爱，和任何人在一起总能成为中心人物。

说到设计师，1954 年第二届文代会上，毛泽东主席提议全体代表起立，以鼓掌的方式通过了由林徽因、梁思成主持设计的国徽图案。林徽因泪流满面。那一年，她已五十岁，重病在身，却依然“人艳如花”……

林徽因 1904 年 6 月 10 日生于浙江杭州一官宦之家。祖父林孝恂，历任浙江海宁、石门、仁和各州县地方官。曾参加孙中山革命运动，资助浙江青年赴日留学。父亲林长民曾任民国司法总长。堂叔林觉民、林尹民均为黄花岗烈士。

林徽因于 1916 年进北京培华女子中学读书，四年后，有五个月随被北洋政客排挤的父亲林长民赴欧洲，游历伦敦、巴黎、日内瓦、罗马、柏林、法兰克福诸名城，曾入伦敦圣玛利女校短期学习。正是在欧洲，与已婚诗人徐志摩邂逅，便有了当时轰动文坛的旷世之恋。那时，林徽因十七岁，美艳如花，那时的徐志摩，不惜与发妻离婚，狂热追求林徽因。后虽未双蝶齐飞，但成就了一段爱的传奇。

1921 年返北京，仍就读培华女中。1923 年参与当时著名的新月社的创办。

1924 年，林徽因远渡重洋，留学美国，入宾夕法尼亚大学美术学院，选修建筑课程。1927 年毕业，获美术学士学位。9 月，转耶鲁大学戏剧学院，成为我国第一位学习舞美的学生。

1928 年，林徽因与学建筑学的梁启超之子梁思成在加拿大温哥华结婚。然后再度周游欧洲，考察古代建筑。还在旅游中，林、梁即接到张学良请他们到东北大学任教的聘书。

1931 年 11 月 19 日晚，北平位于东单青年会不远的协和小礼堂，灯火辉煌，各界名流满座。十几个国家的驻华使节和欧美建筑专家坐在前排，听林徽因开设的中国古典建筑美学的演讲。二十七岁美艳如花的一代才女，以文学的语言、美学的眼光，讲述她对中国古典建筑的美学发现，台下的听众如痴如醉。

为了听林徽因这个演讲，徐志摩当日搭乘张学良的私人飞机“济南号”，从南京飞赴北平，在济南附近遇难。19 日，林徽因的心被听众的掌声和鲜花抬上了天，同时刻，徐志摩的心早飞到北平，生命却沉重地砸在山坳，让我们想起他的诗《想飞》：

飞上天空去浮着，看地球这弹丸在太空里滚着，从陆地看到海，从海再看回陆地。

凌空去看一个明白——这才是做人的趣味，

做人的权威，做人的交代……

同时天上那一点子黑的已经迫近在我的头顶，

形成了一架鸟形的机器，忽的机沿一侧，

一球光直往下注，砰的一声炸响——

炸碎了我在飞行中的幻想，

青天里平添了几堆破碎的浮云。

《想飞》写于1926年4月14日至16日。谁也想不到，一首插上翅膀的散文诗，竟成了谶语。林徽因闻噩耗，心中那朵玫瑰凋零，却仍装在心里，一生都守望着那些散落的玫瑰花瓣。

徐志摩遇难不久，梁思成赶至济南现场处理后事，还捡回飞机残骸一块。林徽因将之挂在客厅，以作纪念。

后来，徐志摩的遗孀陆小曼拟编徐志摩全集，希望向林徽因借用她收藏的大量徐志摩的日记、情书和手稿。林徽因始终不肯出示。

多情的林徽因心里还装有和她家比邻而居的、为她一生不娶的清华名教授金岳霖，她曾坦白地告诉丈夫梁思成，她爱上了金岳霖。林徽因的爱情，是从精神开始，走入灵魂的，是柏拉图式的。

林徽因与沈从文是极要好的朋友，双方都真诚地守护着友谊。著名学者费正清的夫人费慰梅在她写的《梁思成与林徽因》一书中，有一段关于沈从文与林徽因的描述：

1934年，他当上《大公报·文艺副刊》的主编，而徽因的大部分作品都在那里发表。他和徽因差不多年纪。徽因很喜欢沈从文作品的艺术性和所描述的那种奇异的生活——距离她自己的经历是如此遥远。

他们之间发展了一种亲密的友谊。徽因对沈从文有一种母亲般的关怀，而他，就和亲儿子一样，一有问题就去找她商量，找她想办法。一个例子是，沈从文所爱的年轻妻子回南方娘家去了，把他一个人暂时留在了北京（平）。一天早晨他几乎是哭着赶到梁家，来寻求徽因的安慰。

他告诉她，他每天都给妻子写信，把他的感觉、情绪和想法告诉她。接着他就拿出他刚刚收到的妻子来信给她看，就是这封信造成了他的痛苦。他写给妻子一封长信，坦白地表明出他对北京一位年轻女作家的爱慕和关心，其中一句伤心的话引起了他妻子读信时的忌恨。他在徽因面前为自己辩护。他不能想象，这种感觉同他对妻子的爱情有什么冲突。当他爱慕和关心某个人时，他就这么做了，怎么可能不写信告诉妻子呢？

他可以爱这么多的人和事，他就是那样的人嘛。

林徽因是个绝顶聪明的才女，她以智慧、关爱、宽容和理智，将沈从文与自己的关系始终维持在友谊层面。她甚至对有时沉湎于婚外之恋的沈从文，给予理性的建议。

沈从文在情感理智上虽一直留在妻子身边，但有时会“横溢”，有些优柔寡断。

1935 年，沈从文被美丽的小说家高青子吸引，处于矛盾中的沈从文向林徽因倾诉。次年 2 月 27 日，林徽因致信沈从文，曰：

接到你的信，理智上，我固然同情你所告诉我你的苦痛（情绪的紧张），在情感上我却很羡慕你那么积极那么热烈那么丰富的情绪，至少此刻同我比，我的显然萧条颓废消极无用。你的是在情感的尖锐上奔进……你希望捉住理性的自己，或许找个聪明的人帮你整理一下你的苦恼或是“横溢的情感”，设法把它安排妥帖一点，你竟找到我来，我懂得的，我也经常被同种的纠纷弄得左不是右不是，生活掀在波涛里盲目地同危险周旋，累得我既为旁人焦灼，又为自己操心，又同情于自己又很不愿意宽恕放任自己……

林徽因的这封信不是说教和指导，而是袒露自己的灵魂，去撞击朋友的灵魂，而且像沈从文一样，她也坦白地承认自己也常常“被同种的纠纷”缠绕，但她“不愿意宽恕放任自己”。

中华人民共和国成立后，沈从文受到郭沫若等人的批判和老朋友丁玲的遗弃。他想到过自杀，林徽因一家把他接到北总布胡同三号，让他在那里居住疗养。

1933 年深秋时节，林徽因邀请萧乾、沈从文到“太太的客厅”喝茶。

前不久，她在《大公报 · 文艺副刊》上读到了萧乾写的小说《蚕》，很感兴趣，又得知是位燕京大学新闻系三年级学生写的，就给主持《大公报 · 文艺副刊》的沈从文写信，希望他带萧乾来家里坐坐。沈从文又写信给萧，说一位绝顶聪明的小姐看上了你那篇《蚕》，请你到她家吃茶。

沈从文带领萧乾来到北总布胡同三号。该四合院对面为五四运动时火烧的赵家楼，不远处的东堂子胡同有蔡元培、朱启钤故居。当时沈从文住在无量大人胡同，与林徽因家不远。

路上，沈从文说林徽因患肺病，身体很虚弱。但沈从文敲开三号院大门时，让萧乾一怔。只见女主人嫣然一笑，清丽而端庄，窈窕的身上穿一套淡咖啡色骑马装，兴奋又快活。女主人客气地引他们入书房、客厅，介绍了自己刚从正定考察归来的丈夫梁思成，还有萧乾认识的清华大学教授金岳霖。

“喝茶，越随便越好。”萧乾从女主人手里接过茶杯，边喝边打量客厅，七层的书架上，满满挤着线装书和硬皮西洋原装书。挂在墙上的是“读书随处净土，开户即是深山”的书法条幅，前面的条案上，有一尊古代残破石佛雕和几件清康乾时的青花瓷器。客厅摆着多把海黄圈椅和几件沙发。这就是京城著名的文化沙龙“太太的客厅”。太太者，自然是林徽因，单看那沙发靠背上的绣花巾和靠垫，精致素雅的茶具和咖啡壶杯，便知女主人的高雅美学品位。

谈话时，林徽因说他看了《蚕》很喜欢，小说的语言和色彩，很有些唯美主义味道。又说，自己在香山养病时，写过一篇叫“窘”的小说，就没有你这样的色彩。艺术不仅要从生活中得到灵性，得到感情深度，还得到灵魂的平静和骚动。艺术本身的完美在它的内部，而不在它的表面。

林徽因说着说着，突然打住，忙再给萧乾倒茶。只见沈从文、梁思成、金岳霖或喝茶或吸烟斗，就有些窘迫地问：“我是不是说得太多了？”

梁思成吐了口烟，笑着对也在笑的沈从文和金岳霖说：“你不到大学去当教授，屈才了。”

萧乾在《一代才女林徽因》中这样记载了他这次与林的会见：她“话讲得又多又快又兴奋，不但沈先生和我不大插嘴，就连在座的梁思成和金岳霖两位先生也只坐在沙发边吧嗒着烟斗”。

这次会见，萧乾与林徽因成了好朋友。后萧调到上海，同时编《大公报·文艺副刊》。每次搞笔谈，他都请林参加。一年，萧借《大公报》创刊十周年之际，举办纪念活动，请林编《大公报·小说选》，她慨然答应。她认真阅读编选，老舍、张天翼、蹇先艾等名家和一些年轻人的小说共收入三十篇，还为此选集写了“题记”，批评一些作家“撇开自己熟悉的生活不写”，号召应“更有个性，更真诚地来刻画这方面的错综复杂的人生，不拘泥于任何一个角度”。

同年，林徽因向良友公司出版的《短篇佳作集》推荐萧乾的《矮檐》。后来，萧乾成为“京派”的重要小说家和全国著名记者，与林徽因多年热情的重视提携很有关系。萧乾说，“徽因是极重友情的，关于我在东方学院教什么，在剑桥学什么，在西欧战场上的经历”，她都很关心。他们间的友谊伴随了他们的一生。林徽因逝世后，人民文学出版社出版“中国现代作家选集”丛书时有《林徽因》一集。还在世的萧乾以《一代才女林徽因》代该书之序。

林徽因闻名于中国现代文坛，除了她的美丽、善良，其文学作品为她赢得更高的荣誉。

林徽因诗歌成就最大，散文和戏剧也多才作。她虽动笔不多，甚或吝啬，但天赋和中西合璧的学养，加上特有的高雅艺术气质，让但凡落入文字的作品，皆成精品。

1934年年初，林徽因、叶公超、闻一多、沈从文等组建了“学文社”。5月，《学文》月刊在清华大学创办。林徽因为该刊设计了封面，借鉴了汉代碑刻图案，古朴典雅。创刊号上，发表了她的诗歌《你是人间四月天》和小说《九十九度中》，引起文坛关注。时为清华的学生季羡林读过《九十九度中》后，感慨道：“另有一种风格，文字像春天的落花。”

《九十九度中》写的是她极熟悉的暑天北京胡同里的形形色色的人生。小说从一家饭庄的挑担进入胡同一家富人的宅第开始，随所见所闻，引出各色人物和各种故事。看似无结构无情节，下笔过于散漫，这些片断连缀起来，却构成人生百态。笔墨间，有对这芸芸众生的同情与悲悯。林徽因小说的开放性及对平凡世界、平凡人物、平凡生活、平凡命运的关注，拓展了“京派”小说的视野。

1935 年，林徽因在《大公报 · 文艺副刊》陆续发表《钟绿》《吉公》《文珍》和《绣绣》四篇小说，分别写了美人薄命、怀才不遇、婢女逃亡、弃妇孩子，体现了作者悯人悲天的情怀，同时寄托了作者独特的人生和生命的体验。

林徽因是不满意自己的小说创作的，生前她从未将之结集，在那个以出书博世名的年代，更显出她的文化人格的清高。

林徽因最终在五十一岁时，因病不治去世。“人艳如花”战胜不了死神，张奚若、金岳霖、周培源、钱伟长组成治丧委员会，在金鱼胡同贤良寺举行追悼会。林徽因葬于八宝山革命公墓。

林徽因的两位挚友金岳霖和邓以蛰，联名为她写了一副充满诗情的挽联：

一身诗意千寻瀑，万古人间四月天。

墓碑上刻着“建筑师林徽因之墓”。“人艳如花”的斯人已去，她的诗文还在传读。

中国哲学界第一人——金岳霖及与林徽因的爱恋

1935 年，郭湛波在《近五十年中国思想史》中说，在中国近五十年思想方法上，金岳霖先生是“真正能融合各种方法系统，另立一新的方法系统”的唯一学者了。张申府评价更高，说金岳霖是中国哲学界第一人。这不禁让人想起胡适的《中国哲学史大纲》一问世，被誉为引起整个中国学术思想界震惊的划时代的哲学著作，胡适也成为中国哲学界划时代的人。胡适也曾自矜：“中国治哲学史，我是开山的人。”（《整理国故与“打鬼”》）

谁是中国哲学界第一或骊珠双得，都成佛作祖，这不重要。重要的是，自乾嘉学者取得可观的成绩，整个中国哲学界显然是严重缺乏方法论的武器，主观上更没有“哲学方法”的观点。正如胡适在《先秦名学史》中所说：“近代中国哲学中缺乏的方法论，似可以用西方自亚里士多德直至今天已经发展了的哲学的和科学的方法来填补。”如今，有了胡适和金岳霖，有了中国自己的哲学体系了，这是该肯定的。

胡适前面已经介绍过。此处说说风度像魏晋大玄学家嵇康，“越名教而任自然”，天真烂漫，率性而行的京城名宿金岳霖。

1984 年 7 月，正是酷暑时节，金岳霖先生患急性肠胃炎和肺炎，住进了首都医院。正好社科院文研所的张韧到《当代》找笔者谈一篇评论，之后他说要去医院看金岳霖先生，笔者便与他同往。

笔者第一次见金先生，是恢复高考后，笔者参加了在北京大学的阅卷工作。袁行霈教授任组长，笔者任副组长。阅卷工作一结束，就与两位参加阅卷的北大毕业的朋友，一起去看他们的老师金岳霖。他们是1954年北大哲学系的毕业生，阅卷休息时，讲了不少金岳霖的逸闻趣事。见到金先生时，他正与几位朋友兴奋地谈“文化大革命”的经历。见到他的弟子，招呼坐下继续他的话题。金先生已八十四岁高龄，头戴一帽，微仰着头，脸色苍黄，但精神甚好，谈兴正旺，好像说1976年那场唐山大地震。他说大地一发抖，他并没有冲出屋去，因为他已近八十岁高龄，没有那么敏捷了。后来，他在院里搭了个塑料棚住了进去。有人问他为什么一次要捐给灾区三千元，那可是工人近十年的薪水呀，金先生把头再向上仰了仰，说：“没有吧？我捐过吗？”……

这情景与金岳霖高徒汪曾祺后来写的回忆，毫无二致：

> 金先生的样子有点怪。他常年戴着一顶呢帽，进教室也不脱下。每一学年开始，给新的一班学生上课，他的第一句话总是：“我的眼睛有毛病，不能摘帽子，并不是对你们不尊重，请原谅。”他的眼睛有什么病，我不知道，只知道怕阳光。因此他的呢帽的前檐压得比较低，脑袋总是微微地仰着。他后来配了一副眼镜，这副眼镜一只镜片是白的，一只是黑的。这就更怪了。后来在美国讲学期间把眼睛治好了，——好一些了，眼镜也换了，但那微微仰着脑袋的姿态一直还没有改变。他身材相当高大，经常穿一件烟草黄色的麂皮夹克，天冷了就在里面围一条很长的驼色的羊绒围巾……他就这样穿着黄夹克，微仰着脑袋，深一脚浅一脚地在联大新校舍的一条土路上走着。

我与张韧在首都医院一间病房，见到金先生一个人躺在病床上，望着窗上炽热的夕阳，很安静。张韧与他都在社科院，彼此较熟。我就在一旁听他们谈老北大的事。临告别，金先生说，怠慢了年轻人，连杯咖啡都没有。我那时四十岁出头，与他告别时，他那张在深色的小睡帽下面的脸是苍黄的，有些水肿的，但笑容很温暖。

大约是这年秋天，张韧告诉我，金先生在自己的寓所走了，他的骨灰安放在八宝山革命公墓，离林徽因和梁思成的墓地不远。

金岳霖（1895—1984），祖籍浙江诸暨，生于湖南长沙，字龙荪。

十六岁时，清华学校招生，金岳霖在长沙报考该校中等科。意气风发地走进考场考试，一见国文题《“士先器识而后文艺”论》，蒙了。他没学过唐朝裴行俭的文章，无法落笔作文，结果名落孙山。

同年夏天，得知清华学校高等科招生，不服气的金岳霖千里迢迢地到北京报考。作文题变成《“人有不为而后可以有为”议》，他沉思片刻，一挥而就。英文试题对在教会中学读书的他来说，也并不难。数学题极难，幸运的是，考生十有八九不会做。结果，发榜时，他榜上有名。清华中等科不第，高等科金榜题名，不啻“金鲤跳龙门”。这让长沙的亲友好生议论了一番。

金岳霖虽出身封建官僚家庭，但从小受到教会学校教育，思想开化进步。辛亥革命之后，人们纷纷剪辫子，金岳霖不仅率先将粗粗的辫子剪掉，还仿唐人崔颢的《黄鹤楼》诗，写了一首打油诗：

辫子已随前朝去，此地空余和尚头。
辫子一去不复还，此头千载光溜溜。

在北京清华学校读书时，受西方文化影响，对逻辑学始终感兴趣，善于逻辑思考。一天，突然对常用古谚“金钱如粪土，朋友如千金”提出怀疑。他对同学说，若把两句话当作前提，那么结论应是“朋友如粪土”，并不能说明友谊比金钱珍贵。因为“金钱”与“千金”可视为同一概念，既然“粪土”与“朋友”分别与之一概念等值，那么依据传递关系，“金钱如粪土”就与“朋友如千金”等值了。同学莫不为其推理而叹服。

1914 年，金岳霖以优异成绩获官费留学美国宾夕法尼亚大学，先学商业科，后改学政治学。1920 年获博士学位。是年 9 月，在华盛顿乔治城大学谋得教授中文一职。1921 年年底，再赴英伦留学，进伦敦大学经济系学习。次年到剑桥大学从事研究工作。1925 年回国，在中国大学任教授，讲英文和英国史。同年秋，到清华学校教逻辑学。后又奉命创办哲学系，他任系主任兼教授，主讲西方哲学和逻辑学。1928 年，清华学校升为清华大学，金岳霖仍任系主任和教授，后又任文学院院长。以过人才学和社会影响，金岳霖在清华园有很高声誉。人们把文学院院长金岳霖（字龙荪）、理学院院长叶启孙、法学院院长陈岱孙三人尊称为“清华三孙”。三人分别在哲学、物理学、经济学领域，皆是响当当的领军人物。有趣的是，三人均为清华校长梅贻琦倚重的顶梁柱之外，又都是终身独身。

其实，金岳霖刚到清华任教时，并非独身。他曾与一位美国姑娘泰勒，在北京城里租房同居。后人说金岳霖一生独身，是不准确的。

1931 年，金岳霖再到美国休假一年，入哈佛大学进修逻辑学。1932 年回国。

1935 年 4 月，中国哲学会成立，金岳霖当选常务委员兼会计，又任《哲学评论》编委。抗战爆发，随清华大学南迁长沙，清华、北大共组临时大学，他任哲学心理教育系教授。1938 年 4 月，大学改名为西南联合大学，他在该校文学院哲学心理学系任教授兼清华大学哲学系主任。1944 年，金岳霖当选为第四届中国哲学会常务理事。1948 年 3 月，当选为中央研究院第一届人文组院士。

1949 年后，金岳霖继续担任清华大学哲学系主任、文学院院长。1952

年改任北京大学哲学系主任、教授。1955 年 8 月，他又任中国科学院哲学社会科学部委员、常务委员，9 月任中国科学院哲学研究所副所长兼逻辑研究组组长。次年，当选为国家一级研究员。

1977 年，中国社会科学院成立，金岳霖任哲学所副所长兼逻辑研究室主任。1979 年 8 月，他又当选中国逻辑学会首届理事长，1983 年被推选为名誉会长。

1984 年 10 月 20 日，金岳霖在北京逝世，享年八十九岁。作品有《论道》《知识论》《逻辑》《形式逻辑简明读本》（合著）和《形式逻辑》（主编）等。

生活中充满悖论。哲学家金岳霖在生活和处世时，常常闹出令人啼笑皆非、不合逻辑的笑话。

比如仪表穿着。金岳霖仪表堂堂，有时西装革履，执手杖，戴墨镜，一副地道英国绅士派头；有时着运动衣、球鞋，在网球场潇洒挥拍，像个美国佬；有时在西服外面套一件中国长袍，头戴一顶油渍麻花的老毡帽。这种反差，就是悖论。倘从他的朋友和学生的笔下看看他的装束和尊容，哲学在这里变得苍白，逻辑学更是自相矛盾。

偏偏反哲学、反逻辑的现象，竟又如此和谐地统一在金岳霖身上，怪也不怪？

20 世纪 30 年代，徐志摩在北平见到金岳霖和泰勒时，心中很好笑，他在写信给梁实秋时，是这样描写大名鼎鼎的哲学教授和他的女友的“妙相”的：

老金他簇着一头乱发，板着一张五天不洗的丑脸，穿着比俄国叫花子更褴褛的洋装，蹩着一双脚；丽琳（即泰勒，也有译成泰丽莲的——引者）小姐更好了，头发比他的蟲得还高，脑子（脸——引者）

比他的更黑，穿着一件大得不可开交的古货杏黄花缎的老羊皮袍，那是老金的祖老太爷的，拖着一双破烂得像烂香蕉皮的皮鞋……虽则那时还在清早，但他们的那怪相至少不能逃过北京城里官僚治下的势利狗子们的愤怒的注意。黄的白的黑的乃至于杂色的一群狗哄起来结成一大队跟在他们背后直嗥，意思是说叫花子我们也见过，却没见过你们那不中不西的破样子，我们为维持人道尊严与街道治安起见，不得不提高了嗓子对你们表示我们极端的鄙视与厌恶！在这群狗的背后，跟着一大群的野孩子，哲学家尽走，狗尽叫，孩子们尽拍手！

20 世纪 50 年代的金岳霖，在画家黄永玉的笔下，大哲学家成了个地道的北京贫民：

他一点也不像在世纪初留学英国的洋学生，而更像哪一家煤厂的会计老伙计。长长的棉袍，扎了腿的棉裤，尤其怪异的是头上戴的罗宋帽（呢制，可折成帽，亦可拉下罩住脸——引者）加了个自制的马粪纸帽檐，里头还贴着红纸，用一根粗麻绳绕在脑后捆起来。

徐志摩认为，这“一定是哲学害了他，柏拉图、葛林、罗素，都有份儿”。徐志摩的调侃虽然语言刻薄，但对金岳霖却极为尊重推崇：“他是我真正的好朋友。据我所知，他在中国知识界不在任何人之下。”

金岳霖和泰勒同居时，一天，打电话给赵元任夫妇。赵元任，语言学家。1918 年获哈佛大学哲学博士学位。1920 年回国到清华大学任教，次年重返哈佛大学进修语言学理论，后又去法国研究语言学。1925 年再到清华任教，与梁启超、王国维、陈寅恪被称为研究院的“四大导师”。

金岳霖在电话中说有要事，请赵元任夫妇马上进城到他的寓所。赵元任夫妇还以为出了什么急事，便问金岳霖到底有什么事情，非马上进城不可。金岳霖说犯法的事我不会做。

赵元任夫妇急匆匆赶到金岳霖寓所。开门的是泰勒，赵夫人杨步伟见她并没有怀孕，觉得奇怪，这时金岳霖迎上来说："赵太太，你能来，我就放心了。"

他们被金岳霖拉到院内，指着一只母鸡说："这只鸡三天没下蛋，请你动手给取出来。"

赵元任夫妇对视一下，哭笑不得。金岳霖把母鸡捉住，说天天给它吃鱼肝油，肥了，却下不了蛋。杨步伟拿过鸡，往屁股里一掏，鸡蛋就取出来了。金岳霖呆呆地看着这一过程，赞叹不已："妙手回春啊！"然后拉着赵元任夫妇与泰勒去全聚德吃了一顿烤鸭。金岳霖一本正经地说："过两天，我给你们送一匾过去。"

清华大学另一同事吴宓教授追求毛彦文被拒，十分痛苦，便在报纸上发表自己写给毛彦文的情诗，其中有"吴宓苦爱毛彦文，三洲人士共惊闻"句，弄得满城风雨。

另一位清华同事，觉得吴宓这样张扬，会败坏同为著名教授的毛彦文的声誉，就请逻辑学教授金岳霖，以严谨的逻辑性说服吴宓，冷静下来，别做损人不利己之事。

金岳霖听罢，不假思索，兴冲冲表示，完成任务如探囊取物，便直去吴宓处。

见到心事重重的吴宓，金岳霖说："我不懂你的诗写得如何。但诗内容是关乎你的爱情的，且涉及毛彦文，这就不宜公开发表。私事是不应在报纸上宣传的。比如我们天天如厕，我们并不为此宣传。"

吴宓听罢，大为生气，吼道："我的爱情不是上厕所！"

金岳霖一怔，觉得这比喻确实不妥，忙解释说："我没有说它是上厕所，我的意思是私事不应该宣传。”

两人不欢而散。回去的路上，很懂逻辑的金岳霖发现自己刚才的表达缺乏逻辑性，为此，他郁郁寡欢。

在西南联大时，沈从文拉金岳霖给他的学生讲课。到会场前，沈从文才告诉他，讲讲“小说和哲学”。

走上讲台，金岳霖认真地讲课。下面的学生认真地听了半天，发现著名哲学家金岳霖的结论，是小说与哲学没有关系。望着金岳霖脸上天真得意的微笑，学生们先是沉默，然后爆发了一阵大笑。有人不甘心让金岳霖耍了一番，就问：“您说小说与哲学没关系，那么《红楼梦》呢？”

金岳霖怔了怔，说：“《红楼梦》的哲学不是哲学。”

金岳霖的这句话，让学生们颇不以为然，前面承认《红楼梦》有哲学，接着又说不是哲学。逻辑学大师让逻辑给弄昏了。金岳霖听到此论，诡异又天真地一笑。

1950年，精通马克思主义哲学的专家艾思奇到清华大学哲学系做报告。报告会由系主任金岳霖主持。艾思奇在逻辑学前辈面前，大讲“要讲辩证法，必须反对形式逻辑”，并说形式逻辑是形而上学，我们要与形式逻辑做坚决斗争。

金岳霖一直微笑着，认真听艾思奇的报告。艾思奇讲罢，金岳霖微笑着总结道：

> 听说艾思奇同志坚决反对形式逻辑，要与形式逻辑做坚决斗争。听他演讲之前，我本想跟艾思奇同志斗一斗，争一争。听完艾思奇同志的演讲之后，我完全赞同他的讲话，他讲的话句句符合形式逻辑，我就用不着斗，用不着争了，谢谢艾思奇同志！

金岳霖微笑着说这番话时，坐在主席台上的北京领导人张奚若，听着金岳霖的话，知道他分明在反击当时党内的哲学权威，便在一旁暗暗扯金岳霖的衣襟，让他不要再说下去。但金岳霖并没有接受好朋友的好意，还是微笑着绵里藏针地、机敏地将话说完。在学生快意的笑声中，艾思奇尴尬地笑，张奚若提心吊胆地笑。

真正哲学家的逻辑学本事，总是用在战斗上。它是合乎逻辑地微笑着将论敌轻松地撂倒在地。这不仅是逻辑力量，更重要的是人格力量。

1926 年，金岳霖回国后，发表了他的第一篇哲学论文《唯物哲学与科学》，文中说：

世界上似乎有很多的哲学动物，我自己也是一个，就是把他们放在监牢里做苦工，他们脑子里仍然是满脑子的哲学问题。

金岳霖在剑桥大学读书时，师从罗素和穆尔，这两位哲学家在当时已誉满全球。罗素的《数学原理》和休谟的《人性论》两部书，使金岳霖对哲学产生了浓厚的兴趣，并引得他最后步入哲学领域。在欧洲游学期间，金岳霖几乎读遍了西方哲学大师的经典著作。对苏格拉底、柏拉图、亚里士多德、维特根斯坦等人的著作无不涉猎，都进行了广泛而深入的学习研究。比如，他对休谟的著作读到烂熟于胸，某一页的某句话，或某个重要的概念，他都能清楚记得，甚至倒背如流。在融会贯通其思想理论的基础上，逐步构建自己的哲学、逻辑体系。归国后，边任教边治学。每周除教学用去三天外，其余时间他大都不会客，不干别的事情，集中精力研究，写作。若此时造访金岳霖，毫无例外地会吃闭门羹。

金岳霖一生写了三部哲学著作，《逻辑》《论道》和《知识论》。

《逻辑》出版于 1935 年，甫一出版，即被中国逻辑学界誉为“中国有史以来的第一部纯粹逻辑著作”。金岳霖自己却说：“写得最糟的是《逻辑》。”他认为“比较满意的是《论道》”。《论道》是在西南联大时写就的。那时，金岳霖与朱自清、陈岱孙等教授同住在昆明著名的唐继尧家的花园里，每家分得戏台大包厢之一隅。大家为照顾金岳霖写作，把大包厢最清净的地方腾出来，放置他的一张小床、一张小书桌，供他安心写作。就在昆明北门街七十一号唐家花园，金岳霖完成了他满意的《论道》。

金岳霖的《论道》，重点是时流，用他的话表述：“‘能之即出即入谓之几’，‘能之会出会入谓之数’，‘几与数谓之时’。这就使我回到无极而太极的宇宙洪流上去了。”

金岳霖创作《论道》时，冯友兰也在写他的《新理学》。其间，二人常有沟通交流。后来冯友兰在评价这两部书时说，自己的《新理学》是“旧瓶装新酒”，金岳霖的《论道》是“新瓶装新酒”。冯认为金对他的影响在于逻辑分析方面，而自己却很少影响金岳霖。

《论道》问世，哲学界依旧平静如水，波澜不惊。唯一发出声音却评价不高的是林宰平，这令金岳霖大为失落。他颇为寂寥地对弟子冯契说：“《论道》这本书出版后，如石沉大海，一点反应都没有，没有评论……也没有人骂。”

毫无反响，对金岳霖有些不公平。金岳霖一生做学问，态度极为严肃、严谨、严格。他有时花费不少心血和工夫写成厚厚的一摞书稿，当发现其中有不满意之处，会不惜将书稿毁弃，然后重起炉灶，再不如意，再毁弃而不惜。他是绝不拿自己不满意的东西示人的。

《知识论》是金岳霖“花精力最多”也是最厚的一部哲学著作。全文近七十万字，抗战前已成雏形。尽管在日本飞机轰炸时，不带细软，此书稿却从不离手。但百密一疏，一次到山沟躲轰炸，还是遗失了。痛惜之余，金岳霖又重新开始写作，直到 1948 年 12 月，才再次完成全书。两次撰写，《知识论》耗去十年光景。中华人民共和国成立后，一次，张岱年问起《知识论》，金岳霖无奈地说，《知识论》“我已经写好了，我写了这本书，我可以死矣”。话间透露出那个年代资产阶级学术权威遭到不公平待遇的凄楚，直到 1983 年，《知识论》才由商务印书馆出版，那时离金岳霖仙逝只剩一年。

金岳霖以八十八岁米寿高龄，在《知识论》的自序中写道：

> 《知识论》是一本多灾多难的书……是我花精力最多、时间最长的一本书，它今天能够正式出版，我非常非常之高兴。

金岳霖为中国培养了不少哲学人才。很多后来的各界风流人物，对金岳霖的授业，记忆犹新。

毛泽东的秘书，曾任意识形态领导工作的胡乔木作为学生，曾听过金岳霖的哲学课。他后来回忆老师金岳霖时，说他：

> 年轻力壮，讲课生动，很有吸引力。他旁征博引，上下古今无所不谈，学生非常爱听。

曾任中华人民共和国外交部部长的乔冠华，做学生时听了金岳霖的课，触动很大，他回忆道：

> 在某种意义上，是他教会了我对任何事物要好好地想一想，不要相信书上的话，也不要听旁人的话的道理。

金岳霖对这位弟子是有恩的，乔冠华去日本留学，其可观的路费，是金岳霖所赠。

著名学者、北大教授季羡林，初听金岳霖的课，成绩一直不好，甚是苦恼。不久，季羡林发现自己高中时学过的哲学课，与金教授所授非一个哲学体系，他从金岳霖的哲学课里，了解了一个全新的哲学，成绩大有提高。

弟子钱学森，后来成为物理学家，被誉为中国“核弹之父”。他回忆，金岳霖授业时，备课颇为认真，每上一堂课，都写好详细的讲授提纲。钱学森清楚记得金教授第一次给他们上课的情景。那时天气渐凉，金教授空手走进教室，坐在讲台的椅子上，然后往呢大衣袖筒里一掏，竟掏出一沓白纸，那是用钢笔密密麻麻写成的讲授提纲。

1935 年，金岳霖接到一个陌生的中学生殷海光的信，信中说他读过金先生由清华大学出版的逻辑学教材后，很感兴趣，并向他请教一些关于逻辑的问题。金岳霖很欣赏这位十六岁中学生的才气，回了信予以鼓励，并邮寄一些有关的书籍给他。

过了一年，殷海光打算到北平求学，但家境贫寒，无力承担求学费用，就写信向金岳霖求助。金岳霖即刻找到张东荪，请他为殷海光找一份半工半读的工作。不久，张东荪告诉金岳霖，已为殷海光安排妥工作。金便通知殷海光动身来北平。谁知，殷海光到北平后，张东荪并未践诺。金岳霖只好自己担负殷海光的各种费用。金岳霖太忙，每周安排一次与殷海光晤面。先谈学问，然后吃饭。金岳霖热情亲切的态度，让原来很自卑的殷海光，找到了自信和自尊。

1937 年，抗日战争爆发，清华大学疏散搬迁，金岳霖又出资五十银圆，安排殷海光安全返回故乡。

同事张奚若在西南联大，家境困难。一日早晨，张夫人在椅子上发现了一沓数目不少的钞票，一家人感到很奇怪。张奚若忽然想到，昨天晚上金岳霖来家里串门，一定是他看到自家生活拮据，走时偷偷将钱放到了椅子上。

20 世纪 50 年代，以阶级斗争为纲，政治空气极其严酷。沈从文处境不好，丁玲等老友都疏远了他，他情绪极为低落，经济上也窘迫。金岳霖并不避嫌，常到沈从文家拜访，使沉闷的沈家充满了生气。金岳霖从不空手，总要带上当时稀缺的食品，让沈从文的两个儿子欢呼雀跃。有时金岳霖从口袋里弄出两个硕大的苹果，让孩子们比哪个更大，然后说一人一个。

金岳霖一生宽和，乐善好施，总是尽力去帮助朋友、同事和学生。欧阳中石在追忆这位清华园里的好人时，说他：

> 举止大度从容迟滞而神采奕奕的气宇，令人望而生敬，自然而然涌起一种“景之仰之”的崇敬之情，然后接近起来，却让人时时处处感到亲切，感到爱抚。

金岳霖与梁思成、林徽因是一生的挚友。梁思成曾说：“我自己在工作中遇到难题也常去请教老金，甚至连我和徽因吵架也常要老金来‘仲裁’，因为他总是那么理性，把我们因为情绪激动而搞糊涂的问题分析得一清二楚。”

但是，“总是那么理性”的金岳霖，当爱情突然降临的时候，他自己就乱了方寸，糊涂了。他爱上了林徽因。

1931 年，林徽因在北平香山静宜园双清别墅疗养时，由徐志摩引见，金岳霖结识了林徽因。这只是初识，并无深交。是年，金岳霖参加清华大学的“驱吴运动”，与张奚若、张子高等七人，组成起草委员会。11 月 19 日，好友徐志摩由南京乘飞机飞往北平，途经济南，机毁人亡。金岳霖与梁思成、张奚若到济南与从青岛来的赵太侔、沈从文、闻一多、梁实秋等聚于福缘庵，与徐志摩遗体告别。后来，金岳霖又到美国度假一年。

金岳霖与林徽因相恋，应是1932年，与梁思成、林徽因夫妇同住北总布胡同之后的事情。1932年，梁、金同住北总布胡同三号一个前后两院的四合院里。梁一家住前院，金岳霖独自住在后院。两院相通，前后院又都是单门独户。当时，北平有多个知名的文人名流聚会的文化沙龙，其中就有一个是前院林徽因的“太太的客厅”，一个是后院金岳霖的“湖南饭店”。这里常常是燕京大学、清华大学、北京大学，甚至南开大学的学者教授们喝下午茶，聊天，晚上一起吃饭雅聚的地方。在这优雅的四合院里，真可谓“谈笑有鸿儒，往来无白丁”。

金岳霖与林徽因朝夕相处，频繁交往，彼此逐渐深入了解，感情自然而然也随之加深。特别是金岳霖与泰勒分手后，一直只身一人。而林徽因自徐志摩遇难后，其感情经历了苦痛，“我的信仰、至诚 / 和爱的力量”（林徽因诗句），并没有在“过往的中间安睡”，“物存人亡，倍加伤情”。她对徐志摩的爱，如烟如云如雨。但对徐志摩的爱恋，总会“如暮天里不成字的寒雁，飞远更远，化作远山，化作烟”。而今云烟已远。两个感情孤寂的人，一个绅士，一个才女间产生爱恋，这不难理解。

终于有一天，林徽因很悲痛地对丈夫梁思成说：我苦恼极了，我同时爱上了两个人。

君子梁思成听了妻子的痛苦表达后，以冷静、友善和宽宏，化解了情感风波，成就了三个人终生不渝的友谊：

于是第二天，我把想了一夜的结论告诉徽因。我说，她是自由的，如果她选择了老金，我祝愿他们永远幸福。我们都哭了。过几天徽因告诉我说：她把我的话告诉了老金。老金的回答是：“看来思成是真正爱你的，我不能去伤害一个真正爱你的人，我应当退出。”

从那次谈话以后，我再没有和徽因谈过这件事。因为我知道老金是个说到做到的人，徽因也是个诚实的人。后来，事实证明了这一点，我们三个人始终是好朋友。(《困惑的大匠·梁思成》)

金岳霖与林徽因的恋情，对双方的生活都没有造成悲剧性后果，甚至连波澜都没掀起。这与梁思成的理性、宽厚不无关系。

我们在审视那些经历沧桑的中国知识分子时，总是着眼于他们是否心系、效力于祖国的命运，这是不错的，但往往忽视了探索他们的人格操守和文化灵魂，那里有维系我们民族万古长青的人文精神。

“生气勃勃，勇敢结实”——萧乾的小说与报告文学

萧乾是一位怀有爱国激情又深具使命感和正义感的作家和记者。

笔者是 20 世纪 70 年代末结识萧老的。那时，笔者就职于人民文学出版社，与萧乾夫人文洁若是同事。在一次社里召开的座谈会上，文洁若把笔者介绍给她已七十高龄却充满活力的夫婿。白发，圆脸，笑得很灿烂，那双手也厚实而温暖。不久，在老社长严文井的家，再次与萧老相遇。听二位老人谈萧乾刚刚在《当代》发表的青少年时期的回忆《一本褪色的相册——〈萧乾短篇小说选〉代序》。那两张兴奋的面容，至今未忘。

萧乾是 1933 年写出第一篇名为“蚕”的小说的。通过《蚕》，与北平名媛、“美艳如花”的女作家林徽因相识，并在沈从文的帮助下，进入北平作家圈。那时，萧乾还在北平辅仁大学读英文系本科。因生活拮据，不得不半工半读。不久又转到燕京大学新闻系就读，成了沈从文在燕京大学任教时的学生。那时，他已与美国著名的进步记者斯诺相识。

在那年深秋，他在燕京大学图书馆里的《大公报·文艺副刊》上，发表了自己写的《蚕》。当时，沈从文在《大公报·文艺副刊》任主编，萧乾就将习作《蚕》寄给沈从文，请他指教。他本想等沈先生指点后，再经修改，重新抄一遍。不料，“就这么登了出来，我自是喜出望外。尽管那是把五千字的东西硬塞进三四千字的空间里——也就是说，排字工人把铅条全抽掉，因而行挨行，字挨字，挤成黑压压一片”（《一代才女林徽因》）。

1930 年，萧乾在辅仁大学读书期间，为了生活，曾帮助一位美国人编辑英文《中国简报》，写过一些有关中国新文学方面的文章。他写过郭沫若的《三个叛逆的女性》、田汉的《名优之死》，也写过茅盾。因写沈从文访问记，与当时大名鼎鼎的沈从文建立了深厚的师生之谊。

1932 年夏，萧乾因与系主任吵架，一气之下跑到福州，去打工挣学费。萧乾曾在仓前山英华中学（即今福建师范大学附中前身）教国语。榕城留给他许多美好的回忆，二十三岁的他曾与学生们到鼓山露营六天，还游览了马尾、福清、海口等地。《蚕》就是以此为背景写的。1933 年，萧乾重返北平，继续求学，并完成《蚕》。

《蚕》发表的几天后，萧乾接到沈从文的信，说一位绝顶聪明的小姐看了你那篇《蚕》，请你到她家吃茶。萧乾在 1984 年为《一代才女林徽因》一书作的序中，写道：

> 那几天我喜得真是有些坐立不安。老早就把我那件蓝布大褂洗得干干净净，把一双旧皮鞋擦了又擦。星期六吃过午饭我蹬上脚踏车，斜穿过大钟寺进城了。两小时后，我就羞怯怯地随着沈先生从达子营跨进了总布胡同那间有名的“太太的客厅”。那是我第一次见到林徽因……她穿的却是一套骑马装，话讲得又多又快又兴奋。不但沈先生和我不大插嘴，就连在座的梁思成和金岳霖两位也只是坐在沙发上边吧嗒着烟斗，边点头赞赏。

这以后，萧乾与林徽因成了好朋友。他们经常到美学家朱光潜家，参加北平的另一文学沙龙“读诗会”。林徽因学识渊博，思想敏锐，言语锋利，对文学常有独到见解，往往与人争论不休。一次，她当着诗人梁宗岱的面，批评其诗作，彼此就争论起来。与林徽因交友及得到沈从文的鼓励，萧乾的小说创作一发不可收拾。从1933年到1934年，他每月至少写三篇小说。这三篇小说，由自己选或交沈从文选出一篇，其他的就撕掉。这是作家中不多见的。他宁少毋滥的严谨创作态度，深得友人赞赏。一篇小说发表可得稿酬二十大洋，可以解决吃饭住宿诸开销。临近毕业，没时间创作小说，他就写《书评研究》作为毕业论文，正本交学校，副本由郑振铎卖到商务印书馆，“得了两百块钱，那是我第一次拿到那么多钱”。

1935年，萧乾到天津《大公报》编《小公园》，还兼管杨振声、沈从文主编的《大公报·文艺副刊》。两个月后，在杨、沈的举荐下，《大公报·文艺副刊》和《国闻周报》的文艺栏，统统交萧乾主编。1935年12月9日，北平一二·九学生运动爆发。翌日，萧乾从天津赶到北平，到医院看望受伤学生，并写目击记揭露这一暴行。次年又奉调上海，同时编津、沪两地《大公报》的《文艺副刊》。这一年，是萧乾自己视为工作最紧张、最兴奋，也是最热闹的一年。他利用《大公报》创刊十周年纪念活动，除了举办文艺评奖，还请来林徽因编一本《大公报小说选》，巴金、老舍、蹇先艾等人的三十多篇小说入选，广受好评。

1935年，斯诺在上海编选中国现代短篇小说选《活着的中国》时，萧乾被请去协助斯诺编译这本较早将中国现代小说介绍到外国去的书。其中选了一篇杨刚用英文写的革命题材的小说《肉刑》，曾发表在《国闻周报》上。这是杨刚应斯诺之邀创作的。杨刚和萧乾同被斯诺选中，共同编选《活着的中国》。

杨刚是位才女，1927年免试入北平燕京大学读英文系，次年参加中国共产党，是北平学生运动的领袖之一，曾被捕入狱。出狱后，又成为北方左联发起人和组织者之一。1935年，曾翻译英国的长篇小说《傲慢与偏见》，由上海商务印书馆出版。与鲁迅、茅盾等关系密切。1938年，接受中共中央之命，将毛泽东的《论持久战》译成英文。1944年，她又以特别记者身份赴美，担负起中共留美党员工作组的领导工作。

萧乾从燕京大学毕业前后，出版了短篇小说集《篱下集》《栗子》《落日》及自传体长篇小说《梦之谷》。他的老师沈从文为《篱下集》作了序，评论其小说曰："生气勃勃，勇敢结实。"他认为，其小说有"乡下人"的气派，并断定凡接触这些作品的人都会和他有同感，"除了觉得很好，说不出别的意见"（《〈篱下集〉题记》）。

李健吾也肯定了《篱下集》，他在《咀华集·篱下集》一文中，这样评析萧乾的作品：

> 看过《篱下集》，虽说这是他第一部和世人见面的创作，我们会以十足的喜悦，发见他带着一颗艺术自觉心，处处用他的聪明，追求每篇各自的完美。

叶圣陶把萧乾的小说选入他的《文章例话》，作为擅长"使读者从人物的一言一行、一颦一笑上体会得出人物的性格"的范例，而推荐给读者。

萧乾的生活经历与沈从文、废名不同。沈从文和废名二人都有刻骨铭心的乡村经历，而他于清宣统二年（1910）生于北京一个汉化了的蒙古族平民家庭。父亲与老舍的父亲一样，都是守城门的小卒。父母早逝，靠堂姐抚养长大。十二岁读崇实小学时，即半工半读，送过羊奶，当过学徒，搞过校对，抄过资料，是在北京文化氛围中走出的城市"乡下人"。他以亲历者的童年视角，写出了《篱下》《矮墙》等短篇小说。仅从小说"篱下""矮墙"之题，已暗示自己寄人篱下的生活，具有世间炎凉的意象与内涵。小说中不断奚落他的"姨夫"，衙门的昏暗世界、工厂主的丑恶嘴脸都出现在天真孩子的眼里，他们与坚忍挣扎的"妈妈"，构成了北平底层的世俗人间。而萧乾熟悉的下层引车卖浆者，也自然会出现在他的小说里。这些北平底层人的自爱、自重、自尊的性格，闪耀着人性的光辉，与“姨夫”“工厂主”、衙门官人的冷漠、丑陋，形成鲜明的对照，这正是萧乾小说包含的“城中两个世界”的结构。正如他自己在《忧郁者的自白》中所说，自传色彩很强的这些小说，都是“忧郁者的自白”。忧郁者的感伤是浓烈的，是健朗的，又是充满生气的。当然，萧乾早期的自传体小说，对贫富对立的愤怒和抨击，火气很大，而“我”未经文学化，作为文学形象很苍白，远不如其他人物鲜活。

揭露西方宗教及传教士在中国“收买灵魂”的罪恶勾当，是萧乾小说的另一类题材和主题。《蚕》用象征手法表现了“一点点宗教哲学”（《创作四试·〈象征篇〉前言》)。《皈依》里刻画的雅各军官和菊子、妞妞等人物，揭露了“救世军”传教士引诱穷困女孩子“入军”的罪恶。《昙》则以五四运动为背景，塑造了启昌和约翰牧师等人物形象，真实地反映了青年学生的觉醒，也写出了传教士的狰狞本相。

巴金和斯诺读了这两篇小说后，鼓励萧乾把这个题材写成一部长篇。萧乾接受了这个建议，积极准备材料，积累了一铁匣卡片。不幸因生活颠沛和一场大火，这些材料化为灰烬，这一计划落空。但萧乾的宗教题材小说，拓展了社会生活表现的广度，加强了社会批判的强度。萧乾早年“整个生活在基督教的环境里”，这种经历和具体经验，使他的小说涉足宗教题材，合乎逻辑。但萧乾的“反宗教”姿态，并非涉及宗教本身，通过小孩天真的眼光，展示人间的不平和不幸，是他对贫富对立情绪的延伸罢了。沈从文、废名的小说也有宗教文化的渗浸。废名的小说对禅的参悟可直接转化为对人生的领悟，与萧乾揭露“吃教者”的伪善嘴脸、为“遭侮辱者”鸣不平，完全不一样。

《栗子》《邮票》等小说，留下了萧乾思想动荡的影子。前者表现了一二·九运动中青年人的思想状态，后者是以东北救亡运动为背景的。在艺术风格上，与沈从文、废名的小说着重内心生活揭示、探求人性的审美情趣，相去甚远。

萧乾的处女作《蚕》和长篇小说《梦之谷》是写爱情的，是他亲身经历的写照。萧乾在中学因“闹学潮”被校方除名，于是南下福州和广东汕头，在角光中学任教。在那里，萧乾和一位美丽的潮州姑娘发生了爱情。但是，由于当地一个兼舵江电船老板和长途汽车公司大股东的国民党市党部要员，企图霸占这个姑娘，从中作梗，结果萧乾失去了与他相爱的姑娘。《梦之谷》就是以这个亲身经历为基础写成的爱情悲剧。

萧乾与当时北平、天津一带的年轻作家，何其芳、李广田、卞之琳、吴伯箫等，形成了平津很有生气的青年作家群体。这个群体有很高的文学艺术修养，有意识地从古今中外的作品中汲取营养。萧乾自己在《创作四试·〈刻画篇〉前言》中说：“大天才也许着笔即成，我是描《芥子园》出身的。”当然是自谦，但他的“芥子园”里有屠格涅夫、哈代、契诃夫，有鲁迅、胡适、沈从文等。他是从这些作家的作品中不断汲取乳汁，获得经验，在中国文坛争得一席位的有特色的作家。

萧乾在特写（即报告文学）的创作方面，也表现出自己独特的艺术风格。

1934 年 9 月，他完成了第一篇报告文学《平绥琐记》。他是借一位在平绥铁路列车上当货运员的朋友提供的方便，连续两年暑假免费搭车，往返于北平与包头之间，然后将沿途所见、所闻、所思，用文学的笔法写出来。他在燕京大学读的新闻系专业，为他选择一个新的文学领域，提供了重要条件。《平绥琐记》显示了他“承受现状刺激的敏感”和“甄别体验现状的锐力”方面的能力。而从燕京大学毕业，进入《大公报》这一新闻媒体，更为他对国内外进行广泛的“人生采访”提供了一个重要平台。

萧乾的报告文学创作，大体可分三个时期。1934 年从《平绥琐记》开始，到 1939 年为其第一个时期。主要创作主题可以概括成“民生疾苦”。他的报告文学以反映百姓生活疾苦，呼吁政府、社会关心民生疾苦为主调。代表作是写于 1935 年秋至 1936 年初春的《流民图》。该报告文学是他以记者身份，采访鲁西、苏北灾区见闻的实录。展示了灾民无家可归、啼饥号寒、尸横遍野的悲惨景象。客观上也是对国民党漠视灾民疾苦、救灾无力的控诉。此《流民图》一出，各地读者救济灾区的捐款“显著地在踊跃起来”（《未带地图的旅人》）。

1938 年，萧乾采访岭东地区写下《林炎发入狱》和《岭东的黑暗面》等，采访保安地区又写下了《由香港到保安》。有为被当局与地主势力勾结制造镇压爱国贫苦农民带头人的冤狱鸣不平、伸张正义的；有揭露国民党官吏发国难横财丑行的；有写国民党内钩心斗角、争权夺利劣迹和征募壮丁黑幕的。但值得注意的是，抗日战争爆发后，他的报告文学中，不同程度地回荡着广大军民同仇敌忾、英勇抗日的旋律。如《一个爆破大队长的独白》，记述了在华北敌后一支八路军游击队抗击日寇的动人事迹。《血肉筑成的滇缅路》报道了为修筑通向世界唯一大动脉的滇缅路，千万民工做出壮烈牺牲的伟大事迹。

1939 年春秋之交，萧乾登上了法国邮轮“阿拉米斯”号赴英。在英国的七年间，一方面任教于东方学院或到剑桥大学当研究生；一方面兼任《大公报》驻英特派记者。写下了如《矛盾交响乐》《血红的九月》等大量特写，生动地报道了英国抗击纳粹德国侵略的悲壮战争……

赵令扬在《萧乾作品评析》中，说萧乾在第二次世界大战期间的大量报告文学，应是“欧洲发展中重要的见证”。

第四章 民国二十三年（1934）

夏衍称1934年是“军事‘围剿’和文化‘围剿’最严酷的时期”。周作人与鲁迅就“论语派”开展论争。

夏衍称1934年是“军事‘围剿’和文化‘围剿’最严酷的时期”。

拥有数万读者的天津《大公报》特辟“星期论文”专栏，每日由专家、学者、作家执笔，评论世事时局，开全国之先河。胡适撰写《汪蒋通电里提起的自由》，公开提出“释放一切因思想或言论犯罪的拘囚”，“应该明令一切党政军机关不得因思想言论逮捕拘禁人民”，“取消一切钳制报纸言论与新闻的机关”等要求。随后，胡政之也表示支持，“彼此共同负责”，他出于公心，光明磊落，气度非凡。

3月，沈从文发表《禁书问题》，反对禁书，云“在当局群彦中，竟无一个人能指出它的错误”，是“极可惋惜的事情”。

全国各地不顾当局的钳制，形成中国知识界、民间媒体联手争言论自由的强大态势：陈独秀身陷囹圄，东亚图书馆出《独秀文存》第十版两千册，以示抗议；南京《民生报》揭露行政院彭学沛贪污舞弊丑行，令当局甚为尴尬；成舍我发表《停刊经过如此！敬请全国国民公判》，批判当局摧残舆论的罪行；杭州记者公会倡议9月1日为“中国记者节”，得到各地同行的热烈响应。《大公报》曾发表《重庆的滥捕记者案》，借此再提“要求解放言论”的主张，《北平晨报》发表《重庆报界迭遭摧残》，声援被捕记者。

著名报人史量才，在沪杭道上被军统特务暗杀而以身殉报。这之前蒋介石曾找史量才谈话，民间有一传闻，值得一叙。蒋曰：“把我搞火了，我手下有一百万兵。”史答：“我手下也有一百万读者。”此事，从黄炎培《八十年来》也得到印证。报人史量才有胆魄，死得壮烈。他给我们留下的铮铮誓言是：

人有人格，报有报格，国有国格，三格不存，人将非人，报将非报，国将不国。

今日重读，仍觉意义仍然深远。

杀戮封不住民意，史量才殉报不到一个月，《北平晨报》《大公报》等二十四家报馆、通讯社联合致电国民党中央，重申开放言论要求。

民国报纸和自由知识分子，傲然面对残暴的统治者，敢于抗争，勇于发声，写就了一部民国言论史。

胡适至京郊西山，凭吊李大钊，见无碑碣，请蒋梦麟补立一碑。不久，又去南京狱中看望陈独秀。劝他不必早出自传，要“放手去写，为后人留一真迹”，陈独秀“颇以为然”。8月，应傅作义将军之请，作五十九军抗日战死将士公墓碑文。碑刻文字由钱玄同书。墓碑刻成，举行典礼。

自1934年始，北平的周作人与上海的鲁迅，就“论语派”开展了一场论争。彼此交锋中，又都有一番良苦用心。胡适在他的生日，12月17日，著《国际危机的逼近》全面阐述第二次世界大战战云密布、血腥逼人、无可幸免的观点，并指出中国燕巢危幕，日本全面侵华即将开始，中国作为这场战争的主战场，必将有残酷的牺牲。

周作人出版《周作人小品文》。老舍写长篇小说《离婚》。沈从文创作小说《边城》《过岭者》，散文《湘行散记》。朱自清出版散文集《你我》和《欧游杂记》。冰心发表小说《冬儿姑娘》《相片》。

“自是人生长恨水长东”——红极一时的通俗小说家张恨水

20 世纪 30 年代的中国小说，相对来说，是有些沉寂和萧索的，但通俗小说却一枝独秀。上海和北平出现了通俗小说热潮，这是当时文坛独特的文学风景。

通俗小说兴起于清末民初，是应城市市民的阅读需求而生的。抑或说，由于新文化运动的勃兴，旧的正统的封建文学受到冲击而日渐衰亡，通俗文学凭借现代化都市纷纷出现、报纸杂志等现代媒体迅速发达的契机，得到广泛的流传。

有趣的是，新文学运动兴起，原本是反对通俗小说这一文学样式的。文学研究会成立伊始，开宗明义，反对“将文艺当作高兴时的游戏或失意时的消遣”的倾向。根本不能苟同和容忍以追求文学的娱乐消遣作用的通俗小说存在的。文学研究会和后来的革命作家及左联，一直将通俗文学当作新文学的对立面，加以讨伐。他们对缺少组织，也无明确纲领和系统理论主张的通俗文学作家冠以“鸳鸯蝴蝶派”之名，加以嘲讽。但让他们没料到的是，顺应时代、顺应城市市民需求的通俗文学，非但没有被他们打压而萧条，反而蓬勃发展，与他们所谓“革命文学”的寂寥形成巨大反差。

批评所谓“鸳鸯蝴蝶派”的那些人，其实并不真正懂得文学，起码排斥文学的娱乐功能，就非常不专业。他们并未深入研究，所谓“鸳鸯蝴蝶派”的通俗小说，早已渐渐从才子佳人的窠臼里挣脱出来，注入了深刻的社会内涵。在革命作家把“革命”生硬地塞进小说和诗歌中而违背文学规律的时候，通俗小说家却从不同侧面，带着各自的人生经验，将笔触深入到社会生活中，呈现十里洋场光怪陆离的畸形生活、形形色色的社会众生相的广阔的社会图景。革命小说，概念化压制了广阔的生活，英雄化扼杀了鲜活的性格，这些作品大多在作家间传阅，除少数作品外，广大读者鲜有问津者。遂有左联的骨干丁玲，清醒地提出向“鸳鸯蝴蝶派”取经的倡议。

在《民国清流 2：大师们的“战国”时代》一书中，笔者已对“鸳鸯蝴蝶派”有详细论述，此处不赘。

这里介绍北方的言情小说家张恨水。

张恨水（1895—1967），曾名芳贵，学名张心远。祖籍安徽潜山，生于江西广信。六岁蒙学，入当地塾馆就读。十一岁读《残唐演义》，爱不释手，遂又读《三国演义》《水浒传》《西游记》《封神演义》等古典小说。其《写作生涯回忆》中介绍，十三四岁，即从《聊斋志异》和《红楼梦》的文本及其批注上，读“懂了许多典故”，“领悟了许多作文之法”。后来，进新学校，仍嗜好文学，日夜读小说，而且依然“爱读风花雪月式的词章”，并从《庄子》《西厢记》中“学会了许多腾挪闪跌的文法”；还由《儒林外史》对诸人物的描写中，领会到讽刺手法的运用。此外，他还爱读林纾译的域外小说，赏识其中中国小说鲜有的心理描写。十七岁以前，读《花月痕》《桃花扇》《燕子笺》《长生殿》等小说传奇和戏剧时，陶醉于其中诗词小品及精彩的篇目。

1912 年秋，其父病故，家道中落，随母和五个兄弟姐妹返回老家安徽。辍学的苦闷，迫使张恨水不能再潜心阅读。次年，考入孙中山设在苏州的“蒙藏垦殖学校”，因经费不足，学校常常被迫停课。这使他有机会写诗填词，借以宣泄自己的苦闷。他还给自己取了个时尚的笔名“愁花恨水生”。

1914 年秋，他离开苏州，以才学在汉口谋得为一家小报写补白的营生，其时仅十九岁。始用恨水笔名。恨水，缘于南唐李后主的词《相见欢》："林花谢了春红，太匆匆，无奈朝来寒雨晚来风。胭脂泪，相留醉，几时重？自是人生长恨水长东。"他读后，彻悟人生苦短，时光珍贵，遂取"恨水"二字。后因名声太大，人们早已忘却他的本名，只记住天下都知道的笔名恨水。

这个阶段，可以用张恨水自己的话来概括：

> 我是两重人格。由于学校和新书给予我的启发，我是个革命青年，我已剪了辫子。由于我所读的小说和词曲，引我成了个才子的崇拜者。这两种人格的溶化，可说是民国初年"礼拜六派"文人的典型，不过那时"礼拜六"还没有发生，我也没有写作。虽然我没有正式作过"礼拜六派"的文章，也没有赶上那个集团，可是后来人家说我是"礼拜六派"的文人，也并不算十分冤枉。因为我没有开始写作之前，我已造成这样一个坯子。

"礼拜六派"作为文学流派，是指在《礼拜六》杂志上发表作品，都信奉"得休暇而读小说"的宗旨，又能代表这些作家共同的创作态度的一群作家。《礼拜六》杂志创刊于 1914 年 6 月，由王纯根主编，后一度停刊，1921 年 3 月复刊，改由周瘦鹃主编，至 1923 年 2 月终刊。此刊存在时间长，围绕在它周围的作家又多，影响也大，所以"礼拜六派"成了这类通俗小说的通用称呼。

张恨水在苏州求学期间，是"礼拜六派"书刊的热心读者。常常浸漫于这类小说之中，为了摆脱家道中落带来的穷愁和苦闷，他便按此派作家写作故事的路数，学写短篇小说。一为文言之《旧新娘》，一为白话文《梅花劫》，寄给《小说月报》。小说虽未被选用，却接到主编恽铁樵的亲笔信，让他大喜过望。信中，主编对习作有肯定之评语，让他备受鼓舞。垦殖学校解散，张恨水只好回乡。在失学的寂寞苦闷中，他创作了长篇白话章回体小说《青衫泪》。

1918 年 3 月，张恨水出任芜湖《皖江日报》总编辑，其处女作文言中篇小说《紫玉成烟》连载于该报。不久，他的白话长篇小说《南国相思谱》也连载于该报副刊，在芜湖已小得文名。

接着，在上海的《民国日报》又相继连载了张恨水的短篇小说《真假宝玉》和中篇章回体小说《小说迷魂游地府记》。从小说的题目上，即可看出他沿袭了旧式言情小说的风格，艺术上幼稚粗陋，没有给他带来什么声誉。

《小说迷魂游地府记》虽艺术上苍白，但影射讽刺了军阀祸国殃民，批评了当时流行的黑幕小说，既显示了作者的正义感，又表现出作者反对恶俗趣味的审美观念。随后发表的中篇章回体小说《皖江潮》，写的是安徽自治运动，谴责地方军阀的丑恶，因而被芜湖学校学生改成话剧公演。

1924 年，北方仍是军阀的王道乐土。大小军阀混战，烽烟四起。齐卢之战、直奉之战，让百姓饱受战乱之苦。各党派在北平加强舆论宣传，国民党办《民国日报》，胡政之办《国闻周报》，“国家主义派”办《醒狮周报》，共产党也创办了《中国工人》月刊。在军阀混战的缝隙里，多元的报刊各自宣传自己的主义，争奇斗艳，热闹非凡。与此同时，京师警察厅也发布公告：“舆论界对于各省军政事项，均应持以镇静态度，不得任意登载。”查禁图书、封闭报馆也是言论史上不断上演的丑剧。有压迫就有斗争，激扬文字、纵横论政的《京报》这一年就发表近百篇批评时弊、指斥权贵的时评和通讯。文学界《语丝》和《现代评论》也先后问世。前者的创刊人、主撰人是鲁迅、周作人、刘半农、钱玄同、林语堂等大学教授，主张“自由思想，独立判断和美好生活”。后者是郁达夫与创造社及太平洋社合办的，实际上主要撰稿人是胡适、陈源、高一涵等学者教授。其办刊宗旨，是“精神是独立的”，“态度是研究的”。这些期刊的出现，标志着当年的言论界是多元的。

是年 4 月，并未入流新文学运动大潮的张恨水，在《世界晚报》副刊《夜光》开始连载九十余万字的长篇小说《春明外史》，连载五十七个月，街谈巷议，轰动古城。近五年时间，无论寒暑风雪，每天下午两三点，便有大批读者，排在报馆门口，等待当日晚报发售。连载到第十三回时，由《世界日报》出版单行本，甫一出版，即告售罄。接连再版，仍被抢购一空。1927 年将一集、二集合并出版，也很快脱销（《〈世界日报〉兴衰史》）。

1930 年，上海世界书局出版《春明外史》，分上下两函十二册。读者争相抢购，轰动大上海。

北平、上海掀起《春明外史》的轰动浪潮，让张恨水暴得大名，风光无限。

《春明外史》写的是报馆记者杨杏园的爱情故事，而读者感兴趣的，是该小说鸟瞰北平市民生活的开阔视野，鞭挞社会丑恶现象的冷峻深刻。文中所涉，具有新闻纪实的特征，为读者提供社会秘闻野史般的价值。有人说该小说展现了一轴 20 世纪 20 年代北京全景式的风俗画卷。其间有军阀、官僚、政客、遗老、遗少的醉生梦死、横行不法，更有穷苦百姓的愚昧和痛苦。

有人将《春明外史》中的人物，与现实生活中的人物对号入座，认为时文彦是徐志摩，胡晓梅为陆小曼，韩幼楼为张学良，魏极峰乃曹锟，何达是胡适，金士率则为章士钊云云。

《春明外史》连载过程中，还发生过“请命”风波，值得一提。报上连载到小说第二十一回，写到梨云身染重病命悬一线时，读者纷纷给张恨水写信，求他笔下留情，无论如何别让梨云死去。甚至有些读者还给梨云开了治病药方，挽其性命。

还有一个真实的故事，可证《春明外史》影响之大。太原交通司令潘宜之，有侧室郑秀珍，长得漂亮，且有文化，对潘素无感情。读了《春明外史》，颇心仪书中的杨杏园，爱屋及乌，对新闻记者大有好感。正巧，结识了当时名小说家张秋生的弟弟，太原报人张慎之。二人一见钟情，逃到北平，成为夫妻。张慎之入《世界日报》工作，同人便开玩笑：没有《春明外史》，岂有你们这段姻缘，张恨水是你的月老啊。

张学良读了《春明外史》，甚是喜欢，便有少帅来访张恨水之举。这在北平成为当时的美谈。二人一见如故，相谈甚欢。少帅很爱慕张恨水的才学，欲请张恨水到司令部当秘书。张恨水拱手婉拒。张恨水一家，人口多，经济尚不宽裕，张学良为接济他，责成有关部门授予他挂名“参事”，是只领薪水，不参政务的闲职。张学良原本想出自己的传记，一直无合适人选，希望张恨水妙笔生花，实现自己有传的愿望。张恨水见少帅如此信任自己，自然欣然允诺。但因时势政局不断变化，一直未动笔，即不了了之。到了 1928 年，张学良在沈阳办《新民晚报》，特函张恨水为他写一部长篇小说。张恨水念旧情，遂写《春明新史》，在《新民晚报》连载，给该报赚了不少人气。

《啼笑因缘》连载后，社会上有传闻说，小说中刘将军抢沈凤喜为妾，是暗喻张学良。又传说张学良闻知，摆下鸿门宴，请张恨水到奉天，拟报此仇。张恨水果真有奉天之行，但张学良非但并未加害，反而以礼相待。宴会上谈笑风生，特别还说起关于《啼笑因缘》暗喻之谣言。张学良开怀大笑：“无稽之谈！”然后当众授“东北边防司令部顾问”“国民政府军事委员会北平分会参事”两职给张恨水。自此，每月给张恨水薪俸一百银圆。

后来，张学良听信诬告，将法储会会长丁春膏下狱。丁夫人到处托人说情无果，便找到素昧平生的张恨水。急公好义、秉持公正的张恨水，给张学良致信，质问为何不经调查，听信诬陷，即抓人入狱。张学良对此函极为重视，下令彻查，发现丁春膏果然为人陷害，于是下令释放。

张学良因发动西安事变被蒋介石囚禁。1946 年，张学良在软禁中给张恨水寄了两首诗。张恨水将诗发在他主编的《新民报》上，并写下沉痛按语：

> 客有从息烽来者，带有张将军新诗两首，真纯可喜，将军被羁十年矣！各方呼吁释放政治犯，将军甚至未被列归于政治犯之列，而谓以家法处之。十年来探视将军一家及其左右者，闻达百人。将军以钓鱼种菜为日常功课，晚间在菜油灯下读书精进。亦以此损害其目力，壮年之身御老花镜。将军之兵谏实为神圣抗战之直接动力。今日抗战胜利，而东北内战不已，将军积压息烽无以为力，其感慨将何如也！

1919 年秋，张恨水从芜湖到北京，先后在北平《益世报》《今报》《世界晚报》《世界日报》及多家通讯社任职。他从事新闻工作多年，有机会接触北平各阶层人物，了解各种社会新闻，积累大量丰富的素材，为小说创作提供了资源。《春明外史》便是如此。

《春明外史》在上海格外轰动，怕与小说“描写社会琐事，以朋友笑谑”的媚俗审美思维有关。更商业化的上海，对文学的娱乐性、趣味性看得更重。

《春明外史》在上海轰动，打破了京沪两地文艺相互排斥的格局。20 世纪 20 年代，随着鲁迅定居沪上，全部由共产党员作家组成的创造社、太阳社也集中到上海，遂有左翼作家为旗帜的“革命文学”运动的勃兴，上海成为新文学的堡垒。

但左联的领导受制于当时党内“左倾”路线，对左翼文学运动带来消极影响。他们忽视了北平这座新文化、新文学运动的发祥地并没有丧失自己的活力。培养文学新人的全国一流高校仍在，胡适、周作人、沈从文等人的周围，依然集合着一批进步的有创作水准的作家。他们虽然没有组织，却在思想上、艺术上都有鲜明的特色。左联的宗派主义，排斥这些进步作家，造成上海和北平的作家的疏离，形成京沪作家各据地盘，各自为政，老死不相往来的局面。北平的报刊少有向上海作家约稿的，上海的报刊更鲜有找北平作家征文的。张恨水的作品，打破了这一平衡。

1932年春，继《春明外史》后，近百万字的长篇小说《金粉世家》在北平《世界日报》副刊连载了六十四个月后，灿然收官。这是张恨水在报纸上连载时间最长、最为轰动，也是给张恨水带来更大荣誉的作品之一。

《金粉世家》借“六朝金粉”的典故，以豪门公子金燕西与平民少女冷清秋的爱情故事为主轴，深刻地反映了北洋军阀统治下贵族之家由盛而衰的命运，透视出官宦之家的种种腐朽、龌龊的生活与思想态貌。小说通过金、冷的爱情悲剧，探讨了不同门第的婚姻观、道德观和人生观是否可以调和的问题。小说篇幅很长，故事并不复杂，讲的是金燕西以各种手段骗取了冷清秋母女的欢心，然后未婚先孕，仓促成婚。但金燕西禀性难移，仍在外寻花问柳。金父暴死，更无约束，放浪无羁。见家境败落，遂又与新军阀之妹白秀珠勾搭，与冷清秋感情彻底破裂。在一场大火中，冷清秋携子逃离金府，始过自食其力的生活。

小说围绕着金、冷的爱情悲剧，展示金府这个权贵之家人与人之间无休止的充满血腥的钩心斗角。作者在写金燕西之父国务总理金铨时，并未将他写成阴险毒辣或酒囊饭袋式的政界人物。金铨是一位顺应时代潮流、开明通达、胸襟开阔的人物，同时又是道貌岸然、在不同场合变换面孔的伪君子。二者的统一，使金铨并未成为象征性人物，而成了性格复杂的真实而鲜活的“这一个”。通过金燕西、金铨的塑造，写出了金家两代人在伦理道德畸变中各种矛盾和情感变异中的人性扭曲。在当时，小说已具有真正的文学意义，达到很高的水平。当然，小说为迎合读者趣味，在揭露权贵糜烂生活时，采用了自然主义的描写，其美学旨趣受到影响，但仍不失为张恨水的杰出作品。

《金粉世家》很快就拍成电影，电影院观众如潮。评书艺人改编成评书，天桥一带的茶社，听说书的人满为患，再加上广播电台广播，《金粉世家》家喻户晓。

如同说书之“无巧不成书”，《金粉世家》连载之时，也发生“请命”风波。老报人万枚子读到冷清秋在那场大火中携子出走，竟与夫人泣泪涟涟。读者读到颐和园昆明湖畔发现冷清秋丢失的鞋子，预感不妙，信函如雪片纷纷飞到张恨水那里，都不让张恨水写冷清秋殒命。当时北平著名画家许君武，也写信给张恨水，语气颇为不敬地指责他“笔下无情”。

鲁迅的母亲鲁瑞与街坊邻居一样，也是张恨水的忠实读者。从 1934 年鲁迅从上海写给母亲的信中得知，张恨水每有新作，鲁迅便购其书孝敬老母。信中说：

> 三日前曾买《金粉世家》一部十二本，又《美人恩》一部三本，皆张恨水作，分二包，由世界书局寄上，想已到，但男自己未曾看过，不知内容如何也。

读此信，让人感慨，母亲不读儿子铺天盖地的大作，反而偏偏喜欢不入儿子法眼的张恨水的作品。鲁迅自己不看别人的作品，却总有对“鸳鸯蝴蝶派”的讨伐和嘲讽。

1929年5月，经人介绍，几次赴沪的张恨水，与上海《新闻报》副刊主编严独鹤相识。于是便有张恨水的《啼笑因缘》自1930年3月起，连载于上海《新闻报》副刊《快活林》之事。

严独鹤生于1889年，卒于1968年。名桢，字子材，浙江桐乡人。也是一位在上海很有名气的通俗小说家。1922年在《红杂志》上发表的《红》和《月夜箫声》就是其代表作。《红》以委婉细腻的笔触，写了一个情节错综复杂的传奇故事。小说于淡淡哀愁的情调中，寄予对一个孤苦少女悲惨命运的同情，表达的是世俗化惩治感情不忠者的旧式主题。后被改名“女客串”搬上舞台的《月夜箫声》，表现一个吹箫女的喜、悲与哀伤的心境。小说情节曲折起伏，场面情景交融。箫声三吹，或幽雅，或幽咽，或幽细，情绪变化皆在其中，与当时这派小说的流水账式的叙述，大不相同。

两个审美趣味相投的文友一见如故，张恨水痛快答应严独鹤之请，将自己的新长篇小说《啼笑因缘》交由上海的《新闻报》连载。当然，这里张恨水也有自己的考虑。《春明外史》《金粉世家》都是在北平的报纸连载，因与这座古城的精神气质相融，成了北平气质沉潜温和的一种小说流派代表，大受欢迎自有此因。但上海的通俗文学也有自己的“海派”特点，且也有一群如张舍我、周瘦鹃、包天笑、秦瘦鸥等作家，坐地为王。他要在上海滩闯出一番天地，必须靠自己的小说。他们提倡的“大千世界一情窟也，芸芸众生皆情人”（《爱之花·弁言》）的创作宗旨虽由“大团圆”转到“偶见悲剧结局”已有进步，两相比较，张恨水心中仍底气十足。但《啼笑因缘》发表后，在上海引起的甚于北平的轰动，他始料未及。话剧、沪剧、京剧、粤剧、评弹、电影纷纷移植，小说再版二十次以上，甚至让他有些震惊。

张恨水写《啼笑因缘》，缘于北平的一个新闻。一个姓田的旅长，看中了一个有姿色的唱大鼓书女艺人高翠兰，然后将她抢走。高翠兰父母向田索讨身价银两不遂，而将他告到法院。经审理，田被判刑入狱。高却对田有好感而不忘情，回到家中，常与父母哭闹，引起邻居和新闻界注意（《章回小说大家张恨水》）。

张恨水抓住这一生活素材，并加以改造。将本不具备悲剧品格的因素筛汰，颠倒违反生活本质真实的人物关系，使之符合社会本质真实，使小说获得质的飞跃。《啼笑因缘》写的仍然是爱情悲剧。爱情美好，却演变为悲剧，是社会的畸形和黑暗造成的。具有鲜明的社会悲剧特性。身处社会底层、幼稚柔弱的女主人公沈凤喜自身，有性格弱点，无力抗拒阴谋和暴力，但在尚师长的威逼之下，被掠入刘府后，还是发出“这是什么世界！北京城里，大总统住着的地方，都是这样不讲理”的怒吼，无疑是对黑暗社会的控诉和抗争。小说不仅写出男女主人公爱情的真挚，还揭示出这美好爱情的悲剧，正是社会的畸形与黑暗造成的，是反动军阀制造的社会悲剧。

细究张恨水的小说大受读者的喜爱，引起新旧文学阵营高度重视、产生社会轰动的原因，其实并无什么独门秘籍。说到底，张恨水的小说，是遵循文学自身规律创作的结果。首先，有引人入胜的故事，叙事时讲究故事情节的跌宕和曲折；其次，注重人物的塑造，运用传统的神貌刻画，“以形写神”外，还融入了欧洲小说特点，加强人物心理刻画和地方风俗景物描写；最后，是语言既平白如话，又清丽流畅，摇曳多姿，特别是有北平的语言神韵，老少咸宜，雅俗共赏。比起当时所谓的“革命文学”的主题先行、苍白空泛，广大读者争看张恨水的小说，合乎逻辑。

但是，当张恨水到江南办事，目睹处处争看《啼笑因缘》时，真是受宠若惊。他所到之处，“上至党国名流，下至风尘少女，一见着面，便问《啼笑因缘》”，甚至让他匪夷所思。

笔者为写此卷准备资料时，发现《啼笑因缘》曾引发一场官司，伴着全民阅读《啼笑因缘》热热闹闹地折腾了一场。1931 年，上海明星电影公司购得《啼笑因缘》的电影改编拍摄权，并组成当时大热的明星胡蝶、郑小秋等为主演的强大阵容。孰料素与明星电影公司有积怨的上海大华电影公司的顾天为，闻讯后，速将《啼笑因缘》改编成剧本，在不违反著作权法的前提下，抢先在内政部申请到准拍执照。又与青帮老大黄金荣勾结，诱以高酬挖明星公司的主要演员。只有主演胡蝶恪守做人的道德和行规，不为所动。于是，社会上便有胡蝶与张学良在北平只顾跳舞行乐，不积极抗日的谣言广为流传。顾天为为了将胡蝶与张学良的绯闻坐实，很快又排成以胡、张传闻为内容的新剧《不爱江山爱美人》，在上海天蟾舞台公演。

张恨水素有正义感，他对将素不相识的张、胡硬扯在一起，诋毁两个清白的人甚为不满，于是站出来，公开支持明星电影公司。

次年 6 月，明星电影公司拍成《啼笑因缘》第一集有声电影。影票一抢而光。但南京大戏院座无虚席以待开演之时，一群法警突然闯入影院，要求立即停映。明星电影公司只能向法院交了三万元，影片方得以放映。其实，这都是顾天为在背后捣的鬼，他见又未得逞，便再请黄金荣出面，活动内政部下令《啼笑因缘》停映。在上海滩，法律只是一个摆设。后明星电影公司无奈，只能请更大的黑帮老大杜月笙出面斡旋，大律师章士钊任法律顾问，最后还是让大华电影公司敲了十万大洋竹杠，此案才宣告了结。呼呜，此不啻张恨水另一部小说是也。

1931 年，九一八事变发生，举国震惊，国民愤慨。

在这民族存亡之际，张恨水道：

“九一八”国难来了，举国惶惶。我自己也想到，我应该做些什么呢？我是个书生，是个没有权的新闻记者。“百无一用是书生”，惟有这个时代，表达得最明白。想来想去，各人站在各人的岗位上，尽其所能为罢，也就只有如此聊报国家于万一而已。因之，自《太平花》改作起，我开始写抗战小说。

张恨水虽有书生意气，但又是个不尚空谈、崇真尚实，具有爱国主义精神的作家。他仅用了两个月，就创作并自费出版了《弯弓集》。弯了弓射日，集子中的小说、诗词、散文、剧本，皆是以抗御外侮、激励民族奋勇抗日为主旨的。他在序中痛陈“寇氛日深，民无死所”，深感“心如火焚”，“今国难临头”，当“必兴语言，唤醒国人”。

上面所提《太平花》者，是当时与《满城风雨》同在报纸上连载的两部长篇小说之一。自九一八事变后，都陆续加入抗击日寇的内容。

1933 年春，当局还未与日本全面开战的形势下，张恨水根据在东北军当过连长的学生提供的真实故事，创作了长篇小说《杨柳青青》（又名《东北四连长》），“给大人先生一点讽刺”（《写作生涯回忆》）。又在创作《啼笑因缘续集》时，让主人公关寿峰、关秀姑参加东北抗日义勇军，成为杀日寇而捐躯的英雄。

1934 年春，张恨水还曾带一工友到陕、甘地区考察。走了二十多个县，目睹西北地区民众生活艰难的种种惨状，归北平后，创作了《燕归业》《小西天》等作品，尽力对社会上层黑暗、民生疾苦及社会多种矛盾进行揭示。

1935 年，日本关东军代表土肥原贤二，请人带《春明外史》及《金粉世家》两部书并一封信，找到张恨水。请他“赐予题签，藉留纪念，以慰景仰大家之忱”。张恨水见信后，留下土肥原贤二交上的两本书，而取一本宣传抗日的《啼笑因缘续集》，在扉页上写了“土肥原先生嘱赠，作者时旅燕京”，交给来者。来者见题字，大骇，忙劝之，万不可开罪土肥原贤二，不然先生及家人将遭杀身之祸。张面带微笑，从容道："土肥原有来恳我题签雅量，即有任题何签、赠何书之雅量。否则，王莽谦恭下士之状未成，而反为天下读书人笑也。"来人悻悻持书而退。

土肥原贤二拿到书，见题签勃然大怒，但表面却强装出大度之态。过两日，赞其书曰：描写生动如画，真神笔也！

为土肥原贤二题签之事，是否有演绎成分，不可考。但考张恨水之为人、性格，乃可采信也。君可读张恨水之《人·旗》《隔夜小评》两小文，便应信其真：

九月十八日，国耻纪念下半旗；九月二十一日，朱执信先生殉难纪念，又下半；九月二十二日，谭故院长逝世，又得下半旗。非但做中国人民忙，连做中国的旗子也升不起来。(《人·旗》)

在国画展览会里"偷"一幅《江山无尽图》，落一个"贼"的名称，不免到巡捕房里吃官司。索性去抢人家的"无尽江山"，那又怎样？(《隔夜小评》)

以张恨水之秉性，行文之辛辣，更知他仇恨日寇，做出戏弄土肥原贤二的妙剧，给沉闷的北平添些热闹，长长国人神气，好啊！

张恨水如此积极宣传抗日，心狠手辣的土肥原贤二怎能放过？他曾向北平的张学良正式提出抗议，并将张恨水列入黑名单，特高课随时可动手除之而后快。

1935年，秋风萧瑟中，在友人的劝说下，张恨水被迫暂时告别北平，到南京去。张恨水有诗记此事：

十年豪放居河朔，一夕流离散旧家。

从诗中可以读出，张恨水离别给他带来太多荣誉的第二故乡北平时，那深深的眷恋之情。

1936 年夏，张恨水又推出《鼓角声中》《中原豪侠传》两部新书，在他和报人张友鸾合办的《南京人报》上连载。两书要么意在提醒世人不忘日寇侵略之威胁，要么告诉人们加强民族意识。短短几年，张恨水发表许多表现中国抗日的相关作品，兑现了自己在《弯弓集》自序中的"唤醒国人"的一介书生的庄严承诺。

“半是儒家半释家”
——《五十自寿》与重访日本“寻梦”的周作人

1933年4月，北平城风沙正烈。中国正是内忧外患、国难当头的“昏黑的年头”。此年年初，胡愈之在当时中国的第一大刊《东方杂志》策划了一个“新年梦想”的“征梦”活动。胡愈之在“征梦信”开头这样写道：

> 在这昏黑的年头，莫说东北三千万人民在帝国主义的刺刀下活受罪，便是我们的整个国家、整个民族也都沦陷在苦海之中……在这漫长的冬夜里，我们至少还可以做一两个甜蜜的舒适的梦。

胡愈之的用意很清楚，既然“言论不自由，不如来说梦”。真有一百四十二位名流学者，在《东方杂志》上诉说了二百五十个“梦想”。确为此数，非在此调笑。

鲁迅先生自然不参与“做梦”，他在《听说梦》中说：梦“无论怎么写得光明，终究是一个梦”。

果然不幸言中，让这么多名流学者集体“做梦”，终究惹出麻烦。在各方高压之下，胡愈之被商务印书馆辞退。离他元旦写征稿信过了三个月。最先破梦的，不幸竟是提倡“做梦”的人自己。

周作人在八道湾的书斋无梦也无波澜。长女周若子病死后，周作人变得沉默而消沉。

4 月，在中国共产党的支持下，不少学人在宣武门外下斜街浙寺为李大钊举行公祭。在哀伤的氛围中，周作人带着一个花圈并奠仪十元，出现在公祭会上。为李大钊办公祭，周作人自然知道其政治目的，但他还是参加了，去告慰李大钊的英灵，死者毕竟是自己不多的朋友之一。而且，让他更悲哀的是，李大钊赴死，而身后萧条。

此前一年，周作人曾写信给胡适，希望出售李大钊的遗著，以帮助李大钊一家人摆脱经济困境。

公祭前几天，周作人曾致函曹聚仁：

> 守常殁后，其从侄即为搜集遗稿，阅二三年略有成就，唯出版为难，终未能出世。近来滦东失陷，乐亭早已为伪军所占，守常夫人避难来北平，又提及此事，再四思维，拟以奉询先生，未知群众图书公司可为刊印否？

后经反反复复议事，想了很多办法，刊印李大钊遗著，一直没有结果。

洒脱的周作人，同样也有陷入俗事的时候，老三周建人早就离京到上海工作，鲁迅又携许广平定居上海，西三条的老母只能依靠老二周作人了。

其实周作人主要是经常去西三条那里送生活费，顺便看看老母。若说悉心照料鲁瑞的，应该是鲁迅明媒正娶的夫人朱安、与鲁迅矛盾深重的周作人之妻信子。过去有许多文章站在鲁迅一边，极力诋诬信子的乖张，有意遮蔽信子的善良。

有一段时间，鲁瑞经医生诊断患了肾炎，医生嘱咐以西瓜为药。一试，果然见效。但夏秋两季西瓜好买，到了冬季何处去觅？这难坏了鲁瑞和朱安。信子为人聪慧，在朱安痛苦无法时，想出了一个办法，即西瓜上市时节，她和朱安大量买入，然后二人将西瓜汁熬成膏，密封于磁罐里，供老太太冬季用。

自鲁迅离开北京后，每逢年节，特别是鲁老太太寿诞之日，周作人和信子总会在一家有名的饭庄为母亲办一桌丰盛酒席，送到西三条。

鲁迅当然也惦记着老母，从不拖欠西三条的生活费一百五十元（或一百元）和家人的零花钱二十元，十年一直定时定量，物价渐涨，也从不增添。发生战乱，南北断邮，鲁迅还特意在北平朋友宋子佩处存了一笔钱，以备不时之需。当然，鲁迅对寄钱也会有些抱怨。比如1933年7月，周作人正为李大钊遗著出版无望而着急的时候，鲁迅给西三条的母亲写了一封这样的信，意味深长：

> 家中既可没有问题，甚好，其实以现在生活之艰难，家中历来之生活法，也还要算是中上，倘还不能相谅，大惊小怪，那真是使人为难了。

信中有股怨气，诸君自会看得出。鲁迅在上海，过着的当然不只是“中上”生活，他的稿费、版税，加上蔡元培给他安排只拿薪水不必办事的可观收入，每月给老母还有他死不认账的法定媳妇朱安的生活费，本区区小数，何至抱怨?

大约在1931年，“吾家予同”还称周作人“尚保持五四前后的风度”。周作人闻之，在给俞平伯的信中，称此语“大误”，并说“自审近来思想益销沉耳，岂尚有五四时浮躁凌厉之气乎”。

周作人说的是事实。20世纪20年代末，新文学队伍急遽地分化改组，大部分新文学作家随时代前行，但像周作人这类作家，却未跟着时代步伐前进，而是从“站在歧路的中间”，走上一条倒退之路。他在1928年发表的《闭户读书论》一文中说：

> 宜趁现在不甚适宜于说话做事的时候，关起门来努力读书，翻开故纸，与活人对照，死书就变成活书，可以得道，可以养生，岂不懿欤？

闭门读书，并无过错，但在新旧斗争如火如荼的时候，躲进书斋，自有逃避之嫌。1930 年他又有《草木虫鱼小引》发表，文中说：

> 我个人却的确是相信文学无用论的。我觉得文学好像是一个香炉，他的两旁边还有一对蜡烛台，左派和右派，无论那一边是左是右，都没有什么关系。

又两年后，他在北平辅仁大学讲课，后将讲稿加工整理成《中国新文学的源流》一书，由人文书店出版。书中 102 页，有这样的话：

> 今次的文学运动，其根本方向和明末的文学运动完全相同。

关于《中国新文学的源流》一书的成书，非周作人有意为之。辅仁大学英语系一年级学生邓广铭，听完周作人六次演讲后，将完整记录拿给周作人，希望校正。周作人六次演讲，并无讲义，连提纲都没有，见邓广铭绝少错误、条理分明的记录稿，甚是惊喜，稍加校改就交给人文书店出版。该书得稿费七百大洋，周作人都交给邓广铭，说这是他应得的酬劳，邓广铭拿去买了一套线装的百衲本《二十四史》。凡听过周作人演讲者，无人不知满腹经纶的"京兆布衣八道湾居士苦茶庵主"，文章写得漂亮，"可用龙井茶来打比，看去全无颜色，喝到口里，一股清香，令人回味无穷。前人评诗，以‘羚羊挂角，无迹可寻’来说明神韵。周氏小品，其妙正在‘神韵’”（曹聚仁语）。与周作人风格平和冲淡、清隽幽雅的散文风格相比，他的口才，就实在不能恭维了。“第一堂课听毕，往往五六十人就一窝蜂似的散了，到了第二回上课，剩下的就是真正选习的二十余人罢了。”（柳存仁语）邓广铭能耐心将周作人带着浓重绍兴乡音且干巴巴的表述听下去，并做了完整的、有条理的记录，这真让周作人大喜过望。他欣然将稿费全部赠予，实际上是一种报答。

周作人停下前进的脚步，向后倒退，遭到不少新文学作家、批评家的批评。但他并未改弦更张。抗日战争爆发前，他先后出版了《永日集》《看云集》《苦口甘口》《书房一角》《夜读抄》《苦茶随笔》等十部散文集。从艺术上看，依然是闲适和洒脱、幽默和谐趣，但作品的战斗气息日渐淡薄，苦味、消极、颓唐越来越浓。虽然周作人依然是“京派”作家的主将。但随着沈从文的崛起，周作人的星光已见黯淡。

1934年，夏衍称该年是“军事‘围剿’和文化‘围剿’最严酷的时期”。进步的作家，奋而与之抗争。这是胡适等作家、学者“彼此共同负责”联手争取言论自由的时代。

3月5日，沈从文在《国闻周报》上发表《禁书问题》一文，对国民党当局禁书提出质疑，更令他痛心的是“在当局群彦中，竟无一人能指出它的错误，实为极可惋惜的事情”。

3月，陈独秀身在上海狱中，上海亚东图书馆出版《独秀文存》第十版，始无前例地印了两千册。后南京最高法院以“文字为叛国之宣传”终审判处陈独秀有期徒刑八年。

就在这样的背景下，周作人迎来了他的五十寿辰，自然有一番感慨，我们不妨读读他的两首自寿诗。两诗发表在该年4月5日出版的《人间世》

创刊号上，冠以“五秩自寿诗”的大标题，并附以周作人大幅照片。此举乃林语堂精心操办，同时还发表了沈尹默、刘半农、林语堂三人的《和岂明先生五秩自寿诗原韵》。

周作人自寿诗一曰：

前世出家今在家，不将袍子换袈裟。
街头终日听谈鬼，窗下通年学画蛇。
老去无端玩骨董，闲来随分种胡麻。
旁人若问其中意，且到寒斋吃苦茶。

其诗二曰：

半是儒家半释家，光头更不着袈裟。
中年意趣窗前草，外道生涯洞里蛇。
徒羡低头咬大蒜，未妨拍桌拾芝麻。
谈狐说鬼寻常事，只欠工夫吃讲茶。

一眼便可看出两诗所咏“出家”与“在家”，写的是出世与入世的矛盾心境。这种矛盾，不仅仅属于周作人个人，更属于当时自由主义知识分子集体。他们在五四时期培植出的“主义”和信仰，随着历史和时局的深刻变化。看似他们转而追求闲适，甚至心向佛禅，但灵魂里却有太多的苦涩。

钱玄同率先和诗抒怀：

但乐无家不出家，不皈佛教没袈裟。

腐心桐选诛邪鬼，切齿纲伦打毒蛇。
读史敢言无舜禹，谈音尚欲析遮麻。
寒宵凛冽怀三友，蜜橘酥糖普洱茶。

与周作人的闲适与消极相比，钱玄同的诗中，有与旧文化搏杀中的快慰和豪气，战斗精神还在。虽然他说这诗“是自嘲”，“火气太大，不像诗而像标语，真要叫人齿冷”。真有点“自嘲”的味道，但战士的灵魂没有蚀尽。

林语堂以其诙谐个性，有《和京兆布衣八道湾居士岂明老人五秩诗原韵》，轻松有余，苦味不足：

京兆绍兴同是家，布衣袖阔代袈裟。
只恋什刹海中蟹，胡说八道湾里蛇。
织就语丝文似锦，吟成苦雨意如麻。
别来但喜君无恙，徒恨未能共话茶。

胡适作为周作人的老朋友，新文化运动时的老战友，在周作人五十大寿时自然也以和诗来祝贺，有《和苦茶先生打油诗》《再和苦茶先生·聊自嘲也》两首诗助兴。

其一：

先生在家像出家，虽然弗着倍袈裟。
能从骨董寻人味，不惯拳头打死蛇。
吃肉应防嚼朋友，打油莫待种芝麻。
想来爱惜绍兴酒，邀客高斋吃苦茶。

其二：

老夫不出家，也不着袈裟。
人间专打鬼，臂上爱蟠蛇。
不敢充油默，都缘怕肉麻。
能干大碗酒，不品小钟茶。

胡适在《致周作人书》中自注曰：“昨诗写吾兄文雅，今诗写一个流氓的俗气。”从诗中，我们可以读出胡适对闲适、消极的周作人，并不赞同，甚至有嘲讽、批评的味道。二人对人生的选择也大相径庭。

曾把周作人聘到北京大学任教的蔡元培，是讲究朋友之道的，也从外地寄来和诗三首。这里只选一首《新年用知堂老人自寿韵》：

新年儿女便当家，不让沙弥袈了裟。
（吾乡小孩子留发一圈而剃其中边者，谓之沙弥）
鬼脸遮颜徒吓狗，龙灯画足似添蛇。
六幺轮掷思赢豆，数语蝉联号绩麻。
（吾乡小孩子选炒蚕豆六枚，于一面去壳少许，谓之黄，其完好一面谓之黑，二人以上轮掷之，黄多者赢，亦仍以豆为筹马；以成语首字与其他末字相同者联句，如甲说“大学之道”，乙接说“道不远人”，丙接说“人之初”等，谓之绩麻）
乐事追怀非苦话，容吾一样吃甜茶。
（吾乡有“吃甜茶，讲苦话”之语）

蔡元培的诗，如其人，豁达、大度、有童趣。但周作人读了前辈同乡的诗后，有异乎寻常的反感，竟然不予与其他友人的诗一起发表。直到几十年后，靠写介绍鲁迅有关文章苟活时，为了赚取稿费，才翻出蔡先生的三首诗发表。发表时，周作人特别介绍道，“署名则是蔡元培，并不用什么别号，此于游戏之中自有谨厚之气”（《知堂回想录·北大感旧录》）。

当时按住不发的原因，周作人在20世纪50年代出版的《知堂回想录》中揭晓：蔡元培“此时已年近古稀，而记叙新年儿戏情形，细加注解，犹有童心；我的年纪要差二十岁光景，却还没有记得那样清楚，读之但有怅惘，即在极小的地方，前辈亦自不可及也”。此非由衷之语，他与其阋墙兄长在对待一直扶掖他们上进的蔡元培的负恩、仇恨，何其相似乃尔。其实，周氏兄弟反目，貌似成为仇人，但因同一骨血，同一文化人格，他们的骨子里的兄弟情，从未断绝。鲁迅在上海读了周作人的《五十自寿诗》之后，深有感触，在给杨霁云的信中说：“周作人之诗，其实是还藏些对于现状的不平的，但太隐晦，已为一般读者所不憭。”

对此，后来周作人说：“当时经胡风辈闹得满城风雨，独他一个人在答曹聚仁杨霁云的书简中，能够主持公论，胸中没有丝毫蒂芥，这不是寻常人所能做到的了。”

胡适在致周作人的信时，曾抄录了署名“巴人”所写五首《和周作人先生五十自寿诗原韵》，和诗的目的很明确，有“刺彼辈自捧或互捧也”者，如：

几个无聊的作家，洋服也妄称袈裟。
大家拍马吹牛皮，直教兔龟笑蟹蛇。

有“刺从旧诗阵营打出来的所谓新诗人复作也”者，如：

失意东家捧西家，脱了洋服穿袈裟。
自愧新诗终类狗，旧诗再作更画蛇。

有“刺周作人冒充儒释丑态也”者，如：

> 充了儒家充释家，乌纱未脱穿袈裟。
> 既然非驴更非马，画虎不成又画蛇。

此外，还有两首，一“刺疑古玄同也”，一“刺刘半农博士也”。谩骂鄙陋，不值一提。

胡适将“巴人”的“和诗”，抄给周作人，并非赞同“巴人”对周作人等的粗俗的讥讽，但借此敲打一下过于消极的周作人的用意是有的。周作人对此信表现得很淡然，正如他与胡适间的友谊。他曾在致友人的信中，吐露这种感情，说胡适“自然也有他的该被骂的地方，惟如为了投机而骂，那就可鄙了。我与适之本是泛泛之交，当初不曾热烈地捧他，随后也不曾随队地骂他，别人看来，或者以为是，或以为非，都可请便，在我不过觉得交道应当如此罢了”。

但令周作人没想到的是，《五十自寿诗》竟引起一场不大不小的批判风波。首先发难的是，《申报·自由谈》发表了廖沫沙署名埜容的文章《人间何世？》并附和诗一首，中有：

> 不赶热场孤似鹤，自甘凉血懒如蛇。
> 选将笑话供人笑，怕惹麻烦爱肉麻。

接着，胡风出马，他无和诗雅兴，以一篇《“过去的幽灵”》直截了当地批评周作人，当年为诗的解放而斗争过的《小河》的作者，现在居然在这里“谈狐说鬼”，“对于小鬼也一视同仁了”，指出这是周作人“内心的幽灵”又复活了。

姑且不论胡风对《五十自寿诗》的批评是否正确，这类以革命为旗帜的文艺批评，一直存在脱离文学而多做政治批判的先天性不足。连周作人表现闲适、雅趣生活的作品都要简单粗野地讨伐，“革命文学”之路，只能越走越窄。

笔者以为，这次由《五十自寿诗》并引出一干文人朋友的和诗，可视为对那时中国自由主义知识分子的文化精神的一次审视，诚如评论家钱理群所说，从他们的诗中，可见“有无可奈何中的自嘲，有故作闲适下的悲哀，不堪回首的叹息，拼命向前的挣扎”。

然而，带有悲剧意味的是，这群自由主义知识分子复杂的内心世界，既得不到同时代革命作家的认同而遭受大肆批判，时至今日，仍得不到某些文学史家对过去错误判断的匡正。

就在胡风诸人以猛烈批判周作人《五十自寿诗》为先导，开展一次与自由主义知识分子思想交锋的时候，意外的事情发生了。如前文所述，鲁迅突然站出来，替弟弟主持公道。

1934年4月30日，鲁迅在《致曹聚仁书》中说：

周作人自寿诗，诚有讽世之意，然此种微辞，已为今之青年所不憭；群公相和，则多近于肉麻，于是火上添油，遂成众矢之的。而不作此等攻击文字，此外近日亦无可言。此亦“古已有之”，文人美女，必负亡国之责，近似亦有人觉国之将亡，已在卸责于清流或舆论矣。

鲁迅为其弟辩护，理与情皆站得住脚，但何苦非要顺带骂与之不睦的同类呢？

《五十自寿诗》风波之后的夏天，周作人利用暑假，有了为期近一个月的第三次日本之行。鉴于日本悍然发动九一八事变，中日关系已十分紧张，周作人此番赴日，自然十分引人注目，也会引起种种猜想。

读过周作人文章的人，都会知道他对日本是深有感情的，甚至将日本视为“第二故乡”，胜于曾读书的杭州和久居的北平。对有六年读书时光的东京尤为怀念，有他写的《药堂杂文·留学的回忆》一文为证。甚至到了古稀之年的他，还充满深情地回味东京特有的温馨（《知堂回想录·日本的衣食住》）。

按一些人的说法，周作人此行仅仅是为了“访旧”和“重温旧梦”。甚至还扯出并极力渲染周作人当年留学时的一段情缘。当年，他到二丁目的伏见馆去买书，结识了馆主人之妹乾荣子。乾荣子或给客人端茶，或帮人拿书，一双赤足，轻盈地在小屋里走动……不错，查周作人 1937 年 5 月 24 日日记，确有关于梦见乾荣子的记载：梦中，乾荣子“问陋字如何写，末有一竖否”，周作人答，“君写字必精进，何不为书一纸，即‘色纸’可耳”。为此梦，晚年的周作人和夫人信子经常争吵。由此就断定周作人到东京圆梦，就未免荒唐。

另一种揣测，说此次访日，“主要是追怀与寻访明治文学”。似也不太搭调，明治时代早已过去，周作人年轻时所景仰的明治时的文学大师夏目漱石、森鸥外等早已先后辞世，仅存的谢野宽先生，在外避暑，未能谋面。仅见到被他称作“自明治以至昭和，一直为文坛的重镇”（《立春以前·明治文学之追忆》）的岛崎藤村先生。一次是在日本中国文学会的宴会上，一次是藤村约友人小酌。那时藤村已六十三岁。此外，还见到老朋友武者小路实笃。仅此而已。故寻访明治文学之论也不足采信。

倒是偶遇郭沫若，有些许戏剧性。自 20 世纪 20 年代始，因二人个性、文艺观有所不同，二人曾有过几次文字之争。1920 年 10 月 10 日的《学灯》上，同时发表了周作人翻译的波兰小说《世界的霉》、鲁迅的《头发的故事》，还有郭沫若的《棠棣之花》。对此，心高气傲的郭沫若甚为不满，他在给李石岑（《学灯》编者）的信中说：“国内人士只注重媒婆，而不注重处子。”此当时著名的“牢骚”，系指周作人，引出了创造社与文学研究会的争论。郭沫若后又批评周作人重译的《法国的俳谐诗》，“纯粹的直译、死译，那只好屏诸文坛之外”（《批判意门湖译本及其他》）。

对周作人不予回应，钱玄同、郑振铎诸友既为之愤愤，又为之怨怨。那时，文人之争，有时如小孩过家家，无理取闹，意气用事者多。周作人不予回应，或许是最聪明的对应之法。周作人比郭沫若大度。1922 年他在筹办北京大学日本文学系时，曾邀请过刚从日本医科大学归国的郭沫若到系任教的计划，后种种原因未能如愿。

令二人没想到的是，有过笔墨之争的冤家对头，竟在日本的一次友人聚会时不期而遇，互睹尊颜。周作人在 7 月 30 日日记中，有“郭沫若君同其四女来访耀辰，共谈良久而去”的记载。此后又有多次会晤。从各自的日记可证，周、郭二人的恩恩怨怨有所消弭。

回过头来，再说周作人日本之行的目的。笔者以为，“访旧”“重温旧梦”皆有之。要紧的是，人们对周作人此次访日的结果有所忽视。中日两国交恶，日本正一步一步推进灭亡中国的战略计划，以日本之强大、中国之孱弱，战争全面爆发，其结局，重游日本的周作人心中是有数的。他脱去老僧的袈裟，身披日本太阳旗的日子，已为期不远了。重访日本，然后走向深渊，这之间是有逻辑关系的。

“争自由的方法在于负责任的人说负责任的话”
——国事日蹙，胡适创办《独立评论》

1932 年伊始，《中学生》杂志向鲁迅问曰：“假如先生面前站着一个中学生，处此内忧外患交迫的非常时代”，你将对他们说些什么？

鲁迅做出这样的回答：

> 假如先生竟以“面前站着一个中学生”之名，一定要逼我说一点，那么，我说：第一步要努力争取言论的自由。

对中学生说要“争取言论的自由”，有些难为孩子，但鲁迅说出了进步知识分子的当务之急及道义的选择。

其实，如前所述，早在两年之前，胡适就出版了《人权论集》，不仅要求言论自由，而且“要建立的是批评国民党的自由”（《人权论集·序》）。是年 7 月 15 日天津《大公报》发表社评《报纸如何可以为民众说话》，批评国民党摧残言论。7 月 24 日，又在社评《言论自由与立言之态度》中，明确指出“锢闭思想、干涉言论”是国民党政治上最大的失策，号召民众为言论之自由奋斗。胡适称之“中国新闻报纸以天津为第一”。

10 月，胡适就言论自由发表谈话，提出：取消一切新闻检查机关，报纸新闻不得限制，党部宣传部对言论，可提出纠正或辩论，而不得以其他方式干涉。

1931 年年底，胡适断然拒绝李石曾邀其在行政院任职的请求，在回信中说：

> 我所希望者，只是一点思想言论自由，使我们能够公开的替国家想想，替人民说说话。我对于政治的兴趣，不过如此而已。我从来不想参加实际的政治。

胡适以这样的诤言，回击一些别有用心者对他的诋诬，严守政治贞操，“爱惜羽毛”是也。

上面所述，对比鲁迅要中学生“努力争取言论的自由”，要深刻有力得多。可喜的是，左翼作家和自由主义作家在反对国民党“锢闭思想、干涉言论”之战中，没有太多的分歧，甚或结成了统一战线，相较之下，自由主义作家的炮火更猛些。

民国二十一年（1932）10 月 15 日，早在 1929 年被共产党开除的陈独秀在上海被捕，押在南京军政部法司候审。胡适积极参与营救，不成，便请求当局将陈独秀案由军法司移交司法审判。营救期间，他特意在北京大学讲演《陈独秀与文学革命》，充分肯定陈独秀对新文化运动的巨大贡献，甚至对他将文学革命与政治革命结合的实践，予以高度赞誉。这在当时，是振聋发聩的。还没有哪位“革命文学”史家，有这样深刻的眼光。

胡适主办的《独立评论》第二十四号上，专门发表了傅斯年的《陈独秀案》，为陈氏辩解。指出陈独秀“背后无疑没有任何帝国主义，白色的或赤色的”，要求当局“给他一个合法的公正的判决”。被鲁迅多次抨击的傅斯年，在文中还为共产党领袖李大钊的牺牲正名，说“他死在帝国主义与张作霖合作的手中，死在国民党‘清共’之前，然则他虽为共产党而死，也为国民党的事业而死”。是被害，而不是“就刑”。

胡适、傅斯年等人的积极营救和褒奖，令狱中的陈独秀深为感动，是年的 12 月 1 日，他给胡适写了一封感谢信，最后说：

先生著述之才远优于从政，“王杨卢骆当时体，不废江河万古流”。近闻有一种传言，故为先生诵之，以报故人垂念之谊。

信中借“不废江河万古流”句，赞扬了胡适的学识和人格操守，感慨自己的历尽沉浮沧桑、政治坎坷的命运，表达了对老友人生道路选择的由衷企慕。

胡适在当“王者师”的立场上，一直坚持在“山野”不参加政府的清流姿态。比如，1933 年春，国民政府的汪精卫曾多次力邀胡适“出山”，参加政府工作，其言辞恳切，态度谦恭。胡适不为所动，恪守诺言，予以回绝。表现了胡适作为新文化运动以来，一直坚持做“王者师”的思想领袖，意识到对国家民族肩负的历史责任。他在 4 月 8 日致汪精卫的信函中说：

与先生一同为国家服劳出力，无论谁人都应该感觉这是最荣幸的事。但我细细想过，我终自信我在政府外边能为国家效力之处，似比参加政府为更多。我所以想保存这一点独立的地位，决不是图一点虚名，也决不是爱惜羽毛，实在是想要养成一个无偏无党之身……一个国家不应该没有这种人；这种人越多，社会的基础越健全……容许我留在政府之外，为国家做一个诤臣，为政府做一个诤友。

胡适此函，符合他的为人处世态度，话语间混有谦冲客气，也并不掩饰自己发自肺腑的真话，要“养成一个无偏无党之身”，愿意做国家政府的“诤臣”“诤友”。有人借此攻击胡适骨子里与国民党站在同一政治立场，而忽略了胡适与国民党政府的心理距离和思想哲学上的深刻歧异。不要忘记，没过去多久的那场胡适发动的人权运动中，胡适与国民党在意识形态上激烈对抗的风波。胡适不信任国民党政府也是事实。但悲剧是，正如《胡适传论》的作者胡明所说，“胡适所扮演的‘诤臣诤友’角色，无疑也是最典型、最纯正、最有风骨气节的（胡适常批评‘南京政府的大病在于文人无气节，无肩膀’）”。胡明在书中“举了一个实例”，说1934年2月5日，胡适与孙科有一次谈话。

胡适对国民党政府、领袖与群臣进行了批判和劝谏。其中说蒋介石一人专政，操纵一切，虽“人人皆认为不当，而无法可以使抗议发生效力……蒋介石赶来开中政会，他主席，精卫报告，全会无一人敢发言讨论，亦无一人敢反对”。胡适问道：“你们一班文治派何这样不中用？何不造作一种制度使人人得自由表示良心上的主张？”可见，胡适对国民党内的文人是鄙视的，对国民党也不存幻想。

1934年4月9日，胡适的日记载有：“近几个月来，《独立》全是我一个人负责，每星期一总是终日为《独立》工作，夜间总是写文章到次晨三点钟。冬秀常常怪我，劝我早早停刊。我对她说：‘我们到这个时候，每星期牺牲一天做国家的事，算得什么？不过尽一分心力，使良心上好过一点而已。’”

1936年1月9日，胡适在致周作人的信中，重复了日记的内容，他对日渐消沉的老朋友说，自己所以努力工作于《独立》，“不为吃饭，不为名誉，只是完全做公家的事”。其意自明。

《独立》者，《独立评论》之谓也。创刊时，正值淞沪战事结束，“上海停战协定”签订。

胡适重返北平。九一八事变爆发，一·二八淞沪战起，伪满洲国在日寇卵翼下成立。接着，1933 年春，长城决战，热河沦陷，“塘沽协定”签订……

胡适悲愤地叹喟：“大火已烧起来了，国难已临头了……我们这些‘乱世的饭桶’，在这烘烘热焰里能够干些什么呢？”

胡适的好朋友丁文江等，不甘当“饭桶”，他们能为国家出力的，唯有利用文学艺术，进行舆论动员。他们决定创办《独立评论》。后来胡适在《丁文江的传记》中写了创办《独立评论》的经过：

> 《独立评论》是我们几个朋友在那个无可如何的局势里，认为还可以为国家尽一点点力的一件工作。当时北平城里和清华园的一些朋友常常在我家里或在欧美同学会里聚会，常常讨论国家和世界的形势。就有人发起要办一个刊物，来说说一般人不肯说或不敢说的老实话。

其实，在议论办《独立评论》时，胡适和丁文江并不主动，甚或有些犹豫。《新月》的黯然陨落，办《努力》周报的艰难，他们有太多的体会。当然，这办刊物的种种苦处，并未浇灭他们心中要为民众发声的火种，于是在蒋廷黻、翁文灏、任叔永、傅斯年等一干老朋友的推动和坚持下，胡适和丁文江为民众说话的良知、责任之火，又熊熊燃烧起来。接着，按办《努力》周报的旧例，每位社员每月按固定收入的百分之五出资，共筹集四千二百零五元，足以保证《独立评论》面世。

一直在胡适家担任《独立评论》编务、发行及校对的章希吕，在 1936 年 3 月 23 日日记中记有一详细基金总表。其中，出资最多的是顾湛然五百二十元，依次是胡适、任叔永各三百六十元，吴陶民三百四十元，最少的周眉生一百八十元。其中还有张奚若从《努力》借的五百七十五元，也划入《独立评论》。

在胡适等人悉心的筹备下，《独立评论》终于在1932年5月22日出版。胡适为刊物写了《引言》，阐明其宗旨和方针：

> 不期望有完全一致的主张，只期望各人根据自己的知识，用公平的态度，来研究中国当前的问题……我们都希望永远保持一点独立的精神。不依傍任何党派，不迷信任何成见，用负责的言论来发表我们各人思考的结果：这是独立的精神。

果然有人根据自己的观点，发表自己思考的结果了，而且是批驳胡适的。有位叫申寿生的，在《独立评论》发表一篇挑战胡适的文章。一字不漏发表此文的编辑，正是被批评者胡适。胡适非但不介意申寿生出言尖刻不逊，还称他为“可爱的纯洁的青年”。过了一年，又是这位申寿生，再次写文章批评胡适关于学生运动的观点，说胡适这些观点，是“为奸人作前驱的‘理论’”。此文又经胡适之手，发在《独立评论》上，并在“后记”中，写下这样一段令人感动的文字：

> 寿生先生是北大一个偷听生，他两次投考北大，都不曾被取，但他从不怨北大的不公道。他爱护北大，也爱护学生运动。

《独立评论》“不为吃饭，不为名誉，只是完全做公家的事”，越办越好，胡适的“敬慎无所苟”的言论态度与办刊方针，深受读者喜爱。发行量“增加了一万”，这在当时算是极畅销的明星期刊了。

当时，同人刊物不少，鲁迅等人办的《莽原》诸杂志，大都是同人合办。而《独立评论》同人撰稿，不收稿费，在自己园地里说自己要说的话，既不肯迁就低级趣味，不肯滥用名词，又无麻醉性、刺激性和消遣性，这样的期刊为数不多，甚或独树一帜。

《独立评论》自创刊至 1937 年 7 月 25 日因卢沟桥事变、北平战事吃紧而停刊。据胡适自己统计，该刊共出二百四十四期，发表一千三百多篇文章，皆是自由发表政见，自如批评政治、政府为内容的檄文，社会反响很大，有口碑。胡适自称“小册子的新闻事业的黄金时代”。

因为《独立评论》对政府当局有激烈尖锐的批评，曾在 1936 年 12 月，被宋哲元将军主政的“冀察政务委员会”查封。胡适旋即利用新闻界表示抗议。以胡适的人望和社会影响，再加上各界人士的帮助，三个月后，《独立评论》复刊。

1952 年，胡适在《新闻独立与言论自由》中说：

> 宋哲元在北方的时候，那时是 1936 年（民国二十五年），我新从国外归来，一到上海就看见报纸上说“北平的冀察政务委员会把《独立评论》封了”。这是因为我 12 月 1 日到了上海，所以就给我一个下马威。那时我也抗议，结果三个月后又恢复出版……为什么那时我们的报还有一点言论自由呢？因为我们天天在那里闹的。假使说胡适之在二十年当中比较有言论自由，并没有秘诀，还是我们自己去争取得来的。

《独立评论》所发表的文章中，第十一号丁文江的《中国政治的出路》一文，值得特别重视。这是自由主义知识分子中，第一个在国民党大肆“围剿”共产党的政治背景下，提出让共产党“有对于人民宣传他们信仰的机会，使他们有用和平手段取得政权的可能”，“共产党应该享受同等的自由”

等政治主张。文中，丁文江还写道：“平心而论，假如我今年是二十岁，我也要做共产党，也要闹风潮。”

《独立评论》发表丁文江这样的政治主张，无异于公开挑战国民党的独裁统治，可看到丁文江们对共产党潜在的同情与景仰。但史家们一直遮蔽这些历史。

丁文江这篇鸿文，引来了一个叫季廉的人的痛斥，此公反对“尊重人民的言论思想自由”，而主张国民党式的“严刑峻法”。胡适参与了讨论，旗帜鲜明地站在丁文江一边，并提出要建设一个“有计划、有力量的政治大组合”，“监督政府不使他腐化”。指出国民党的一些狭窄的小算计，很难负担起真正建国的大责任。

早在《独立评论》第六期，有胡适与丁文江合写的《所谓剿匪问题》，就表达了他们对国民党“剿共”政策的态度。文章说：

> 国民政府所谓匪，就是武装的共产党。自从国民党反共以来，对于反共的名词，经过了几次的变迁。最初的时候是“清共”，以后是“讨共”，到了最近是“剿匪”。但是共产党并没有因为国民党对于他们改变了称呼，就丧失了他们政党的资格；更没有因为由“清”而“讨”而“剿”，减少了武装的势力……事实上是长江流域产生了第二个政府……共产党是贪污苛暴的政府造成的，是日日年年苛捐重税而不行一丝一毫善政的政府造成的，是内乱造成的，是政府军队“赍寇兵，资盗粮”造成的……正式承认共产党不是匪，政党……停止一切武力剿匪的计划和行动。

在《独立评论》第十一号，还有蒋廷黻的文章《对共产党必须的政治策略》，建议承认共产党占领区现状，但在国民党控制区“实行和平土改，实行耕者有其田的党纲”。

从上面的文章中，我们看到自由主义知识分子，并没有像当时鲁迅所痛斥的，是一群“资本家之乏走狗”，也不是后来大部分文学史家定性的，是“反动的知识分子”。事实是，起码在那个国民党大肆“剿共”的年代，胡适们是同情共产党的，并站出来仗义说话的。

这里还有足够的证据，证明当时的共产党领导们，非但没有视胡适等自由主义知识分子为敌人，还把他们当作可以信赖的朋友。1937 年 4 月 7 日，中共中央政治局会议上，郑重讨论了《我们对修改国民大会法规的意见》一文，要求国民党开放党禁，释放政治犯，保障人民言论、集会、出版自由，使国民大会建立起民主统一的政治基础。

《我们对修改国民大会法规的意见》一文，由西安投稿到北平《独立评论》。虽然因此文已在 1937 年 5 月 1 日在边区《解放》杂志的第一卷第二期上发表，不便再在《独立评论》上登载，但胡适却发表了陶希圣之《论开放党禁》一文。该文提的三条意见：一、国家不可以反，国民党可以反；二、国民党放弃一党专制；三、“是党就可以合法，是党就可以当选”。《独立评论》有力地配合了共产党的政治主张，产生了积极的影响。

是的，《独立评论》在黑暗如磐的时代，是社会精英、民国清流独立发表见解的平台，是知识分子表达理性思考的阵地。因为他们独立的声音，使昏暗罪恶的王朝天幕下，闪现出瑰丽辉煌的光与色。

这也是胡适生命长河中，最具生命力、战斗力和深刻理性精神的最为澎湃壮丽的时段。

第五章 民国二十四年（1935）

争取抗日救亡的言论，一浪高过一浪。马相伯、沈钧儒、章乃器等二百八十三人联合署名发表《上海文化界救国运动宣言》。

1935年，国难日益深重，争取抗日救亡的言论，一浪高过一浪。

5月4日，上海《新生》周刊发表易水（艾寒松）《闲话皇帝》一文。因语涉日本天皇，日方以“侮辱天皇”为借口，向国民党当局兴师问罪。国民党畏于其淫威，竟与日本沆瀣一气，查封《新生》，逮捕发行人杜重远，判刑一年两个月。酿成轰动全国的“《新生》事件”。屈膝媚日丑态令海内外所不耻。全国掀起声势浩大的声讨当局的运动，终以“图书杂志审查委员会”撤销而平息。但至7月，国民党又修正通过限制更多、规定更严苛的《出版法》，再次激起新闻界、文化界的抗议。北平、天津、上海等地纷纷批判《出版法》。

邹韬奋办《大众生活》周刊，发表社会名流马相伯、沈钧儒、章乃器等二百八十三人联合署名的《上海文化界救国运动宣言》，要求“人民结社、集会、言论、出版之自由”。

北平的张东荪、谢冰心、罗隆基及“对政治并无野心，但是对国事不能不问”的梁实秋，共同创办《自由评论》周刊。梁实秋发表《算旧账与新开张》一文，其中说：

> 国民党自执政以来，最使知识阶级分子感觉惶惑不安者，即是其对于思想言论的自由之取缔干涉，且其设计之工、推行之广、手段之严，皆远过于北洋军阀统治时代之所为。

梁实秋带有保守和清教色彩的新人文主义批评理论，基本上是反文学主潮又不失针砭的，他的这段话，比简单地骂几句国民党的反民主反自由的本质，要深刻得多，具有深远影响。

7月，何应钦按照“何梅协定”，命令隐藏一切抗日纪念物，讨好日本。为在抗日中捐躯的将士所立的“大青山公墓”墓碑也遭到遮盖。胡适以诗《大青山公墓碑》讽之，他对中国战胜日寇的信心已十分明朗：

雾散云开自有时，暂时埋没不须悲。
青山待我重来日，大写青山第二碑。

在争民主、争自由的洪流里，大学生也投入其中。清华大学、燕京大学等高校学生自治会声明，“著作乃人民之自由，而北平一隅，民国二十三年焚毁书籍竟达千余种以上……此外刊物之被禁，作家之被逮，更不可胜记”。

冰心出版《平绥沿线旅行记》、小说集《冬儿姑娘》。朱自清编选《中国新文学大系·诗集》。沈从文发表小说《顾问官》《八骏图》《自杀》《新与旧》，出版小说集《八骏图》。胡适发表论文《今日思想界的一个大弊病》、政论文《敬告日本国民》《华北问题》等，出版《南游杂忆》《胡适论学近著》等书。林徽因创作小说“模影零篇”之《钟绿》《吉公》，写诗《城楼上》及散文《纪念志摩去世四周年》。萧乾出版《书评研究》一书。

一身重病，宁死不屈——诗人、散文家朱自清与郭沫若

岁月和人格，构成逝者的历史位置。

朱自清是值得追思的。他的诗文有动人心魄的艺术魅力，他的人品也是清明高尚的。朱自清是我国现代文学史上最有影响力的散文大家之一。20 世纪 20 年代，朱自清散文便被誉为“白话美文的模范”。是的，朱自清是极少数能熟练驾驭新文学语言，作品语言和结构均趋于完美的作家之一。他继承了中国经典美文传统，又发展了这一传统。

朱自清于散文美学范畴，提出了“意在表现自己”的命题，并在其散文创作中执着地表现人生的态度和自觉的审美追求，是对现代散文美学的一大贡献。

朱自清（1898—1948），江苏扬州人。早年在家乡就读，1916 年进入北京大学预科。为提前投考本科，改原名朱自华为朱自清，字佩弦。次年考入北京大学哲学系。1919 年参加五四爱国运动，加入北大新潮社。后又加入邓中夏主持的平民教育讲演团，到通县等地讲演，热情宣传新思潮。是年年底开始在《新潮》《时事新报・学灯》《晨报副刊》等报刊上发表短诗，如《睡罢，小小的人》《怅惘》《光明》《小草》等。

1920 年提前从北京大学毕业后，先后到杭州、上海、温州等地中学任教。他在上海中国公学中学部任教时，加入文学研究会，并与叶绍钧、刘延陵编辑出版中国现代第一个新诗刊物《诗》。他的《送韩伯画往俄国》，是一篇向往光明的诗作，把“红云”比喻苏俄，赞美追求光明的友人“提

着真心”，“向红云跑去”。《光明》则表现了诗人积极进取、正视现实的精神，“你要光明，你自己去造”。当时，诗人并不知道怎么“去造”光明，因此《匆匆》等诗，不免流露出怅惘之情。

1922年，朱自清浸透着寂寞空虚情感的长诗《毁灭》诞生。此诗收敛起幻想，鞭策自己继续追寻光明。两百多行的篇幅，由低抑到轻扬的律调，曲折顿挫地抒写自己的心境：

从此我不再仰脸看青天，
不再低头看白水，
只谨慎着我双双的脚步；
我要一步步踏在泥土上，
打上深深的脚印！

1924年写的《赠A.S.》等诗篇，表现了诗人反封建反帝的激情。而《血歌》是诗人在五卅惨案发生后，以“火山的崩裂”的愤激声讨帝国主义暴行的诗篇。散文《执政府大屠杀记》是诗人为亲历“三一八”斗争而写的揭露控诉军阀暴行的檄文。这时期朱自清写的散文《白种人——上帝的骄子》《生命的价格——七毛钱》等，都从侧面接触了若干重大的社会现实问题。

1924年，朱自清结集出版了第一本诗文集《踪迹》。1925年，由好友俞平伯介绍，朱自清北上清华大学任教授，创作由诗歌转向散文，发表了《背影》《荷塘月色》等脍炙人口的散文名篇。

代表朱自清散文较高成就的，大都收入《背影》《你我》诸集子里。《背影》写的是家庭发生变故的背景下，父亲送别儿子时的一番情境，作者以简约、朴素、亲切的笔触，表达对老父亲的怀念之情。《荷塘月色》是明净幽远、意境卓绝的写景散文。叶绍钧这样赞誉朱自清的散文：

念起来上口，有时代口语的韵味，叫人觉得那是现代人口里的话，不是不尴不尬的“白话文”。

1929年春，朱自清在清华大学开设了“中国新文学研究”课程，后来还到燕京大学、北京师范大学讲授“中国新文学研究”，一直到1933年。

从现在的讲义内容上看，朱自清研究的是上自1898年，下迄1933年的文学状况。分总论和各论两部分，共有八章。1982年经人整理后，以“中国新文学研究纲要”为题，发表在该年第十四辑《文艺论丛》上。

认真研究《中国新文学研究纲要》，会发现朱自清对郭沫若的文学评价甚高。朱自清与郭沫若年龄相当，又都是在二十多岁以写新诗在文坛暴得大名，更有趣的是二人都是从写新诗转向研究古代中国文化。但他们的人品性格、生活方式及人际关系却有着很大差异。朱自清先是文学研究会的骨干，后又执教于弥漫书香之气的清华大学国文系，乃典型的学院派文人。而郭沫若则不同，先留学日本，是创办创造社的中坚，后又投身北伐，身兼政府要职又能埋头创作、研究文史，是革命家兼学问家类型的知识分子。

众所周知，创造社一直与其他文学社团都有过论争，与文学研究会也曾笔战不休。笔者在《民国清流2：大师们的“战国”时代》一书中，有过较多评述。参加革命活动的革命作家郭沫若，与自由主义的学院派文人，有着理不清的隔膜和矛盾。

奇怪的是，革命作家郭沫若偏偏受到学院派文士朱自清教授的高度赞誉。朱自清在“中国新文学研究”讲义中，充分肯定了郭沫若在新文学发展中的重要地位，让文坛愕然。

朱自清在“中国新文学研究”讲义第二章第七、第九两部分，都讲到了郭沫若。特别是在最后一部分中，重点介绍了郭沫若《革命与文学》中的公式：

革命文学 =F（时代精神） 文学 =F（革命）

“革命文学”口号酝酿于 1923 年，由共产党人邓中夏等人首先提出，1926 年郭沫若与蒋光慈等人重新提出。在文学与政治之间画等号，使文学沦为宣传工具，根本不是郭沫若们的发明。在政治上，他们受制于当时党内的“左”倾路线；而文学观念上，则受日本无产阶级文学运动的影响。郭沫若们正是持这种违背马克思主义文艺观的“政治 = 文学”的错误观念，首先拿五四时期资深的作家如鲁迅、胡适、茅盾等人开刀祭旗，对他们进行“总的清算”。

朱自清介绍郭沫若的《革命与文学》中的公式“革命文学 =F（时代精神） 文学 =F（革命）”时，未加以批判，这与朱自清作为 20 世纪 30 年代初的学院派的思想局限有关。比起在北平任教的朱自清对郭沫若诗歌的推崇，沈从文 1930 年在上海中国公学所开的以新诗为主要内容的新文学课中，对郭沫若诗歌的评价就相对客观。

1930 年下半年，沈从文的讲义改名为“新文学研究”，在武汉大学以线装发行。沈从文将此书寄给远在美国的朋友王际真，并在《致王际真》（《沈从文全集》第十八卷）中说：

我那个讲义（《新文学研究》）或是你用他教书倒很好，因为关于论中国新诗的，我做得比他们公平一些。

沈从文在讲义中，讨论了汪静之、徐志摩、闻一多、焦菊隐、刘半农、朱湘六位新诗诗人的诗作，没有提及“新诗祖宗”胡适，也没把写“完全脱离旧诗的羁绊”之《女神》的郭沫若列位其中。

胡适对新诗的“尝试”，在诗体解放方面开风气之先；郭沫若的新诗充满“新的光明和新的热力”（《女神之再生》）。但是，在新诗的意象、境界、神韵方面却未见像样的成果。

沈从文在讲义中，提到郭沫若，肯定了他“以更豪放的声音，唱出力的英雄的调子，以非常速度占领过国内青年的心上的空间”，同时还说，“用年青人的感情，采用虽古典而实通俗的词藻与韵律，以略带夸张的兴奋调子写他的诗，由于易于领会，在读者中便发生了无量的兴味”（《论刘半农的〈扬鞭集〉》）。

沈从文对郭沫若的诗评，虽三言两语，却剀切中理。沈从文从郭沫若新诗的思想内涵分析其诗的特点，这也完全符合郭沫若“政治 = 文学”的文艺观。但有人就不高兴了，批评沈从文在评价郭沫若的新诗时，“更多流露出的是批评”，还说“沈从文推崇含蓄蕴藉，因此不满于郭沫若的夸张、不节制”，故怀疑沈从文所说的“公平”。

文信公《正气歌》云：“在齐太史简，在晋董狐笔。”评论家的直笔，是正气的体现。以朱自清推崇郭沫若，便不准别人指点郭沫若，有些没道理，拉出正直、老实、干净的朱自清做挡箭牌，则更有些可笑。

朱自清是个传统文人，性格的收敛或许注定了人生的低调，常常是于有所不为中有所为。他有《盛年自怀》一诗：

前尘项背遥难忘，当世权衡苦太苛。
剩欲向人贾余勇，漫将顽石自蹉磨。

五四时期的知识分子，在时代的大潮中，各自寻觅出路，都在“蹉磨”中努力奋斗着。在一路选择和实践中，总会找到志同道合者，然后相知相惜。在教育、文学、出版领域的耕耘中，朱自清以其个性和文化人格，找到叶绍钧、丰子恺、刘半农、闻一多、俞平伯和沈从文诸正直善良，有着文人节制、淡泊人生态度的同好、朋友。

朱自清或为郭沫若的才华所吸引，为他的文史成就所折服，此乃知识分子间惺惺相惜的表现。一个正直的文化人，是会公正地评价同类的。朱自清客观地推崇郭沫若，这很正常。但在感情、友谊的归属上，他的心与叶绍钧等老友是相通的。文化人不能脱离他的时代，只能以自己的方式、态度投入时代。朱自清寄怀于“自今以往当思以‘中材而涉末流’之戒”，给历史留下了深深浅浅的脚印。他怎会与革命高潮来时从政、革命低潮来时退到书斋著述的郭沫若成为莫逆呢？

1937 年，同在清华大学国文系任教的朱自清和闻一多因请郭沫若到清华大学任教之事，发生过不愉快。

“我是以文学史家自居”的闻一多，也对郭沫若的新诗甚为欣赏。张春风在《闻一多先生二三事》一文中回忆说，闻一多平时讲课，总好称道郭沫若先生，在研究毛诗、楚辞及古代神话中，他多次引用郭先生研究金文的所得。他佩服郭先生的卓识和胆量，能创造。当时郭先生正在日本作逃捕，但闻先生就曾多次表示，为了学术研究，清华大学应礼聘郭先生来讲学。

闻一多的新诗虽不如郭沫若激进，但他热爱祖国，同情人民疾苦，关心民族命运，甚至一度参加北伐军的宣传工作。同时，闻一多对历史和文学的研究也多有建树。这两点与郭沫若相近。他对郭沫若产生崇敬，倒也自然，非阿谀也。

听说闻一多不仅在课堂上说，还向清华大学文学院院长冯友兰正式提出这一要求，朱自清在 5 月 6 日的日记中写道：

冯（友兰）告以闻君意见。为商谈聘任郭沫若事，尚未做决定。闻直接向冯提出此请求，令余惊异。

有人从朱自清的日记判断，朱自清对闻一多未与自己这个国文系主任商量，就向文学院院长提求聘郭沫若来任教，是对自己不尊重，于是“有些不快”。这实在是对朱自清的有意诋毁。朱自清温厚谦恭，人所共识，其一生从不计较人们对自己之毁誉短长，他岂为闻一多未与自己商量，就向冯友兰提出聘郭沫若而不快。

不错，看朱自清这则日记，仅看“闻君”“闻”这样的称谓就会发现，他的确生气和“惊异”了。从朱自清的《中国新文学研究纲要》中，我们确实见到朱自清对郭沫若新诗的推崇，从后来的文字中，也发现他对郭沫若史学研究的高度评价。这表明朱自清有开阔的文化视野，有以科学的态度尊重每位学者的公正。但这并不意味着他同意将任何人引到自己身边。非志同道合者，何必斜阳近巷，夜语昏灯？他要结交的是平常的耕耘者，而不是建功立业的斗士。他更情愿在寂寞中耽于心灵跋涉，而不热衷于在“独善”和“兼济”中纠缠。他要守住的是一贯的平实、正直。

朱自清的确为闻一多的书生意气而不快。

查朱自清日记，有关创造社的记载，最早为 1924 年 8 月 15 日。那是反帝爱国浪潮最为澎湃高涨的年代，也是二十五岁的朱自清反帝反封建、充满愤激的日子。他在该日日记中写道：

刘蜚雄倾向创造社，他说金志超亦如此。我觉创造社作品之轻松，实是吸引人之一因：最大因由却在情感的浓厚。后者是不可强为，不是可及的。前者则自成一体，可否独占优胜，尚难说定也。

1924年，文学社团蜂起，有五六十个，但最有影响力的、最有名气的文学社团，是新月社、语丝社、文学研究会，还有革命口号最响的创造社、太阳社。

文学研究会于1921年元月成立于北京，发起人有周作人、郑振铎、沈雁冰、叶圣陶（叶绍钧）等人，后朱自清加入。文学研究会的宗旨是“研究介绍世界文学，整理中国旧文学，创造新文学”（《文学研究会章程》）。其会刊是《小说月报》。

同年，创造社诞于日本东京，由清一色的留日学生郭沫若、郁达夫、田汉、张资平等结成。一开始主张“为艺术而艺术”，又提对旧社会“不惜加以猛烈的炮火”（成仿吾《新文学之使命》）。后来又倡导“革命文学”。其文学主张，自相矛盾。社刊先后有《创造季刊》《创造周报》等十余种。

作为文学研究会骨干的朱自清，能公允地评价创造社的老大郭沫若，其不囿于流派意识的品格，为文坛所称道。

朱自清在为良友图书印刷公司编辑的《中国新文学大系·诗集·导言》中，是这样评价郭沫若新诗的：

他主张诗的本质专在抒情，在自我表现，诗人的利器只有纯粹的直观；他最厌恶形式，而以自然流露为上乘，说诗不是“做”出来的，只是“写”出来的……他的诗有两样新东西，都是我们传统里没有的——不但诗里没有——泛神论与二十世纪的动的和反抗的精神。中国缺乏冥想诗。诗人虽然多是人本主义者，却没有去摸索人生根本问题的。而对于自然，起初是不懂得理会；渐渐懂得了，又只是观山玩水，写入诗只当背景用。看自然作神，作朋友，郭氏诗是第一回。至于动的和反抗的精神，在静的忍耐的文明里，不用说，更是没有过的。不过这些也都是外国影响——有人说浪漫主义与感伤主义是创造社的特色，郭氏的诗正是一个代表。

且不说朱自清此诗论是否经得起推敲。比如“中国缺乏冥想诗”，“又只是观山玩水，写入诗只当背景用”，就说错了，诗经、楚辞、唐诗里，冥想诗多得很，庄子、李白诸公从来都是情景交融，哪里“只当背景用”？庄子、楚辞不是多有“探索人生根本问题”的名篇吗？“看自然作神，作朋友”，更轮不上“郭氏诗是第一回”了。屈原的《离骚》融人、神、自然于一体，构成一幅异常雄奇壮丽完整的图画，象征诗人高洁的品德，早“郭氏”几千年。朱自清论郭沫若新诗时，对中国诗传统采取虚无主义，论郭沫若就失去根基了。

请注意，朱自清在称赞郭沫若的诗的特点之后，特意加了一句意味深长的话，“不过这些也都是外国影响”。读到此，我们应该清楚朱自清对郭沫若的新诗并不只是赞誉。

直到朱自清晚年，在他与叶圣陶、吕叔湘合编的《开明新编高级国文读本》中，对所编郭沫若《地球，我的母亲！》一诗解读道：“他的诗有两个新的主题，就是泛神论与二十世纪的动的和反抗的精神，由于前者，他把大自然看作神，看作朋友。由于后者，他要做个‘地之子’，地球的儿子。”重复了《中国新文学大系》中的观点，反倒对郭沫若的《十批判书》的马克思主义史学观，表达了钦佩之情，尽管朱自清尚未掌握马克思主义史学观，但这证明朱自清开始走近马克思主义。

郭沫若的文字最早提到朱自清，是 1922 年 7 月，比朱自清日记中提到郭沫若早两年。郭沫若在《创造十年》中说，在上海的由马霍路迁到民厚南里的泰东书局编辑所，他经常与张闻天、汪馥泉等作家晤面。

文学研究会的诗人朱自清也来过一两次，他完全像一位乡先生，从他的手里能写出一些清新的诗，我觉得有些诧异。他那右侧的颅顶部有一个很大的秃了发的疮痕，可更助长了他的乡先生的风味。

“清新”二字，是他对朱自清诗的评价，看不出他多么欣赏朱自清。

他们二人分别代表锋芒毕露、咄咄逼人的革命作家和淡泊处世、严谨治学的学院派自由主义知识分子。朱、郭二人不是战友，也不是朋友。在知识分子纷争激烈的二十世纪三四十年代，朱自清能出于公心，研究和评价郭沫若的新诗和文史研究，是当时学院派学者的科学态度。后来朱自清还与吴晗、郭沫若等人合作，编辑出版了《闻一多全集》。更证明朱自清与逝者闻一多的深厚友谊，以及他的虚怀若谷对待一切人的胸怀。

有些论者，在谈朱自清推崇郭沫若新诗时说，“从一个侧面说明了民国时期学院派知识分子和有学问的革命家的互动”（《朱自清与郭沫若》）。这是说得通的，但是又说“朱自清对郭沫若的认同有力地证明了郭沫若在学院派知识分子中的巨大影响力”，就有悖于历史真实了。倘说郭沫若曾以革命者自居，以宗派主义蔑视、攻击鲁迅、茅盾等作家，包括胡适、叶绍钧、沈从文等自由主义知识分子，的确在中国现代文学史上曾产生巨大的负面影响。

1948 年 8 月，朱自清为《闻一多全集》耗去太多的心血，在出版当月，朱自清胃病发作，不幸逝世。8 月 15 日，二十多名留港作家联名致电清华大学，悼念朱自清。17 日，中国学术工作者协会总会暨香港分会十九人，致电清华大学朱自清治丧委员会，“遥申哀悼”。9 月 11 日，中华全国文艺协会也在香港举行朱自清追悼会。三次追悼会，郭沫若都参加了。他是代表共产党为朱自清先生举行追悼活动的，而不是以逝者朋友身份出席的。

毛泽东对朱自清的评价是：

一身重病，宁可饿死，不领美国的“救济粮”。

这是毛泽东在《别了，司徒雷登》中的话，是对一生保持着光明正义的执着追求，在人生道路和文学作品中都显示出高尚人格的、正义的自由主义知识分子朱自清的崇高评价。该文收入《毛泽东选集》第四卷。

“我是在新诗之中，又在新诗之外”
——闻一多探索新诗格律化中的是非

中国现代文学史上，有著名的“新月派”（或称“新月诗派”）。它并不是纯文学艺术社团，而是当时上流社会部分学者、作家组成的俱乐部性质团体。成立于1923年的北京。主要成员有徐志摩、胡适、梁启超、陈西滢等。后来，从美国回来的闻一多、余上沅也参加了新月社的活动。新月社在文学创作，特别是文学理论上产生不小影响，贡献不俗。他们以徐志摩编的《晨报副刊·诗镌》为基地，发表诗歌创作和理论，具有鲜明的流派特点。徐志摩的诗歌前面已经介绍，不再重复。闻一多的《死水》为诗歌格律化提供了成功的例证。他的《诗的格律》进一步提出格律诗的音乐美、绘画美、建筑美的美学理论。闻一多和其他成员，开创了一个诗的流派，在中国新诗史上，具有不小的价值。

闻一多是从“新月派”冉冉升起的诗人。徐志摩在《猛虎集·序》中，这样推崇闻一多：

> 一多不仅是诗人，他也是最有兴味探讨诗的理论和艺术的一个人。我想这五六年来我们几个写诗的朋友多少都受到《死水》的作者的影响……看到了一多的谨严的作品，我方才憬悟到我自己的野性。

徐志摩准确地概括了闻一多的诗歌创作和理论，以及他在当时诗界的地位和影响。

闻一多与徐志摩在诗的艺术风格上有明显的差异，二人的性格、思想也迥然不同，如果说徐志摩的诗是轻盈潇洒的诗风，而闻一多的诗则更为深厚持重，但在用很高的诗艺术手段表达人生的思考与执着、爱的信念与深情方面，他们又有太多的一致。他们是共同地、缺一不可地呈现了“新月派”的诗风和精神，推动了新诗继承中国诗歌传统之格律化运动。这与郭沫若等过多借鉴、模仿西方诗风，放弃传统有所不同。

闻一多（1899—1946），原名闻家骅，生于湖北省浠水县一个封建世家，父亲是清末秀才。闻一多自幼学习传统诗书，六岁入塾读四书，七岁习国文、历史、博物等课本。1910 年入武昌两湖师范附属高等小学，两年后入国民公校及实修学校。同年夏，考入北京清华学校，改名多，1920 年又改为一多。他曾在当时写的自传《闻多》中，风趣地说：

> 好文学及美术，独拙于科学，亦未尝强求之。人或责之，多叹曰：“吁！物有所适，性有所近，必欲强物以倍性，几何不至抑郁而发狂疾哉。”每暑假返家，恒闭户读书，忘寝馈。每闻宾客至，辄踧踖隅匿，顿足言曰：“胡又来扰人也！”所居室中，横胪群籍，榻几恒满。闲为古文辞，喜敷陈奇义，不屑屑于浅显。暇则歌啸或奏箫笛以自娱，多宫商之音。习书画，不拘拘于陈法，意之所至，笔辄随之不稍停云。

闻一多家乃是“书香门第”“耕读世家”，《闻多》中亦说：

> 先世业儒，大父尤嗜书，尝广鸠群籍，费不赀，筑室曰“绵葛轩”，

延名师傅诸孙十余辈于内。

家庭对教育颇为重视，其文化氛围甚为浓郁。每到寒暑假，闻一多率弟妹们一起读书，写诗，评诗，“将欲‘诗化’吾家庭也”。

在清华读书时，闻一多身边也聚集了一群喜欢文学的同窗，以《清华周刊》为园地，以清华文学社为依托，共同创作新诗，互相批评。梁实秋等同学都纷纷加入。

1919 年，五四运动爆发。闻一多夜抄岳飞《满江红》贴在饭堂柱子上，满腔激愤，投入运动。并担任学生会的文书，负责组织宣传工作。一个月后，被推举为清华学生代表，赴上海全国学生联合会。

闻一多积极参加新文化运动，参与《清华周刊》《清华学报》编辑工作，同时兼顾学校文学、美术、戏剧社团活动。1919 年闻一多开始试写新诗，写有《西岸》《时间底教训》等诗，并编手抄本《真我集》，显示出追求个性解放、犀利的批判锋芒。1922 年，他开展了诗歌理论研究，写成《律诗的研究》，是较早用新的方法对诗歌进行研究的成果。

闻一多 1921 年本应从清华毕业，但因参加抗议军阀镇压北京八所大专学校教职员工的罢课斗争，被校方勒令留级一年。1922 年春节，先回老家与高真结婚，5 月正式从清华毕业。

1922 年夏，闻一多赴美留学，入芝加哥等大学美术系就读，志趣却转向文学。研究中国传统诗歌外，也研究西方古典文学，尤其是英国诗歌。1923 年 9 月，闻一多第一部新诗集《红烛》在国内由泰东书局出版。收录一百零三首诗歌。显示了闻一多的才华。

1925 年，闻一多回国，先后任教于北京艺术专科学校，武汉大学、青岛大学、清华大学、西南联大等。

如同朱自清一样，闻一多早年思想并不激进，但一直关切国运民瘼，为黎民黔首的困厄大声疾呼，是一位爱国主义诗人。1927 年春，他一度参加北伐军宣传工作。

1928 年，第二部诗集《死水》由新月书店出版，收二十六首诗，都作于回国之后。到抗战时期，闻一多积极投入宣传抗日救国。抗战胜利后，目睹国民党黑暗腐败，终于“拍案而起”，参加爱国民主运动。1946 年 7 月 15 日，惨遭国民党特务杀害，用自己的鲜血写出人生的壮丽诗篇。

在《红烛》中，诗人唱道：

红烛啊！
流罢！你怎能不流呢？
请将你的脂膏，
不息地流向人间，
培出慰藉的花儿，
结成快乐的果子！

闻一多的诗集《红烛》，有明显的艺术追求，内容上多是对生活的美与爱的向往、渴望和追求。艺术追求，系继承李白、李商隐、陆游的艺术传统。如《李白之死》以诗的幻思写诗人李白为追求爱与美而死去，《爱与美》超越了唯美主义，而具有更深层的意义。在思想上，《红烛》受到了郭沫若《女神》激情澎湃、抒发时代热情的影响。《红烛》的出版有赖于郭沫若的帮助，是郭沫若将它介绍给上海泰东书局的。当然，闻一多很清醒地意识到，他虽与郭沫若诗歌有“同调”部分，但在思想意识和艺术观上却与郭沫若和创造社是有区别的。

创造社却把闻一多视为“同道”，甚至其成员。但闻一多却不想加入创造社。他很欣赏郭沫若的文学天赋，也肯定创造社田汉等人的文学成绩，但郭沫若与创造社无端地对文学研究会发动没有道理的批判，闻一多是绝不苟同的。故闻一多与郭沫若、创造社虽保持文学上的联系，并未引为志同道合的友朋。闻一多回国后，更多地与徐志摩和新月社有密切联系，与创造社没有直接联系。

闻一多与徐志摩甫一相见，即有好感。1925年闻一多从美国回到北京，在谋职时，与徐志摩“相见如故”，从此过从甚密。他频繁而有兴味地出席由徐志摩召集的聚餐会、茶话会、讨论会。8月9日，他参加新月社的茶话会，徐志摩、汤尔和、林长民等出席。两天后，他又参加了徐志摩组织的午餐会。参加者有胡适、丁西林、萧友梅、陈通伯、张仲述等各界名流。实际上，闻一多已走进北京由著名学者、作家等组成的自由主义知识分子社交圈。

还是在徐志摩的鼎力帮助下，闻一多在《晨报副刊》谋得编辑职务。闻一多有一段精彩的对话，写这一谋职过程，见于闻一多8月11日参加完徐志摩午餐会后致闻家聪的信（《闻一多全集》）。

徐志摩问：“谋到饭碗否？”

闻一多答：“没有。可否替我想想法子？”

两人谈到了“晨副”，徐志摩就说：“一多，你来办罢！”

后来，闻一多到新成立的北京艺术专门学校担任了教务长，又借助徐志摩主编的《晨报副刊》创办了《诗镌》。在这一阵地上，闻一多提倡新格律运动，已与郭沫若的《女神》诗风渐行渐远。

1926年，三一八惨案发生后，徐志摩等作家纷纷离京到沪。原计划在上海创办《新月》杂志和新月书店，由徐志摩和闻一多共同主编。但令人意外的是，闻一多1928年到武汉参与创办武汉大学。《新月》由徐志摩独撑门面，他又于1931年创办《诗刊》。闻一多刚由武汉大学转到青岛大学任教，即收到徐志摩的约稿信件。在徐志摩的催促下，闻一多创作了长诗《奇迹》，寄给徐志摩。见到《奇迹》，兴奋至极的徐志摩在《诗刊·序》中说：

我要说的奇迹，是一多“三年不鸣，一鸣惊人”的奇迹。

徐志摩不幸在当年 11 月 19 日，因所乘飞机在济南上空坠落而遇难。闻一多闻之，似乎淡然。徐志摩在北京和青岛的朋友，闻讯纷纷到济南坠机处，去吊祭徐志摩。闻一多并未前往，为友人洒一掬悲泪。甚至，他连一篇纪念徐志摩的文章都没写。这自然为世人所不解。后来，在《闻一多年谱长编》中透露出一点端倪。闻一多的学生臧克家曾问老师闻一多，何故不写文纪念徐志摩？闻一多反问：“志摩一生，全是浪漫的故事，这文章怎么个做法呢？”

闻一多的回答，显然言不由衷。浪漫的故事，闻一多在青岛大学与方令孺也发生过。实际上，闻一多从 1928 年始，与新月社、徐志摩在精神思想、艺术旨趣上发生巨大分歧，他不到上海参与《新月》杂志工作，转而到武汉大学，即已表示与新月社、徐志摩分道扬镳。

1926 年 4 月至 1926 年 6 月，闻一多主编的《诗镌》仅出十期。闻一多在《诗镌》努力提倡新诗形式中以音节的美配合形式美、文字美的新格律诗“三美”理论，对探索新诗继承传统和形式的多样化，是有益的。该年 4 月 15 日，闻一多致信梁实秋说：

《诗镌》同人之音节已渐上轨道，实独异于凡子，此不可讳言者也。余预料《诗刊》之刊行已为新诗辟第二纪元，其重要当与《新青年》《新潮》并视，实秋得毋谓我夸乎？

自视自己是新诗理论和创作的领袖，并将《诗镌》的历史地位和新文化运动时期的《新青年》等相提并论，就过于自信了。

没过多久，闻一多欣赏的“清华四子”之一的诗人朱湘发表批评闻一多的文章，说：

闻君是被视为老大哥的，然而老大哥是老大哥，诗是诗，完全不能彼此发生影响。而且在这种情形之下，我们更得要小心，因为一不在意，便易流入标榜的毛病。所以我在没有批评闻君的诗以前，先为自己立下一个标准，就是：宁可失之酷，不可失之过誉。

朱湘认为闻诗之短处有两个：一是用韵不讲究，即“不对”“不妥”“不顺”；二是用字“太文”“太累”“太晦”“太怪”（《闻一多年谱长编》）。

自视甚高的闻一多当然难以接受朱湘的批评，在4月27日写给梁实秋的信中，大为失态：

朱湘目下和我们大翻脸，说瞧徐志摩那张尖嘴，就不像是作诗的人，说闻一多妒嫉他，作了七千言的大文章痛击我，声言要打倒饶（孟侃——引者）杨（世恩——引者）等人的上帝。这位先生的确有神经病，我们都视他同疯狗一般……这个人只有猖狂的兽性，没有热烈的感情。至于他的为人，一言难尽！

朱湘者，20世纪20年代以《废园》《小河》和《采莲曲》等诗篇名噪文坛，位列“清华四子”之一，又成“新月派”三巨头之一。朱湘性格独立，从不迎合世俗，不媚权威，反对文坛丑陋现象，并用犀利文章批评文坛的不公正状态。

朱湘因清高和自负，文坛可视为知己者寥寥无几而怅惘孤寂。朱湘又才华横溢，诗歌写得好，文学评论也独具慧眼。比如，在 1924 年 12 月，他以笔名“天用”，在《文学》周刊发表《呐喊》一文，在当时文坛引起普遍关注。其文态度客观冷静，严谨周详。在充分肯定鲁迅小说《呐喊》乡土题材的价值意义的同时，也对鲁迅小说的艺术结构及语言文字提出批评。例如，朱湘对《阿 Q 正传》独具艺术个性的评价：“在上述八篇乡间生活的小说中，《阿 Q 正传》虽然最出名，我可觉得它有点自觉的流露。”朱湘这篇不随波逐流的评论，被台静农收入 1926 年开明书店出版的《关于鲁迅及其著作》一书，成为研究鲁迅的重要文章。

1926 年 4 月 10 日，朱湘在《晨报副刊・诗镌》上发表诗评《郭君沫若的诗歌》，对其诗的题材及其想象力予以赞赏。后又写《再论郭君沫若》时，毫不客气地批评郭诗中有模仿美国诗人惠特曼的痕迹。

1927 年 9 月，徐志摩出版新诗《翡冷翠的一夜》，朱湘便发表措辞尖锐的批评文章。这是继 1926 年上半年始，朱湘与闻一多、徐志摩等交恶后写的诗评。不独批评这两位朋友，朱湘对胡适的《尝试集》也以“内容粗浅、艺术幼稚”批评之。

朱湘对这些著名诗人，以诗论诗，既无迎合阿谀之态，也无个人恩怨混于其间。闻一多致信梁实秋漫骂朱湘，显示他不够宽容大度。后来，朱湘身陷困境，曾向饶孟侃求救，但闻一多竟写信给饶曰：朱湘“不是一声不响，便是胡扯，骗你一顿。这有什么办法！你若有更好的办法，还是不必借钱给他”。尽管朱湘死后，闻一多有了后悔，写信给饶孟侃，“我劝你不要寄（钱——引者），但我总觉得不安”。但还是暴露了闻一多的冷漠、刻薄和不厚道。

闻一多从在清华开始，周围就围拢了一批诗友，特别还有一批学生辈的年轻诗人投在他的麾下。许多年轻诗人如臧克家、饶孟侃、方玮德、陈梦家，皆是他的弟子。他们的创作和成长，都离不开这位师长的奖掖。师生关系，也可谓融洽。比如，闻一多写信给饶孟侃说：“接到你的诗，边走边看，一个人笑得嘴都不能合缝。子离，你真是‘可人’。”

闻一多爱弟子，胜过子女。他常把他们的照片置于案头。据他说，一次他心血来潮，刚把饶孟侃的小照摆出来，第二天就接到饶孟侃的来信和诗，他说这是“心灵感应”。一次，他托同事、年轻的方令孺向其侄方玮德要照片，为的是“想借以刷去记忆上的灰尘”。正巧方令孺手头有方玮德的照片。闻一多将方玮德的照片摆在案头，“与我对晤”。据曹未风在《辜勒律己与闻一多》一文中说，闻一多在青岛的书斋，桌上摆了两张照片，“他时常对客人说：‘我左有梦家，右有克家。’言下不胜得意之至”。闻一多经常改他们的诗，还给他们的诗集写序言，介绍出版。学生的成就令闻一多非常振奋，他甚至将弟子视为自己的“死敌”，以示喜欢。

谁会想到，过了几年，仅仅因为臧克家发表的诗评中，说了一句老师的诗集《死水》“只长于技巧”，闻一多便大为火光，指责弟子在“诬枉”他是一个“故纸堆”的“蠹鱼”。后来与臧克家几成陌路。

有关方令孺，这里要多说几句。梁实秋作为他的朋友、同事，在他的《方令孺其人》中，这样介绍方令孺：

> 方令孺，安徽桐城人。桐城方氏，其门望之隆也许是仅次于曲阜孔氏。可是方令孺不愿提起她的门楣，更不愿谈她的家世，一有人说起桐城方氏如何如何，她便脸上绯红，令人再也说不下去。

查 1966 年 1 月 19 日巴金日记，有这样的记载：

六点陈同生夫妇来看九姑……今天是九姑的七十岁生日，我和萧珊同罗荪夫妇请她吃晚饭……九点前分两批去东湖招待所，又在九姑房内坐了一会。

“九姑”者，乃方令孺也。方令孺在青岛大学任教时，文学院院长闻一多与杨振声、赵太侔、陈季超、刘康甫、邓仲存、方令孺、梁实秋等教授，在教课之余，常常把酒临风，三日一小饮，五日一大饮，三十斤一坛花雕一摆上桌，不久即被饮罄，人称“酒中八仙”。他们自誉“酒压胶济一带，拳打南北二京”，甚是豪壮。

同在青岛大学任教的沈从文不与“八仙”为伍。写小说《八骏图》，即以此“八仙”为原型，讽刺世俗情欲之冲突，揭示“八骏”道德观之虚伪，具有讽刺意味。闻一多据此与沈从文断交。

但是，“八仙”之一、常饮酒为乐、一直对旧式婚姻不满的闻一多，与“新月派”诗人方令孺产生了感情。闻一多认为她“能作诗”，经常教她写诗方法，接触即多，就有梁实秋在《谈闻一多》中所说：“方令孺与闻一多在感情上吹起了一点涟漪，情形并不太严重。因为在感情刚刚生出一个蓓蕾的时候，就把它掐死了。”

梁实秋对闻一多与方令孺间的情愫轻描淡写。作为闻一多的朋友，他在维护闻一多的形象，是可以理解的，感情这东西，有谁能说得清呢？方令孺怅然离去，为这一点涟漪，付出了沉重的代价。

1992 年，百花出版社出版了《方令孺散文集》，序中说：“方令孺，我国现代女诗人、散文家、现代文学教授。”

1928 年 1 月新月书店出版的诗集《死水》，无论在思想感情上，还是在诗歌艺术上，都比《红烛》更成熟。无论是作为爱国诗人，还是新格律诗人，闻一多的代表作应是诗集《死水》。《死水》有思想的光彩，有诗人爱国的真情。

其中，《发现》一诗，已不单是游子对故国的眷恋，更多的是屈原“天问”式的悲愤。爱国之情在诗里燃烧：

我来了，我喊一声，迸着血泪，
“这不是我的中华，不对，不对！”
我来了，因为我听见你叫我；
鞭着时间的罡风，擎一把火，
我来了，不知道是一场空喜。
我会见的是噩梦，那（哪——引者）里是你？
那是恐怖，是噩梦挂着悬崖，
那不是你，那不是我的心爱！
我追问青天，逼迫八面的风，
我问，拳头擂着大地的赤胸，
总问不出消息；我哭着叫你，
呕出一颗心来，——在我心里！

诗集《死水》与诗集《红烛》的差异，使诗集中多了深刻的社会内容。如《天安门》，写的是三一八惨案；《荒村》写的是军阀统治下农民的悲苦境遇；《罪过》写的是凋敝的城市里小商小贩的艰苦日子；《飞毛腿》写骆驼祥子们为生存而苦奔的惨状。诗中底层人民的痛苦生活，构成一幅控诉黑暗社会生活的悲惨画图。而《死水》一诗，既表达了诗人对黑暗社会的彻底绝望，“这是一沟绝望的死水，清风吹不起半点漪沦”，又企盼社会发生变革，“不如让给丑恶来开垦，看他造出个什么世界”。

诗集《死水》有不少抒发个人情怀的诗篇。如有对爱情的絮语，有对亲情的咏叹。《大鼓师》呈现了人生的沧桑感，“我”漂泊世界，唱歌无数，待要为自己妻子唱时，“歌儿早已化作泪儿流了”。《忘掉她》是悼念早夭女儿的悲歌，“忘掉她，像春风里一出梦，像梦里一声钟”，其幽远、缥缈的诗句里，却蕴藏着永远的伤痛。《死水》已拂去了《红烛》的浪漫轻柔的气息，承载了太多岁月的印痕。

从《红烛》到《死水》，闻一多的诗歌艺术有了发展。在诗的形象、意境和想象力方面，依如《红烛》，但在诗歌形式的锻造方面，已与《红烛》有明显不同。《死水》大多数诗篇是按他提出的“三美”要求（音乐美、绘画美、建筑美）创作的格律诗。在这一点上，闻一多与徐志摩提出的“把神韵化进形式去……又得把形式表现出来”的主张有些相似。闻一多认为新诗格律是“表现的利器”，并提出“新诗的格式是根据内容的精神制造成的”（《诗的格律》）。这一理论是否正确，不是此处讨论的，但从闻一多因一些诗评家说其诗“长于技巧”而勃然大怒，不惜与友人翻脸来看，他对所谓新诗格律化的标榜，是经不起推敲，不合逻辑的。

在诗集《死水》之后，闻一多在徐志摩的坚请下作四十九行《奇迹》一诗，此后再无新诗发表。经多年从事学术研究之后，他终于明白“我是在新诗之中，又在新诗之外”，乃是他对新诗研究最具真知灼见的精辟阐述。

诗家们在研究闻一多诗歌创作及其诗论，特别是评价中国现代格律诗的建树上，过高地推崇闻一多的贡献。殊不知，在提倡“现代格律诗”方面，俞平伯、徐志摩、戴望舒诸人，都做出了贡献，非独闻一多。而他们之后，格律诗衰落，除因后继者缺乏生活的内涵，或拙于学养及艺术素养外，“现代格律诗”缺乏理论支撑是不争的事实。五十多年后，何其芳力图重振“现代格律诗”，收效甚微。何也？所谓“现代格律诗”是个伪命题，因为它违背了诗的艺术发展规律。

闻一多在诗的形象、意境和想象上做了很多有益的探索，创作了大量不朽的诗篇，成为中国诗史上一个有鲜明艺术个性的诗人，在新诗格律化的探索方面，也是一位探路者。

"一生为故国招魂"
——钱穆把东方的智慧带出了樊笼，来充实自由世界

1935 年，钱穆三十多万字的《先秦诸子系年》一书出版，引起学术界极大轰动，被学术界视为中国史学界"划时代的巨著"，誉之为"释古派"的扛鼎之作。

陈寅恪对《先秦诸子系年》也极为赞赏，多在不同场合称赞其书"极精湛"，"心得极多，至可佩服"，常将之与王国维的著作相提并论，云"自王静安后未见此等著作"，可谓推崇备至。

《先秦诸子系年》在莘莘学子间，影响也很大。在钱穆曾任教的燕京大学和正在任教的北京大学反响热烈，皆称该书的自序，就足以让读北大、燕大的史学研究生细读几天。更有人说，该书任意十行文字都可以让"世界上随便哪一个有地位的研究汉学专家，把眼镜戴上了又摘下，摘下又戴上，既惊炫于他的渊博，又赞吁他的精密"。

顾颉刚读了《先秦诸子系年》后，合卷叹曰："作得非常精练，民国以来战国史之第一部著作也。"

《先秦诸子系年》的出版与钱穆进北平，与顾颉刚有关。1929 年春，从广州中山大学回北京途中，时已任燕京大学国学研究所研究员兼历史系教授，并编辑《燕京学报》的顾颉刚，在故乡苏州稍作停留。他在家乡友人的陪同下，到苏州中学拜访了在校任教师的钱穆。在其办公桌上，发现了钱穆写的《先秦诸子系年》书稿，翻阅一下，很感兴趣，遂借到家里认

真阅读。几天以后，顾颉刚行期在即，钱穆至顾家回访。其时，顾颉刚已读完《先秦诸子系年》书稿，便兴奋地对钱穆说："你的《先秦诸子系年》只是匆匆翻阅。我看你不宜长在中学中教国文，应该去大学中教历史。"并表示可以推荐他去中山大学任教，同时邀钱穆给《燕京学报》写稿。

顾颉刚回京不久，中山大学便在其推荐下，致电钱穆，聘他到该校任教。因故钱穆未能成行。

就在这一年，钱穆刊印《刘向歆父子年谱》，开辟了一条以史治经的新路径。胡适盛赞道："钱谱为一大著作，见解与体例都好。"天津《大公报》也称之为"学术界上的大快事"。

钱穆乃自学成才，却不迷信权威。当时康有为《新学伪经考》被学术界视为权威。应顾颉刚之约，钱穆将《刘向歆父子年谱》投给《燕京学报》。寄稿之前，钱穆有过犹豫，他知道，顾颉刚是康有为学术观点的拥护者。而自己的文章正是证明康氏的观点是错误的。但最后，他相信顾颉刚会出于公心，尊重学术研究之精神。果然，顾颉刚将《刘向歆父子年谱》发表在《燕京学报》，并以此文为由，将钱穆推荐给燕京大学任教。钱穆感慨系之，曰：顾颉刚"此等胸怀，万为余特所欣赏"。

钱穆的《刘向歆父子年谱》甫一发表，影响甚大，推翻刘歆遍造群经说，在经学史上另辟以史治经的新径，对经学史研究具有划时代的贡献。罗义俊说，从此"北平各大学经学史及经学通论课，原俱主康说，亦即在秋后停开，开大学教学史之先例"。

不久，顾颉刚又向燕京大学推荐钱穆。1930年，钱穆应聘到燕京大学任讲师。

一天，校长司徒雷登在家设宴，邀燕京大学教师赴宴，钱穆也受邀。司徒雷登在酒桌上问大家对燕大的印象如何，钱穆直率而言：原本以为燕京大学是中国教会大学中"最中国化的大学，心中特别向往，我来燕大一看，才发现实际并非如此。一入校门就见‘M’楼、‘S’楼，这难道就是所谓的‘中国化’吗？我希望把燕大各建筑都改为中国名”。

钱穆这番话，乃是第三话题。大家听罢，相视一笑，无人应和。但司徒雷登校长听进去并记住了。不久，燕大为此专门召开校务会议。改“M”楼为“穆”楼，“S”楼为“适”楼，其他建筑也一律改为中国名称。燕大校园有一湖，风景秀美。为给它取名，教授们纷纷献名，皆不能入选，于是钱穆以“未名湖”称之，此名沿用至今。钱穆直言“中国化”，用心良苦；司徒雷登从善如流，令人钦佩。

钱穆在 1931 年秋，转到北京大学任教，在历史系开设“中国上古史”课程。与胡适的欣赏和力邀有很大关系。另一原因，乃是钱穆认为燕京大学西化倾向严重，虽经他向司徒雷登校长表示不满，有些改进，但仍觉积习难改。燕京大学一般都用英文发布告通知，连收水电费等项也不例外。钱穆曾为此一年不交水电费，以示不满。校方派人来询问，钱穆曰：“我是学校聘来的国文教师，没必要看英文。”虽将水电费交了，但对这种严重西化教育的现象，一直心有不满。

对燕大西化不满，并未影响钱穆的教学工作。据当时就读的学生李素回忆，他的教学非常受学生欢迎，成为燕大一景。李素这样介绍宾四（钱穆字宾四）先生的教学：

> 采用旧式教授法，最高兴讲书，往往庄谐并作，精彩百出，时有妙语，逗得同学们哄堂大笑。
>
> 宾师是恂恂儒者，步履安详，四平八稳，从容自在，跟他终年穿着的宽袍博袖出奇地相称。他脸色红润，精神奕奕，在课堂里讲起书来，总是兴致勃勃的，声调柔和，态度闲适，左手执书本，右手握粉笔，

一边讲，一边从讲台的这端踱到那端，周而复始。

> 他讲到得意处突然止步，含笑而对众徒，眼光四射，仿佛有飞星闪烁，音符跳跃。那神情似乎显示他期待诸生加入他所了解的境界，分享他的悦乐。他……和蔼可亲。谈吐风趣，颇具幽默感，常有轻松的妙语、警语，使听众不禁失声大笑。所以宾师上课时总是气氛热烈，兴味盎然，没有人会打瞌睡的。

钱穆课堂气氛热烈、轻松，但对批阅试卷却十分严格。按燕大规定，不及格可补考一次，仍不及格予以开除学籍。他教的学生里，也会出现因此失学者。但他总是找到校方，要求重批试卷，尽力挽回开除局面。

钱穆来到北京大学后，他和胡适的课大受学生欢迎，为北大上座率最高的教授，当时有“北胡南钱”之说。王玉哲在《我和中国上古史》一文中，回忆钱穆之讲课时说：

> 钱先生讲上古史与别人不同，不是从远古讲起，而是先讲战国，再逆向春秋。并且也不是一章一节、面面俱到地讲，而是以学术问题为中心，从发现问题到解决问题，层层剖析，讲得娓娓动听，很能启发人深入思考。

钱穆在北大声名鹊起，为北大著名“岁寒三友”之一。“三友”者，钱穆、汤用彤和蒙文通之谓也，“钱先生的高明，汤先生的沉潜，蒙先生的汪洋恣肆，都是了不起的大学问家”（李埏《昔年从游乐，今日终天痛》）。

1929年春，顾颉刚回京途中，到苏州拜访钱穆。在南京内学院听欧阳竟无讲佛学的蒙文通，也慕名到苏州拜访钱穆。之前，蒙曾写万言长信，表达自己对钱的学问的钦佩。二人一见如故，同游灵岩山，同乘轿到太湖的邓尉山游览。一路上，湖光山色迷人眼，但蒙文通只顾披览钱穆的《先秦诸子系年》书稿。边读边赞叹不已，他对钱穆说：“君书体大思精，惟当于三百年前顾亭林诸老辈中求其伦比。乾嘉以来，少其匹矣。”故到北大后，方有“岁寒三友”。

当然，钱穆在给学生上课时，也会受到挑战。一次，在课堂上，一位学生问：“听说先生不懂龟甲文，怎么能讲上古史呢？”

钱穆从容答道：“我不懂龟甲文，因此课堂上不讲。但同学们应当知道，龟甲文之外，还有上古史可讲。你们可以试着听听……事有可疑，不专在古。上古也有许多不可疑之处。比如有人姓钱，此钱姓便属古，没有可疑。我相信其有父有祖，乃至高祖、曾祖以上三十几代前，就是五代吴越国王钱镠。以上还有钱姓。近来有人却不姓钱，改姓‘疑古’，自称‘疑古玄同’，这是什么道理？”

钱穆在课堂上举例，并无讽刺钱玄同的意思，但还是有人说：“你的胆子太大了！”并告诉他，“你知道吗？班上听你课的里面，就有钱玄同的儿子，你可别惹是生非。”

一天晚上，同事宴请，钱穆、钱玄同都在被邀之列。因其同姓同宗，主人将二人安排坐在一起。于是就有了下面的对话。

钱玄同：“你知道我有个儿子在你班上吗？”

钱穆：“知道。”

接着，钱玄同告诉钱穆，他的儿子在上其“中国上古史”课时，将他所讲一言一句，皆仔细做了笔记，他都一字不漏地看过。

钱穆说：“是的，像他这样勤奋好学的特别少见。”说完心里忐忑，怕自己在课堂上有不当之词，让钱玄同心存不满。岂料，钱玄同黯然且有些失落地说：“我儿子很相信你的话，不听我的。”

钱穆能到北京大学任副教授，与顾颉刚和胡适的鼎力相助有关。胡适邀请顾颉刚到北大任教，钱穆正向燕京大学提出辞呈。顾颉刚写信给北京大学文学院院长、他的老师胡适说："我想，他如到北大，则我即可不来，因为我所能教之功课他无不能教也。且他为学比我笃实，我们虽方向有些不同，但我尊重他，希望他常对我补偏救弊。故北大如请他，则较请我为好。"胡适同意弟子的建议，遂有钱穆到北大任教。顾颉刚则到燕京大学当国学研究所研究员兼历史系教授。自古文人相轻，但胡适、顾颉刚却极赏识重用钱穆，表现了真正清流的阔大胸襟。

胡适十分欣赏钱穆的才学。有人向他请教先秦诸子问题，胡适就让他们去找钱穆，曰："有关先秦诸子事，可向宾四先生请教，不必再问我。"钱穆对胡适的知遇之恩，也心存感激。但他却与胡适一直保持君子之交。一次，胡适生病，很多同人都去拜望，钱穆无动于衷。友人对他大加责备，谓之薄情寡义，辜负了胡适对他的栽培、提携。钱穆淡然笑说，这是两回事，我只为感恩去看他，今后叫我如何做人？感情与学问，钱穆分得清楚，他也从未因感情而在学术上苟同胡适。

胡适和钱穆在一些学术观点上大相径庭。一学生问钱穆："旧同学告诉我，应当用心听胡适先生与钱穆先生的课，可是二人讲的观点正好相反，不知两位先生可曾当面讨论统一观点？"

钱穆沉思片刻说："此处正见学问之需要。汝正当从此等处自有悟入。若他人尽可告汝一是，则又何待汝多学多问？"

胡适认为老子早于孔子，钱穆则说老子晚于孔子，为此二人打了很长时间的笔墨官司。钱穆常在课堂上批评胡适之老子早于孔子论，说："关于这一点，胡先生又考证错了！"并指出错在什么地方。

钱穆敢于与当时声誉日隆的胡适发生争论，可见其治学态度的严谨和学术勇气。

胡适一次上课，谈起他与钱穆的论争，风趣地说："我反对老聃在孔子之后的说法，因为这种说法的证据不足。如果证据足了，我为什么要反对？反正老子并不是我的老子。"

钱穆与胡适因都做学问，而相互看重，但因对新文化运动有分歧，而彼此有芥蒂。

钱穆一向反对新文化运动，他说：新文化运动"凡中国固有必遭排斥"，"厚诬古人，武断已甚"，"谴责古人往事过偏过激"。自然对新文化运动的领袖胡适也多有批评。

钱穆曾激烈地批评胡适等，"当时中病实在一辈高级知识分子身上。而犹如新文化运动诸巨子，乃群据大学中当教授，即以大学为根据地大本营"。

钱穆甚至为自己未随新文化运动之大浪而动感到骄傲自豪：

> 时余已逐月看《新青年》，新思想新潮流坌至涌来。而余已决心重温旧书，乃不为时代潮流挟卷而去。及今思之，亦余当年一大幸运也。

但钱穆曾对胡适大加赞誉，则与此论相悖。他说，胡适"介绍西洋新史学家之方法来治国故，其影响于学术前途者甚大"。他将梁启超和胡适做了比较，他说梁氏著作是"精美详备"，"惟其指陈途径，开辟新蹊，则似较胡氏为逊"。但笔锋一转，又指出胡适代表作《中国哲学史大纲》也存在不足，"要之其书足以指示学者以一种明确新鲜之方法，则其功亦非细矣"。

胡适做学问一直严谨，求证甚严，论其治学功力，也远在钱穆之上，而钱之"其功力亦非细矣"一句，无非在抬高自己。他自己说："余自入北大，即如入了一是非场中。”此乃偏见，平心而论，北京大学多研究学问，少社会上的名利是非。若说北大是个学术上讲是非的地方，是不错的。连钱穆自己都说：“大凡余在当时北大上课，几如登辩论场。”据说，当时北大学生不分文史科，都愿意去听胡、钱二位的课，连北大教授夫人们都是听罢胡适听钱穆，然后成为时髦话题。

在史学研究问题上，胡适与钱穆有些观点不甚相同，这很正常。史学家面对的是客观世界，历史的陈迹是客观的东西，如何再现历史事实的真相，在历史陈迹中发现历史精神，是胡适、钱穆的共同追求。二人又都是浩博宽豁的通儒，可以有些个人的毛病，但以他们的人格，还不会建立门户的壁垒，彼此为敌或钩心斗角。

一些资料说，钱穆去找胡适借《求仁录》一书，胡适虽有，却怕失而不借，结果钱穆在书摊上“仅数毛钱购得”，有什么意思呢？

又有人说，1933年暑假，胡适拜访钱穆，与他商量不再聘蒙文通事，理由是蒙的方言太重，学生听不懂。钱穆据理反驳，胡适两次“语终不已”，“两人终不欢而散”。于是，钱穆对胡适不满，说：“文通所任，乃魏晋南北朝及隋唐两时期之断代史。余敢言，以余所知，果文通离职，至少三年内，当务色不到一继任人选，其他余无可言。”有研究者认为，此乃暗示钱穆对陈寅恪的研究并不认同。因当时研究晋到唐史的人中，文史界公认陈寅恪最权威。

胡适并不介意钱穆对他有微词，一直友善相待。一次，商务印书馆想请胡适编一本中学国文教材，胡适立刻想到曾在中学教书多年的钱穆，便请钱合编。钱拒绝合编。他认为二人的中国文学史观根本不同，最好各编一本，让读者比较阅读。

钱穆初到北平，其治史重考据，视胡适的门生傅斯年为同道中人。二人惺惺相惜，交往颇多。傅斯年经常邀请钱穆到史语所做客，史语所宴请宾客如法国汉学家伯希和等人时，傅斯年也多请钱穆作陪。还常常让钱穆坐在客人身旁，特向贵客介绍钱穆的学术成就，待之不谓不尊。但仅因学术观点有分歧，钱穆便渐疏远傅斯年。钱穆的《国史大纲》出版，张其昀问傅斯年对此书的评价，傅斯年说："向不读钱某书文一字。彼亦屡言及西方欧美，其知识尽从读《东方杂志》得来。"张其昀道："君既不读彼书文一字，又从何知此之详？"傅斯年微微一笑，避而不答。被钱穆伤透心的傅斯年，用同样的方法回敬曾经的同道中人。

钱穆治学有大视野，从大处入手，但作为一个从乡间走到文化中心北平的中学毕业生，其胸襟尚不阔大，与人交往也欠大气。

钱穆并不是一个躲在书斋和游走于讲台的教授。其弟子余英时在他仙逝时，所作挽联中的"一生为故国招魂"句，极为恰切，最为允当。而他的爱国情更令人肃然起敬。

九一八事变后，国难当头，国人抗日激情高涨，积极投身救国御侮大潮之中。南京政府要求全国高等学校将中国通史作为必修课。北大原本就是拉开新文化运动、开启新时代的精神高地，现在正处抗日救国的关头，北大教授纷纷要求肩负编讲"中国通史"重任，以唤醒学生和国人的民族意识。十五位教授愿意按历史时段，分头编讲。钱穆提出，通史量大面广，各人对其研究成果并不一致，中间难以贯通，也难免产生矛盾，不如一个人从头讲到尾。众教授觉得有理，便推举陈寅恪和钱穆二人合编讲，可减轻负担。钱穆自告奋勇，认为自己完全能胜任，就不必有劳陈寅恪了。陈寅恪并不与之相争，拱手致谢。最后，钱穆一人在北大主讲自己编的"中国通史"。钱穆早年就立志研究中国文化，为唤起国人对传统文化的信心和民族自尊心。他走上了一条积极济世的治学之路。多年苦读精研"莫非因国难之鼓励，爱国之指导"。他在《历史与文化论丛》中，就谈过治学目的，即“要为我们国家民族自觉自强发出些正义的呼声”，现在正是自己施展所学的关键时刻，他满怀爱国之志，慷慨而谈。结果好评如潮，听者甚众。

“中国通史”自1933年开讲，先后在北大讲了四年，又在抗日战争时的西南联大讲了四年。这一讲八年的“中国通史”，几乎贯穿了抗日战争时期，钱穆讲授的中心是，统一和光明是中国历史的主流，分裂和黑暗是暂时的。因此，钱穆讲的“中国通史”，颇具深远意义。

1935年，日本阴谋策划“华北自治”。在爱国热情与民族大义的驱动下，爱国的自由主义知识分子，为挽救民族希望，毅然出击。胡适、钱穆、姚从吾、顾颉刚、钱玄同、孟森等百余名北平教授联合发起抗日活动，反对日本干涉中国内政，并敦促国民政府早定抗日大计。

胡适、钱穆等在国难当头之际，始终保持知识分子的独立精神和良知道义，有些书生意气，更显知识分子之卓见。

钱穆（1895—1990），江苏无锡人。原名思𫙩，字宾四。钱穆出身书香之家，其父是前清秀才，因身体孱弱，三次乡试均在考场病倒，从此绝迹科场。钱穆幼时在私塾读书。后进入常州府中学堂就读。毕业后到无锡三兼小学任教，开始自学国学经典。翌年转私立鸿模学校任教。1919年到后宅镇泰伯市立第一初级小学任校长，后又任市立图书馆馆长。1922年秋，转至厦门集美学校教书。一年后又回到无锡，先任江苏省立第三师范教师，1927年转入苏州省立中学任教。1930年，到北平燕京大学任讲师，讲授国文，次年受聘为北京大学历史系副教授，讲“中国上古史”“秦汉史”“中国近三百年学术史”等课程，同时在清华大学、北京师范大学兼课。抗日战争爆发后，先后任长沙临时大学、西南联合大学历史系教授。1939年后，又到齐鲁大学国学研究所、浙江大学、武汉大学、华西大学、四川大学、昆明五华书院、云南大学等地任教或短期讲学。1948 年后，曾在广州私立华侨大学任教。

1950 年只身赴香港，创办私立大学香港新亚书院，自任院长。1955 年，被授予香港大学名誉法学博士学位。1960 年，应邀至美国耶鲁大学东方研究系讲学，被授予名誉博士学位。在授博士学位时，其颂词称：

> 你是一个古老文化的代表者和监护人，你把东方的智慧带出了樊笼，来充实自由世界。

1967 年，结束四处漂泊生涯，在台湾定居，先后任“中国文化学院”历史系研究所教授、台北“中国历史学会”理监事、台北“故宫博物院”特聘研究员。又一年，当选为台湾“中央研究院”院士。

1990 年 8 月 30 日，九十六岁的钱穆在台北去世。

作为自学成才的国学大师，钱穆穷其一生，致力于中国文化和中国历史通史研究，在学界赢得“新儒学”之赞誉。他为我们留下了一笔丰富的文化遗产:《先秦诸子系年》《中国近三百年学术史》《刘向歆父子年谱》《惠施公孙龙》《论语要略》《国史大纲》《清儒学案》《中国文化史导论》《庄子纂笺》《文化学大义》《中国历史精神》《人生十论》《中国思想史》《宋明理学概述》《中国历代政治得失》《论语新解》《朱子新学案》《中国学术思想史论》等著作。

台北联经出版社为他出版了《钱宾四先生全集》，三编五十四册，计一千七百万字。

钱穆曾说：“我把书都写好放在那里，将来一定有用。”他的著作，新意迭出，创见尤多，博大精深，并世难有出其右者，已成国学之瑰宝。

钱穆晚年，辞去教职沉潜书斋，专心治学。劳神费目，目力日弱，只能靠夫人胡美琦从浩如烟海的旧籍中查阅资料，引述文字。稿成后，再由夫人诵读，有遗误处，口述订正。钱穆最后一部著作《晚学盲言》，就是这么完成的。

据胡美琦回忆：

> 他七十三岁大病后，身体尚未完全复原，两眼也患目疾，医生不让他过长时间看书，尤禁晚上看书，所以生活较前轻松，然而他白天仍然全日工作，这样直到他《朱子新学案》一书完成，那是他生命中一大志愿所寄。他自己说：以后我要减少工作时间了。但也仍保持着半日正常的工作；而一遇心里喜欢的题目，他又耐不住加倍地工作了。近几年来，有时他对我说这几天我真开心，写了一篇得意的文章。但文章写完，他总会有一场病。亲戚朋友都劝我要限制他的用功时间，他们关切地说，宾四写作了一辈子，过八十的人，也该休息休息了。

钱穆的生命早已与学术研究相伴共生。到了生命最后一年，钱穆应邀参加新亚书院校庆四十周年。一天，他对夫人说："这几天我一直在思考一个大问题，我发现了一个从未想到的大发现，真高兴。"发现什么呢？他说："我今天发现了中国古人'天人合一'观的伟大。回家后，我要写篇大文章了。这将是我晚年最后的成就了。"

关于"天人合一"，钱穆早已讲过多次，夫人以为夫婿年纪大，记忆减退，故提醒他："'天人合一'观你不是早已讲过多次了吗？你怎么自己忘了呢？"钱穆不快，说："讲过的话，也可再讲。理解不同，讲法也不同。哪里有讲过的话就不许再讲的呢？"对于夫人始终没能理解自己，钱穆有些失望。

钱穆最后一篇文章，写于生命尽头前三个月，他在文中对自己"彻悟"

儒家“天人合一”，感到快慰。

他以前讲过“天人合一”的重要性，而生命最后“才彻悟到这是中国文化思想的总根源”，他认为“一切中国文化思想都可以归宿到这个观念上”，“天人合一是中国文化的最高信仰，文化与自然合一则是中国文化的终极理想”。这无疑是钱穆对儒学的一大贡献。

钱穆是在“彻悟”儒家“天人合一”的愉悦中，含笑而逝的。

斯人已去，后人对他的研究和评价并未停止。学术界基本尊钱穆为史学“一代宗师”，甚至有人称他为中国最后一个“士大夫”。刘梦溪认为钱穆是“文化史学集大成者”，“章太炎之后，惟钱穆当之无愧”。

杨联升是最为推崇钱穆的，他说“钱先生的中国学术思想史博大精深”，“胡适之恐怕是写不出来的”。

对学者的评价，历来都是毁誉参半。钱穆也未能幸免。在得到推崇的同时，批判也随之而至。

殷海光这样评价钱穆：

> 他们全然是一群在朦胧的斜阳古道上漫步的人。他们的结论是轻而易举的从庙堂里或名人言论里搬出来的，他们的古典是不敢（也从未曾）和弗洛伊德、达尔文碰头的……他们基本的心态上是退缩的，锁闭的，僵固的，排他的。我和他们是……判然有别的。

徐复观批判钱穆的历史观，是“良知的迷惘”。

钱穆的弟子李敖的话，意味深长：

> 按说以钱穆对我的赏识，以我对他的感念，一般的读书人，很容易就会朝“变成钱穆的徒弟”路线发展，可是，我的发展却一反其道。

在我思想定型的历程里，我的境界很快就跑到前面去了。对钱穆，我终于论定他是一位反动的学者。

“褒贬无一词，岂得为良史。”（宋·郑文宝《对雪》）评家总要对世上学问说三道四，或褒或贬，但要“疾虚妄”，“其文直，其事核，不虚美，不隐恶”（《汉书·司马迁传》）。诸子对钱穆的评价，要么抬上天，要么扔入地，都不是实事求是的态度。

引钱穆学生余英时祭奠老师挽联作结，或可公允：

一生为故国招魂，当时捣麝成尘，未学斋中香不散；

万里曾家山入梦，此日骑鲸渡海，素书楼外月初寒。

“黄门侍郎”投入胡适门下
——傅斯年给儿取名“仁轨”及与胡适、鲁迅的关系

1935年，年近不惑的傅斯年喜得贵子。此子系傅斯年与俞大彩所生。傅有两次婚姻。第一次，他在天津读中学时，由祖父做主，与山东聊城乡绅丁理臣之女丁蘸萃拜堂。对这段包办婚姻，傅斯年颇为不满。傅斯年在留学归国后的1934年，在济南与丁蘸萃协议离婚。同年8月，在同窗俞大维的撮合下，与其妹俞大彩在北平结婚。

傅斯年与俞大彩恋爱时，十分投入，几近癫狂。胡适在日记中有这样的记载：

> 孟真在恋爱中已近两个月，终日发疯，有一天来信引陶诗“君当恕醉人”，误写作“罪人”。我打油诗调之：“是醉不是罪，先生莫看错。这样醉糊涂，不曾看见过。”

这俞大彩不仅是俞大维的幼妹，又是陈寅恪的表妹。她出身名门，自幼受新式教育，思想开放，骑马、溜冰、打网球、跳舞样样精通，是当时的新女性。她曾在上海沪江大学求学，喜文学，擅英文，通书法，尤能写绝妙小品散文。大俞大彩十岁的傅斯年，对神采飞扬、才情卓异的妻子，自是深爱有加。

依傅家传统，傅斯年与俞大彩生了个宝贝儿子，本应按“乐”字排行，

傅斯年却给儿子取名“仁轨”。好友罗家伦闻之，大为不解，傅斯年笑道：“你枉费学历史，你忘记了中国第一个能在朝鲜对日本兵打歼灭战的，就是唐朝的刘仁轨吗？”

刘仁轨（603—685），唐朝大臣，唐太宗奇其才，由陈仓尉累迁至给事中。显庆四年（659）出为青州刺史。翌年，苏定方灭百济（朝鲜）小国后，留刘仁轨镇守。百济王子扶余丰再起，进围刘仁愿于府城，刘奉命往援。龙朔三年（663），唐派孙仁师往救，刘仁轨败倭军于白江口，遂灭百济。他统兵镇守，发展生产，为灭高丽创造了条件。

值日本对中国的侵略不断升级之时，傅斯年给爱子取曾剿灭侵寇的唐将之名，其灭日本帝国主义之信心，昭然。

九一八事变后，日本人矢野仁一发表《满蒙藏本来并非中国领土》一文，企图为伪满提供理论依据。傅斯年立刻组织方壮猷、徐中舒、蒋廷黻等人，一起编写《东北史纲》，以确凿事实，向世界证明中国的领土，有力地驳斥了日本人“满蒙藏在历史上非中国领土”的谬论。《东北史纲》出版后，由李济节译成英文，递交国际联盟。遂有国际联盟李顿调查团的报告书依此观点认可东北是中国领土的结论。

一些史家认为，面对日本侵华的咄咄态势，国民党采取妥协态度，与日谈判，“妄图换取暂时的和平”。关乎国家民族存亡，历史证明，投降和速战之论，皆不可取。在如何抗战问题上，傅斯年曾与老师胡适发生过矛盾。

胡适发《保全华北的重要》，傅斯年遂认为胡适有主和之嫌，勃然大怒，以退出《独立评论》表明态度。一些史家为批判胡适，捏造胡适与傅斯年之争，系主战与主和之争。有趣的是，这些论者，是一直视傅斯年为反动文人而加以挞伐的。此时，傅斯年只是他们手中的一块砖头，目的是打击胡适的。而事实是，傅斯年看过胡适许多关于抗战的文章，又在丁文江等友人的劝说下，特别是与老师胡适长谈之后，了解了胡适的真实意图后，与老师重修旧好。

抗日战争爆发前，傅斯年对蒋介石消极应对日本的政策不满，屡屡发表时评。他在给友人的信函中，将蒋介石称为“蒋”或“委员会”，多有轻蔑之语。

20 世纪 30 年代初期，谈到北京大学，都会说支撑北大的是“三驾马车”。“三驾马车”者，胡适、傅斯年、叶公超之谓也。胡适为领袖，傅、叶乃左膀右臂。

这种说法有些片面，准确地说，胡适、傅斯年、叶公超等，都是在共同辅佐蒋梦麟校长治理、建设北京大学而已。蒋梦麟回忆说：

> 九一八事变后，北平正在多事之秋，我的参谋就是适之和孟真两位。事无大小，都就商于两位。他们两位代北大请了好多位国内著名教授。北大在北伐成功以后之复兴，他们两位的功劳，实在太大了。那个时候，我才知道孟真办事十分细心，考虑十分周密。

蒋梦麟在 1922 年就与傅斯年有过关于办教育的深谈。那是蒋梦麟以北京大学教务长的身份到欧洲考察时，与在英国留学的傅斯年的一次谈话。蒋梦麟到德国后，对那次长谈意犹未尽的傅，给蒋梦麟写了一封信，劝他此次考察要特别注意的是，一是比较欧洲各大学行政制度，二是各大学学术重心和学生的训练。傅的视事与处事的能力，让蒋梦麟刮目相看，到了 20 世纪 30 年代初，蒋梦麟当了北大校长，自然会倚重胡、傅二人。

傅斯年是胡适的得意门生。1917 年，胡适初到北京大学任教，讲授“中国哲学史”。初入北京大学的傅斯年，正追随国学大家黄侃，人称“黄门侍郎”。他转投胡适门下，纯属偶然。一次，同宿舍的顾颉刚，很犹豫地对他说，自己所修的“中国哲学史”出了问题。胡适教授讲“中国哲学史”之前，是由陈汉章执教。陈讲了半年，才讲到周公。而胡适却将哲学史拦腰斩断，一上来就从周宣王讲起。这让听课的学生甚为吃惊。顾颉刚说，“骇得一堂中舌桥而不能下”。不少学生认为胡适真的如一些老派教授所云，是在“胡说”，此等教授岂能登堂传道授业。于是，打算将胡适逐出讲台。顾颉刚拿不定主意，就请已在北大校园里大有威望的傅斯年去听听，然后再做决断。傅斯年果真就去听胡适的课。听罢，他对同学说：“这个人书虽然读得不多，但他走的这一条路是对的，你们不能闹！”胡适这才脱离被驱的险境。也正是听了胡适这堂课，傅斯年始投胡适门下，参加新文化运动大潮。

陈独秀见傅斯年改换门庭，心存疑虑，说：“这‘黄门侍郎’傅斯年，可不是细作吗？我们不能接纳他！”

胡适不赞同陈独秀的意见，说：“凡用人，即使有疑，也不用怀疑，何况孟真这种人。”

傅斯年被胡适的博学、治学方法和文化人格折服，于是与罗家伦、顾颉刚、俞平伯、毛子水等，一起投入胡适门下。虽然胡适大不了他们几岁，这位高才生却一生奉胡适为师，结下终生不渝的情谊。

1919 年，五四运动爆发那天，已和罗家伦、顾颉刚、俞平伯等人发起成立“新潮社”，创办《新潮》的傅斯年，成了那天学生游行大军的总指挥，并在游行队伍之前，高擎大旗，站在新时代的潮头。

五四运动之后，北大乃至社会突有“新潮社”社员傅斯年、罗家伦被“安福俱乐部收买”之传闻。起因是否与 5 月 5 日，傅斯年和胡霹雳发生争执乃至大打出手有关，不得而知。即日，傅主张北大学生应集中力量营救被捕同学，而胡则坚持继续扩大游行示威的规模。二人都坚持己见，以致动手互殴，傅的眼镜被胡打坏。盛怒之下的傅斯年退出运动。所谓被“安福俱乐部收买”，系别有用心者造谣。最有说服力的是，傅斯年在当年10月，在《〈新潮〉之回顾与前瞻》（发在《新潮》）一文中，反思了五四运动，写道：“五四运动过后，中国的社会趋向改变了。有觉悟的添了许多，就是那些不曾自己觉悟的，也被这几声霹雷，吓得清醒”，“以后是社会改造运动的时代”。

但谣言杀人，傅斯年与罗家伦颇为沮丧。胡适站出来，发表《他也配》一文，为自己的学生辟谣：“‘安福部’是什么东西？他也配收买得动这两个高洁的青年！”

谣言止于智者，仗义执言的胡适，为弟子洗冤之举，令傅、罗感动。

也是这年，胡适著的《中国哲学史大纲》出版，一时轰动学界，洛阳纸贵，再版八次，发行计两万多册。这在当时，已是天文数字的畅销书了。周氏兄弟之《域外小说集》，发行不过几十本。但傅斯年写信告诫老师：“我在北大期中，以受先生之影响最多，因此极感，所念甚多。愿老师终成老师，造一种学术上之大风气，不盼先生现在就于中国偶像界中备一席。”这对老师是清醒的警告。直到1926年，傅斯年再次评价《中国哲学史大纲》时，依然认为“长久价值论，反而要让你的小说评论居先”。此论自然失当，但对老师直言评价，不一味虚美的态度，是科学的，也是真实的。

正是傅斯年这种精神，让胡适更加器重自己的这位“夸而有节，饰而不诬”、坚持己见的高徒。

胡适的另一弟子罗尔纲曾说：“有朋友问过我：‘胡适最尊敬的朋友是谁？’我不能确切地回答……但是，当朋友问到我：‘胡适最看重的学生是谁？’我立刻回答说：‘傅斯年。’”

1934年，胡适在撰写《说儒》，据罗尔纲说，傅斯年常到胡适家与他探讨。每次见他们师生交谈时，总听傅左一声先生，右一声先生，态度极为恭顺。所以罗尔纲说，对胡适恭敬顺从，“没有一个同傅斯年这样的”。

这年7月，刘半农去世。北大中文系急需找人接替刘半农之缺。文学院院长胡适找到已任中央研究院社会科学研究所所长的傅斯年，借罗常培救急。傅除了同意罗到北大，还特为他配备三位助理。胡适借去罗常培及其助手三年之久，不再提归还之事。傅斯年写信向老师讨要：“莘田兄（罗常培）‘借出三年’，可谓‘久借不归’，无专任研究员老是‘借出’之理也。”胡适用得顺手，最终还是“久借不归”。

傅斯年与鲁迅的关系，似较为繁杂。

傅斯年不是鲁迅的学生，但在他们创办《新潮》时，得到过周氏兄弟的支持。那时，周作人在北京大学任教，与陈独秀、胡适等人合办《新青年》，在教育部当佥事的周树人也与《新青年》关系密切。

1919年1月16日，鲁迅在致许寿裳的信中，谈《新潮》时说：

> 惟近来出杂志一种曰《新潮》，颇强人意，只是二十人左右之小集合所作，间亦杂教员著作，第一卷已出，日内当即邮寄奉上。其内以傅斯年作为上，罗家伦亦不弱，皆学生。

由此信可见，鲁迅还是肯定《新潮》，对傅斯年和罗家伦的文章也有好评。但有的书上说鲁迅“对傅的文章赞许连连”并无出处，是臆造之语。的确，鲁迅在1919年4月16日曾致信傅斯年，此信以“对于《新潮》一部分的意见”为题，发在《新潮》第一卷第五号上。信中说：“现在对于《新潮》没有别的意见”，“《新潮》每本里面有一二篇纯粹科学文，也是好的，但我的意见，以为不要太多，而且最好是无论如何总要对中国的老毛病刺他几针”。此外，还提出，“《新潮》里的诗写景叙事的多，抒情的少，所以有点单调”。信中还自谦：

《狂人日记》很幼稚，而且太逼促，照艺术上说，是不应该的。来信说好，大约是夜间飞禽都归巢睡觉，所以单见蝙蝠干了。我自己知道实在不是作家，现在的乱嚷，是想闹出几个新的作家来。——我想中国总该有天才，被社会挤倒在底下，——破破中国的寂寞。

鲁迅这段文字很清醒，也很深刻。可惜一些史家却视而不见。比如，鲁迅对《狂人日记》艺术上不足的清醒认识，比如将自己比作蝙蝠的自谦，比如要破中国寂寞的战斗精神，比如对“新的作家”的呼唤和期待……这篇文章，让我们不经意间看到一个早年真实的鲁迅。

此外，鲁迅在信中对叶绍钧等人小说的评价，也极具眼力。

我们也可从这封信中，揣摩出傅斯年对《狂人日记》的推崇。联系到《狂人日记》发表后，张东荪撰文攻击鲁迅时，傅斯年奋而著文反击，证明傅斯年是站在鲁迅一边的。

鲁迅除了支持过傅斯年等人办《新潮》，还维护过傅斯年的尊严和声誉。沈泊尘与傅斯年因对新文学的立场不同而有隙，曾给傅斯年画两幅漫画。一幅画傅斯年从屋里扔出孔子牌位，一幅画傅斯年捧着一个上书易卜生的牌位走进屋里。此两幅漫画刊于一直反对新文化运动的《时事新报》，针对新文化运动，可谓极具讽刺意味。鲁迅对此大不以为然。

傅斯年与鲁迅的淡然之交，维持到傅斯年1926年留学归国。傅斯年在广州中山大学任国文和历史两系的系主任，后鲁迅也到中山大学任教。两人曾有一段交往亲密的友谊。当时二人忙于教学，得其所哉。据当时在中山大学读书的学生钟功勋回忆：

孟真师博学多才，开的课很多……有《中国文学史》《尚书》等五门课……《尚书》除《盘庚》《康诰》等二三篇外，其余他都可背诵。常常在黑板上一段一段地写，并没有《尚书》在手里……孟真师上堂不带书，只带几支粉笔，登台后就坐在藤椅上，滔滔不绝地讲，讲得很快，无法笔记。他随着兴之所至写黑板，常常不管下课钟声的。

另一位学生温梓川回忆：

记得那年秋季开学时，中山大学请来了一个肥头胖耳的大块头，他有一头蓬松的乱发，一对玳瑁的罗克式的大眼镜，他经常穿着那时最流行的大反领的ABC白衬衫，没有打领带，外面罩上一套白哔叽西装，那副形容，说起来就是那类不修边幅的典型，但却显出了与众不同的风度。他似乎永远是那么满头大汗，跟你说不上三两句话，便要掏出一方洁白的手巾揩抹他的汗珠，他老坐在中大出版部附设的民俗学会里，满头伏在室中央的一张大方桌上写着什么。

学究式的傅斯年刚到中山大学时，是勤奋、敬业而快乐的，从学生的回忆看，学生对他的学问根基的扎实、教学的认真、品行的端厚是很敬佩的。但傅斯年拟请同窗顾颉刚来中山大学执教，他与鲁迅的关系突然改变了，他的忙碌而惬意的生活也改变了。

先是鲁迅闻之，发雷霆之怒："鼻（顾颉刚）来，我就走！"傅仍坚持请顾到中山大学。为不致刺激鲁迅，傅先让顾到外地购书，暂缓到校。鲁迅闻之，即提出辞呈。傅斯年为鲁迅大闹而感委屈，到教务长朱家骅那里痛哭失声，然后和顾颉刚一起提出辞呈。校方深感为难之际，学生表态三位学者都要留下。朱家骅只好硬着头皮，在三人间斡旋。鲁迅毫不退让。

从 1927 年 5 月 30 日鲁迅致章廷谦的信中，我们才知道，鲁迅之绝不与“红鼻”（顾颉刚）为伍，系鲁迅视顾为政治仇敌，不共戴天。信中说：

> 当红鼻到粤之时，正清党发生之际，所以也许有人疑我之滚，和政治有关。实则我之“鼻来我走”（与鼻不两立，大似梅毒菌，真是倒霉之至）之宣言，远在四月初上也。然而顾傅为攻击我起见，当有说我关于政治而走之宣传，闻香港《工商报》，即曾说我因“亲共”而逃避云云，兄所闻之流言，或亦此类也欤。然而“管他妈的”可也……
>
> 前天听说中大内部又发生暗潮了，似是邹（鲁）派和朱派之争，也即顾傅辈和别人之争，也即本地人和非本地人之争，学生正在大帖（贴——引者）标语，拥朱驱邹……

本书不愿置评鲁迅所谓“因‘亲共’而逃避”之论，因为没有任何材料证明，鲁迅在 1927 年有“亲共”的经历。但他对傅斯年和顾颉刚之怨怼，多是猜忌所致。鲁迅眼中的顾颉刚，不仅是“梅毒菌”，还是要迫害他的“清党”人物。而事实是顾颉刚乃一正直博学的学者。中华人民共和国成立后，为两届政协委员、两届人大代表。

至于傅斯年，鲁迅也冤枉了人家。连他自己也在 1937 年 5 月 15 日另一封致章廷谦的信中说：“当红鼻到此时，我便走了；而傅大写其信，给我，说他已有补救法，即使鼻赴京买书，不在校；且宣传于别人。我仍不理，即出校。”傅斯年“大写其信”，想“补救法”挽留鲁迅，何错之有？自己如此偏执，也昭昭。联系鲁迅与很多人的龃龉，并不奇怪。

鲁迅在这封信中，对傅斯年让顾颉刚到北京去买书，也凭空非议：

现已知买书是他们的豫定计划，实是鼻们的一批大生意，因为数至五万元。但鼻系新来人，忽托以这么大事，颇为不妥，所以托词于我之反对，而这是调和办法，则别人便无话可说了。他们的这办法，是我即不辞职，而略有微词，便可以提出的。

鲁迅信中，对傅斯年让顾颉刚去买书，认为是早就预谋的“豫定计划”，而且“实是鼻们的一批大生意”。事实是，傅托购书很有经验的顾代中山大学买书，是为充实学校图书馆之举，迄今没有任何证据证明傅、顾在此谋取私利，贪赃枉法。写信臆断人家谋私，遭到诟病的却是罗织罪名构陷他人的鲁迅。

后来，傅斯年与顾颉刚也反目，那是因为顾喜独立研究，不愿在中山大学担任行政职务，未经与傅斯年沟通即离开中山大学到燕京大学任教。傅对此忘恩负义之举，大为火光，二人大吵一场。

文人间常闹矛盾，除了“文人相轻”以外，大都是脾气秉性之别引起，门户之见过重反目的亦有，但罗织罪名构陷他人的分道扬镳，不太多。中国受儒文化熏陶，文人大多爱惜自己的羽毛和操守。

“谬承遗命倍伤神”——文化传统呵护人陈寅恪

世人多把陈寅恪之“恪”字，读作“què”，说是因陈氏原居福建上杭，属客家人，当地读“恪”作“què”。据《守护语林》考证，上杭的客家话里，根本无“q”这个声母，“què”应为粤语的“恪”的发音。陈寅恪本人在成都燕大授课时，曾亲口对人说：“我的名字念‘客’。”有人曾问陈寅恪，既然你自己将“恪”读成“kè”，而世人却读成“què”，你为何不予以纠正呢？陈笑着反问：“有这个必要吗？”于是，世人误读至今。其实，陈寅恪不改“恪”之读音，乃有出处，《辞海》载：

> 恪（kè 课，旧读 què 却），谨慎，恭敬。《诗·商颂·那》：“执事有恪。”《新唐书·崔元综传》：“性恪慎，坐政事堂，束带，终日不休偃。”其言“旧读 què 却”，可能另有原因。故读恪为“kè”与“què”无对错。

民国二十四年（1935），在燕京大学研究院读研究生的周一良，听说陈寅恪在清华大学开魏晋南北朝史课，便慕名去清华偷听。当时，陈寅恪已在北平各大院校声名远播，其博学和人品深受推崇。人们都知道，1932年夏，清华大学举行入学考试，中文系代主任刘文典找到陈寅恪，请他出国文考试题。

陈寅恪很快将作文题“梦游清华园记”拟出，外加对对子：“孙行者”“少小离家老大还”等；二三年级转校生有“莫等闲，白了少年头”等；研究生试题中的对对子，是“墨西哥”。

考生学养和临场状态不同，作文有好差之分，但对对子则五花八门，让评卷者大出意外。对“孙行者”者，有以“猪八戒”“唐三藏”“牛魔土”对之。更有不满者，怒对“王八蛋”。当然也有以“祖冲之”对“孙行者”，以“人比黄花瘦”对“情如碧海深”者。陈寅恪见之，不禁击掌赞叹。原本，“孙行者”的答案是“胡适之”，“盖猢（胡）狲（孙）及猿猴，而‘行者’与‘适之’意义音韵皆可相对”。考生中，周祖谟、张政烺等正是以“胡适之”相对。此次考试，在教育界成一时佳话。

但是，也有人大不以为然，刘叔雅等群起攻之，认为此等考试是开历史倒车。陈寅恪不得不在《学衡》杂志发表《与刘叔雅论国文试题书》一文，指出这么考，乃考应试者能否知分别虚实及其应用；能否分别平仄声；知考生读书之多少及语藏之贫富；知思想条理如何。这是以最简单的方法测验应试者的基本功。言之有理，质疑之声渐息。

正因如此，慕其大名，北平城内的各大学校的师生，成群结队，出西直门，过海淀镇，或骑车，或雇驴脚，或步行，到三十里外的水木清华去偷听陈寅恪的课，成为当时北平的别样风景。见衣着讲究的路人，络绎不绝地在古驿道上出现，强盗闻风而动，企图拦路抢劫。但师生结伴而行，前去“聆听陈寅恪上课时那如同天幕传过来的梵音绝唱”，贼人也不忍下手。

周一良常听陈寅恪表弟俞大纲（其妹嫁给傅斯年）谈到陈寅恪，夸他学问博而精，于魏晋隋唐史学方面的造诣尤深。于是，周一良从燕京未名湖畔，到近在咫尺的水木清华去偷听陈寅恪的课。同往的还有在中央研究院历史研究所工作的余逊、劳干。

周一良回忆：

> 第一堂课讲石勒，提出他可能出自昭武九姓的石国，以及有关各种问题，旁征博引，论证紧凑，环环相扣。我闻所未闻，犹如眼前放一异彩，常常为之所吸引。

周一良与余逊、劳干听罢，甚是钦服。三个京剧票友，都说像看了当时名角武生杨小楼的拿手好戏一般，连呼“过瘾”。从此，偷听陈寅恪的课，成了他们的必修课。

周一良原在燕京大学师从洪业（煨莲）教授，听他讲历史方法课，觉得受益匪浅。对洪业教授所说，只要掌握了历史之“何人”“何时”“何地”“何事”“何如”之“五何”，“你就掌握了历史”的教导一直牢记于心。今又听陈寅恪的课，懂得讲问题不仅细致周密地考证出某事之“然”，而且常常讲出其“所以然”，听起来有深度，有说服力。他认为陈寅恪补充了洪业教授的“五何”之论，即“为何”。有“六何”之法在手，便开通了进入历史的通道。

后劳干回忆：

> 在陈先生未曾上课以前，同学们已经知道陈先生是一位了不起的人物。上课以后大家因为注意的关系，每一个人印象都很深。此时方在初春，余寒未尽。陈先生穿的厚袍加上马褂，携着一大包书，用橙黄的包袱包着。清瘦的面庞夹着神情奕奕的目光，给人一个清晰的联想，想到这位盖世的奇才……寅恪先生身材瘦削，并且也不高大；加上了具有神采的双目和高耸的鼻子，的确有些像“甘地型”的人物。

陈寅恪留学欧美十多年，其学识渊博，为中外学人称颂，而其装束如乡间只知“子曰”“诗云”的老私塾先生。但就是一位这样的老人，在课堂“恒闭目而思，端坐而讲，奋笔而书”，所举史料详记卷数、页数，反复论证。所论者皆关宏旨，绝无游词，每课皆自立己说，非好奇之异，目的实只在求真。

汉代应劭在《风俗通义》中说：“儒者，区也。言其区别古今，居则玩圣哲之词，动则行典籍之道，稽先王之制，立当时之事，此通儒也。”陈寅恪自然是大儒，而他的学问在于研究历史，与庙堂无关。章太炎通儒也，然恃才傲物，过于狂傲。陈寅恪则谦虚谨慎，他的学问到底有多大，世人无有说清楚者。陈寅恪也从未将所学炫耀于人。仅举几例。

游学欧、美、日，陈寅恪以博学闻名天下。与陈寅恪同时代的友人罗家伦评论他：“寅恪从哲学、史学、文字学、佛经翻译，大致归宿到唐史与中亚西亚研究，又供他参考应用的有十六七种语言文字，为由博到精最成功者。”

在清华，梁启超先生讲某一问题时，常对学生说的一句话是：“你们去问陈先生。”

20 世纪 30 年代，有一次，陈寅恪在讲到当时流行的学说时，这位曾多年留学德国的老人，笑着说：马克思和弗洛伊德两派学说，其实《孟子》中“食色，性也”四个字已足以概括了。听过这堂课的学生卞慧新回忆：“不佞体会，先生既轻视又肯定两派之说，只是认为两派各得真理之半，没有必要过分张皇强调。”据陈寅恪自己说：“辛亥革命那年，我正在瑞士……我立刻到图书馆借阅《资本论》。”这样算起来，陈寅恪可能是中国最早读德文原版《资本论》的中国人。

陈寅恪为我们的文化留下了多少财富？无法估计。

仅粗略地统计，陈寅恪在 20 世纪的中国学界，给历史学、宗教学、语言学、考据学、文化学及中国古典文学等领域留下一笔丰厚的文化遗产。其中一些领域的研究，极具开拓性意义。

冯友兰在《怀念陈寅恪先生》一文中，对他留下的文化财富，做了这样客观与公允的概括：

> 中国封建的历史学，大都是大人物纪传的总集和一些“断烂朝报”的汇编。寅恪先生用近代史学的方法，研究他所掌握的丰富史料，使中国的历史学远远超过封建时代水平，他是中国近代史学的创始人或其中极少数人之一。

陆键东先生在《陈寅恪的最后二十年》中纵览他的一生时说，他那并不平坦的一生，“泛溢着一种博大的中国传统文化的情怀。它不仅使陈寅恪的生命过程从始到终弥漫着一种文化意绪，这还因为陈寅恪文化生命的巨大魅力，而令经受了20世纪数次社会重大变革的当世知识分子（以及后世学人），在以历史的理性回首这一段文化的历史进程时，不得不重新审视中国学人之‘根’所原有的位置。中国传统文化在20世纪因了陈寅恪的存在，增添了一段十分感人的传奇”。

传统的中国文人，特别是民国初期的大师们，大凡有才学者，或狂傲，或峻急，或狂戾，或伐异，或恶札，或癖怪，或疯癫。而陈寅恪虽博学，却虚怀、诤友、清洁。

陈寅恪十三岁留学日本，在东京弘文学院就读。与也在那里求学的鲁迅是同学。

查1915年4月6日鲁迅日记，记曰：

> 晴，大风。上午得二弟信又一明信片，并二日发。赠陈寅恪《域外小说》第一、第二集，《炭画》各一册，齐寿山《炭画》一册。

陈寅恪与鲁迅即为同学，当有交往。但鲁迅除在这篇日记中，提到陈寅恪外，似再无涉笔。而陈寅恪的文字中，干脆不提鲁迅。

陈寅恪晚年这样解释他不与鲁迅交往的缘由：鲁迅的名气越来越大，最后以“民族魂”的大旗覆棺盖椁，继而成为“先知先觉”和“全知全觉”的圣人，他怕言此事，被国人误以为自己像鲁迅所说的那样，成为“谬托知己”的“无聊之徒”，“是非蜂起，既以自衒，又以卖钱，连死尸也成了他们的沽名获利之具”。

陈寅恪的表白没有涉及自1915年相识至鲁迅晚年二十年间的交往经历，而只谈鲁迅晚年以及过世后，这背后藏有深意，其间的不屑和嘲讽，世人是看得清的。一生都不愿谈鲁迅的，还有一位大师，便是如同陈寅恪一样灵魂高洁的钱锺书先生。

陈寅恪与王国维是好朋友。王国维沉湖之前的最后一夜，是先到老友陈寅恪家小坐，翌日自沉于颐和园鱼藻轩前的昆明湖。晚上，清华同人及学生手执素灯，移王国维灵柩到清华南成府的刚秉庙停灵设祭。陈寅恪身着长袍，行旧式跪拜大礼，在洋化了的清华大学，殊为奇观，吴宓及研究院学生，也仿效陈寅恪，以旧式祭奠之礼，长跪王国维灵前。

陈寅恪挽王国维曰：

十七年家国久魂销，犹余剩山残水，留于累臣共一死；
五千卷牙签新手触，待检玄文奇字，谬承遗命倍伤神！

在鲁迅发表《谈所谓“大内档案”》，称王国维是“在水里将遗老生活结束”时，陈寅恪在《挽王静安先生》一文中，认为王国维自沉是“殉清”，又在《王观堂先生挽词》序中，提出王国维“殉文化”说。他再在《清华大学王观堂先生纪念碑铭》中，重申以一死见“独立自由之意志”之旨。

他认为王国维自沉昆明湖的原因是：

> 凡一种文化值衰落之时，为此文化所化之人必感苦痛，其表现此文化之程量愈宏，则其所受之苦痛亦愈甚；迨既达极深之度，殆非出于自杀无以求一己之心安而义尽也。

两年以后，清华研究院同人，请陈寅恪为王国维撰写碑文。陈寅恪为故友写的碑文是：

> 士之读书治学，盖将以脱心志于俗谛之桎梏，真理固得以发扬。思想而不自由，毋宁死耳。斯古今仁圣所同殉之精义，夫岂庸鄙之敢望？先生一以死见其独立自由之意志，非所论于一人之恩怨，一姓之兴亡。呜呼！树兹石于讲舍，系哀思而不忘。表哲人之奇节，诉真宰之茫茫。来世不可知者也。先生之著述，或有时而不彰；先生之学说，或有时而可商。惟此独立之精神，自由之思想，历千万祀，与天壤而同久，共三光而永光。

陈寅恪与胡适的关系，也可一提。

对陈寅恪的博学，胡适是有体会的。当年，胡适花费很大力气，写了《陶弘景的真诰考》。得出《真诰》抄袭《四十二章经》的结论，沉醉于“发千余年未发之覆”之愉悦。但傅斯年告诉他，陈寅恪早就说过《朱子语类》中，曾经指出《真诰》有抄袭《四十二章经》之处。胡适找来这部南宋朱熹讲学语录一百四十卷之《朱子语类》的“老氏”“释氏”两卷来查看，果然如是。心中便对陈寅恪有了深刻印象。

解放军进入北平之前，北平经济衰退，社会动乱，物价飞涨，民生凋敝。即便陈寅恪这样的大学教授，也穷得连买煤取暖的钱都没有。陈寅恪的学生季羡林将老师的窘境告诉了胡适。胡适闻之，马上决定赠一笔大数目美元给陈寅恪。陈寅恪很感动，表示愿将自己所藏图书让与胡适，以抵巨款。胡适婉言拒绝。后季羡林以北京大学的名义购买老师的珍藏书籍，借胡适的汽车从陈家拉走一车。据说，陈寅恪只收两千美元。而他的一部《圣彼得堡梵德大辞典》，价值就远远超过这个数。其实，是为了方便北大研究东方语言的年轻学者使用，陈寅恪借机将这些珍贵的藏书交付北京大学。

1948 年年底，解放军解放北平时，国民党开始“抢救学人”的计划。胡适托邓广铭转告陈寅恪，南京政府已派专机抵达北平南苑机场，拟接胡适、陈寅恪等著名学者去台湾。陈寅恪对邓广铭说：“走。前许多天，陈雪屏曾专机来接我。他是国民党的官僚，坐的是国民党的飞机，我绝不跟他走！现在跟胡先生一起走，我心安理得。”

陈寅恪与胡适同乘飞机离开北平，中途决定不去台湾，这是胡适不曾料到的。学人间相互理解，胡适尊重陈寅恪的选择，陈寅恪也尊重胡适的选择。他在《对科学院的答复》中说过：“没有自由思想，没有独立精神，即不能发扬真理，即不能研究学术。”陈寅恪一生都坚守这一思想。

中华人民共和国成立后，曾经两次掀起批判胡适的运动。胡适的弟子和故旧们为自保纷纷写文章清算胡适思想，争先恐后地与他划清界限，连胡适的儿子也参与批判父亲的运动，最后在政治高压之下，精神分裂，抑郁而死。陈寅恪非但不参加批判胡适的运动，反而冷眼道：“一犬吠影，十犬吠声。”

陈寅恪在 1934 年写的《王静安先生遗书序》，是给后世留下的一个绝响，也是陈寅恪为自己写下的“墓志铭”：

先生之学博矣，精矣，几若无涯岸之可望，辙迹之可寻……寅恪以谓古今中外志士仁人，往往憔悴忧伤，继之以死。其所伤之事，所死之故，不止局于一时间一地域而已。盖别有超越时间地域之理性存焉。而此超越时间地域之理性，必非其同时间地域之众人所能共喻。

《民国清流》第四卷描写文人抗战时，将叙述陈寅恪大师的家国情怀。

“表现出普遍的固定的人性”
——有理论素养、富有个性的严肃批评家梁实秋

梁实秋于1932年夏，应邀到北京大学担任外文系主任。

1930年，在校长杨振声的力邀下，他与闻一多到山东大学担任外文系系主任兼山东大学图书馆馆长。同年12月，他受中华教育文化基金会译委会主任胡适力请，开始翻译《莎士比亚全集》。原计划用五年至十年翻译完这部巨著。译者共五人，由闻一多牵头负责，另外四位是梁实秋、徐志摩、陈源和叶公超。

但世事难料，诗人徐志摩乘飞机飞往北平途中空难逝世，闻一多不践承诺，兴趣转向研究古典文学，叶公超到官场当差，陈源南下武汉大学，后又去欧洲。五人合译作古，老实的梁实秋深知翻译莎翁全集意义重大，遂一个人独自承担此大任。

实际上，直到1967年，耗去人生最好年华的三十八个春秋，三十七部四十册，共计三百万字的《莎士比亚全集》才最后译完，由台湾远东图书出版公司出版。是年8月6日，举行了盛大酒会，庆祝这一世纪工程。人们赞曰：“梁先生替中国文艺界新添了一大笔精神财富。”从此，人们称梁实秋为“莎士比亚传人”。

梁实秋虽以个人之力，独自完成浩瀚的工程《莎士比亚全集》的翻译，却是以文艺批评家的身份登上中国现代文坛的。

冰心在燕京大学读书时，在《晨报副刊》发表新诗《繁星》《春水》，

风靡北京校园。在清华求学的梁实秋，偏偏写了一篇批评文章，认为冰心这些小诗虽清新隽永，但情感湮没于理性，缺乏奔放的热情，只是受印度诗人泰戈尔的影响而已。这显示了梁实秋作为文艺批评家的天赋。

1921 年 3 月，他与顾一樵等人组织“小说研究会”，后扩大成“清华文学社”，闻一多、朱湘、孙大雨等皆为社员。翌年，与闻一多合著《冬夜草儿评论》，并在《创造周报》和《创造》季刊发表作品。1923 年赴美留学，在哈佛大学研究院，师从白璧德，接受新人文主义。新人文主义和古典主义融合，形成了梁实秋坚持的以人性论为标识的理论核心。1926 年，梁实秋回国后，先后在南京东南大学、上海暨南大学、北京大学执教，主要讲西洋文学批评史。

1928 年，在上海，梁实秋参加了“新月派”。围绕“文学与阶级性”等问题，太阳社、创造社与鲁迅展开大论争时，梁实秋参加了论战。在论战中，太阳社、创造社诸革命作家缺乏马克思主义文艺思想的武装，鲁迅也刚刚深入学习马克思主义文艺观，他们之间的论战又受到党内占主导地位的“左倾”思潮的影响，于是几成一场是非难辨的混战。相比之下，梁实秋的略带保守和清教色彩的新人文主义批评理论及倾向古典主义的文艺批评，显示出一种反文学主潮的作用，但又不乏对主潮缺失的针砭，是论战中的一道彩虹。

梁实秋对古典主义审美方式的推崇及所提倡的健全的人性表现等，与“新月派”的艺术追求不谋而合。但对于非主流的、带自由主义色彩的文学流脉来说，梁实秋的理论一直坚持着，而且具有一定的影响。时至今日，仍有积极意义。

梁实秋自回国后，一直集中精力研究西方文学批评史，从而建立了自己的古典主义的道德批评意识与审美理想。研究这时期他写的《浪漫的与古典的》《文学的纪律》及《文艺批评》等著作，会发现他在对西方文论做全面研究后，试图建立自己的文论体系。在他看来，他的老师白璧德提出的“二元人性论”，实际上包含善恶二元，放纵欲望就产生恶，以理智约束欲望则导向善。人性永远贯穿着与生俱来的、原始的善与恶的冲突，于是社会就产生善恶之争。因此，梁实秋十分赞赏老师白璧德提倡的新人文主义，清醒地意识到人性二元特点，坚信只有发扬与依持传统的健全的人文精神与伦理道德，来对人性进行约束引导，才能解决物化所带来的精神沦丧的社会危机。梁实秋认为，中国儒家的伦理，可与新人文主义共融，以形成文学领域的节制与均衡，进而消弭“五四”以来的激进的思潮（《关于白璧德先生及其思想》）。

梁实秋是“五四”以来比较清醒的文论家。他认为五四运动出于思想启蒙的需要进行反孔倒儒是过激的，儒文化被无端否定，放纵了人性恶的一面，社会人心失去理性制衡。故梁实秋对全盘西化、失去传统的五四运动，特别是对新文学运动采取基本否定态度。梁实秋认为“文学发于人性，基于人性，亦止于人性”，文学的目的是“表现出普遍的固定的人性”。只有如此，文学才有永恒的价值，才有益于引导理性，有助于“人性的完善”。

我们不妨将创造社最具代表性的理论家成仿吾与新月社的梁实秋二人的文艺观相比较。成仿吾先生主张文学的“自我表现”说，也非他所发明，不过是照搬法国现代哲学家和社会学家居友与德国艺术史家格罗塞的理论。到 1926 年，成仿吾就转而对先前的“表现说”进行了理论反省，确信文学的“工具论”和“宣传论”。1928 年，社会变得空前政治化，又受制于当时党内的“左倾”路线，中国的“革命文学”实际上变成国际无产阶级革命文学的一部分。成仿吾等人的文艺批评生吞活剥苏联及日本的无产阶级文学运动理论，主张文学应图解生活、图解政治观念，把文学与政治画上等号，使文学沦为宣传工具，并由此导向彻底抛弃文学遗产，以政治批评取代文学批评，对文学“同路人”大肆挞伐，唯我独尊。接着，他们又照搬日本共产党福田和夫的“左倾”分裂路线衣钵，提出文学队伍应该重新按阶级属性画线排队。

梁实秋对“五四”以来的新文学运动的批评，振聋发聩，极具眼光和价值，与一批自称革命作家者的狂妄而幼稚、激烈而苍白的认识，形成鲜明的对比。

梁实秋批评新文学运动全然丢弃传统，盲目西化；太重表现“情感的推崇”，“到处弥漫着抒情主义”，“滥情表达，创作粗糙，少有隽永精美之作”；文本上追求独创，内容却轻浅，多是浮薄的印象或零星的感触，“将自己的怪癖的变态极力扩展”，“实则脱离了人性的中心”。

或许梁实秋的上述观点有些片面，但即便今天看来，梁实秋仍不失是一位很有理论素养、富有个性的严肃的文学理论家。他对新文化运动所做的有相当理论自觉性的总结和评判，其中又不无深刻的反思，如果考虑到他的苛严的批评对现代文学主潮的缺失又确有某些针砭作用，那么这在现代批评发展的整体格局中又不失为一种有价值的“互补”（《中国文学通史》)。

在青岛山东大学任教时，作为“酒中八仙”之一，梁实秋沉于酒之乐。

有一次，胡适到山东大学来演讲。晚上自然有海鲜，有美酒。梁实秋、闻一多当然要以美酒招待胡适。胡适忙把太太为他刻制的“戒酒”二字的戒指亮出来，以求免战。闻一多笑曰：“不要忘记，山东本是出拳匪的地方。”胡适等大笑不止。

不久，胡适给梁实秋写信道：“看你们喝酒的样子，就知道青岛不宜久居，还是到北平来吧。”

九一八事变以后，青岛山东大学也发生风潮。梁实秋便返回北平，到北京大学担任外文系系主任，一面照料年迈的老父，一面主编《北平晨报》副刊。

1936年，三十四岁的梁实秋与二十七岁的李长之相识。二人相识缘于文字之交。1935年，梁实秋发表了《偏见集》。不久，《国闻周报》即发表了一篇文章《梁实秋著〈偏见集〉》。闻一多见到后，写信告诉梁实秋，说是清华一位刚毕业的学生写的，颇有些见地。

梁实秋读到《梁实秋著〈偏见集〉》一文，文中批评《偏见集》的短处曰："伦理的立场太过，而哲学意味的美学的兴味还太少。"还指出，"一个批评家却是宁当重在后一个方面的"。文章条分缕析，目光锐利，文笔明晰。梁实秋甚是高兴，便写信与李长之联络。后来，梁实秋告诉李长之，他是第一个看穿他作品缺点的人。

一次，梁实秋与朱光潜就美学问题发生了争论。李长之在梁实秋主编的《北平晨报》副刊上发表《我对美学和文艺批评的关系的看法》一文，态度鲜明地支持朱光潜，称"宁近于朱先生"，并且说："一，美学原理可以应用到文学上去；二，文学的美不限定在文字的音、色；三，美、善不当侧重，倘若侧重，我宁重美。"梁实秋读之，更加赞赏李长之对自己文艺观的坚持，从此引为知己。

梁实秋的理论来自美国的白璧德，所持乃古典主义立场；李长之的理论源自德国古典文艺美学，持浪漫主义态度。这两种理论，有同有异有交叉。比如对待五四新文化运动所持的态度，梁批评新文学运动是"浪漫的混乱"，李则认为新文学运动是启蒙运动，说它"有破坏而无建设，有现实而无理想，有清浅的理智而无深厚的情感"。在与左翼作家和批评家争论时，梁实秋用人性论与他们的非马克思之阶级论相对立，而李长之也斥左翼为"浅妄"，根本不配称批评家。在当时几乎清一色的左翼声音鼓噪中，他的见识和发声，不啻空谷足音，与梁实秋彼此相惜，微笑面对。

要知道，这两位惺惺相惜的、不合时宜的批评家，一个是社会名流、北大名教授，一个只是初出茅庐、崭露头角的穷学生。而梁实秋视李长之为知己，学术上相呼应，经济上总是出手相助穷困的李长之，这在当时文坛上也传为佳话。

1936年，梁实秋主编《北平晨报》副刊时，给李长之发过许多文章，如《道教徒的诗人李白及其痛苦》等，皆是李长之化名发表。后来，梁实秋编《自由评论》时，几乎每期都给李长之留版面，可让李长之每期拿到二十大洋的稿酬，以解其拮据生活，即便未写出稿件，也可预支稿费。

李长之的自传体回忆录《社会与时代》，就是在梁实秋的支持下，发表在《自由评论》上的，梁实秋亲自热情写《编者后记》向读者推荐说，这篇自传体回忆录是“一个青年的诚实坦白的自述，是难能可贵的”。

多年后，李长之对梁实秋给予的鼎力帮助念念不忘。他曾忘情地对女儿说，旧社会的知识分子帮助人，是很热情体贴的，不是直接送钱接济，而是让你通过自己的智慧和劳动得到它。这样既让你渡过难关，又让你很自尊体面，梁实秋先生就是这样帮助我的。

《自由评论》经常发表李长之文章的同时，梁实秋又将李长之推荐到中华教育基金会做德文翻译，遂有《关于优美感与壮美感的考察》（康德著）翻译出来。

梁实秋与李长之的友谊，是不讲哥们儿义气和帮派意识的，他们彼此尊重各自的文学批评的独立观点和品格，也不去影响对方的政治立场。梁实秋曾劝李长之加入他所在的民社党，李长之明确拒绝。一次，张君劢请梁实秋代请李长之见见面，李长之断然不见，这些非但没有影响梁实秋与李长之的友谊，反而让梁实秋更加尊敬李长之的独立人格。

命运常常弄人，梁实秋与李长之彼此真心相待，一直亲密无间，但是他们间的合作却往往有头无尾，有命无运。比如，梁实秋主编《自由评论》，他为了帮李长之糊口，常约他写稿。李长之潜心创作，其稿往往占去《自由评论》近一半，但后来难以再像过去那样源源不断地为《自由评论》提供稿件。《自由评论》成了无米之炊，不得不寿终正寝。更吊诡的是，李长之用心翻译的康德《关于优美感与壮美感的考察》一文，因主持者关琪相不满意而无法出版，李长之的心血付诸东流。

1945年，抗战面临胜利。王云五想由商务印书馆编一套中小学课本，在全国发行。王云五约梁实秋具体操办此事。梁实秋约冰心编撰此套课本，一个月后，冰心退回预支的稿费，表示编不出来，决定退出。梁实秋想到李长之，李长之痛快应允。几个月后，李长之完成了厚厚的八册书稿。可惜交上去，商务印书馆并未出版。

梁实秋是一位自由主义作家，他除了文学创作和文学批评，还不断地发表政治时评，曾在《新月》《独立评论》《自由评论》等报刊发表文章，反对蒋介石和国民党独裁专政，呼吁自由、民主、人权。同时，如上所述，他也批评“普罗文学”，反对从苏联和日本引进的无产阶级文学运动，反对左联推行的“左倾”文艺路线。

抗日战争爆发前，他不再批评国民党和蒋介石。他在《秋实杂忆·华北视察散记》中说：

> 对政治我一向有兴趣，可是自从抗战军兴我就不曾继续写过政治批评的文字，理由很简单，现在是一致对外的时候。

何怀硕证实梁实秋的上述说法属实，他在《怅望千秋一洒泪》（见陈子善编:《回忆梁实秋》，吉林文史出版社）中说：

抗战起，实秋先生就不再写政治批评了。他读了我今年 4 月 20 日在《中国时报》所写的《另一个中国人的看法》之后，甚为称赞，并说："我知道你还有很多话没有写出来。你对国是的意见，我很赞同。从前地方官吏丢了一个城市是死罪，现在一国丢了，没人负责……我早已不谈国是，孔子家语说：君子或行或藏，或藏或默。我属默者，哈哈……"

1937 年 6 月，为了应对日本法西斯灭亡中国的罪恶勾当，由国民党中枢筹划，蒋介石、汪精卫联名拟在庐山召开"庐山谈话会"。

梁实秋从北平市市长秦德纯手中，收到蒋、汪的请柬，决定应邀上庐山开会。

7 月 6 日，梁实秋先到武汉。咨询机构国民参政会在汉口成立，由民社党主席张君劢推荐，梁实秋被选为国民参政会议参政员，并参加第一届国民参政会。就在此会召开前，傅斯年、梁实秋想在开会时，提出弹劾孔祥熙案。但遭到中共代表吴玉章的反对。理由是抗战即将开始，中共支持蒋抗战，孔虽无能，却不能倒孔以扰蒋全力抗战。此举作罢，后有人说梁实秋倒孔，实际支持汪精卫。甚至至今还有人说，梁实秋在抗战初，是拥汪精卫主和的。而梁实秋在《抗战时的我》中却说，在国民参政会上，他"曾联合马君武、傅斯年、罗隆基条陈国是，抨击权贵，虽然书生之见，未必有当，但是已经代表舆论，略尽言责"。

9 日，在庐山，蒋介石下午邀请茶话，包括胡适、梁实秋在内的近三百名文化界、教育界名流参加了茶话会。16 日，蒋、汪宴请出席"谈话会"的人士，胡适代表致辞。

有人现在仍据梁实秋的《弱国无外交》证明他拥汪主和。这里可引几句梁实秋的重要言辞，供读者鉴别：

我们中国就是一个弱国，比阿比西尼亚还弱的弱国。我们不配喊“打倒帝国主义”的口号，更不配说什么“扶助世界上之弱小民族”，尤其不配梦想“世界大国”。我们应该干干脆脆的承认我们现在是一个弱国。弱国就有弱国的打算。弱国的打算就是一面设法图强，一面预防亡国，无论什么设施都应该朝这个方向走。

中国落后，是个弱国，这是事实。承认“弱国”，何罪之有？“一面设法图强，一面预防亡国”，不就是抗战只能打持久战的意思？与狂妄自大，自视强国，主张速战速决的论调唱反调，正是清醒之举，错在何处？

还有，1938年12月20日，《再生》杂志发表了张君劢写的《致毛泽东先生一封公开信》，认定梁实秋与张君劢合谋，“妄图给共产党、边区政府施加压力，迫使其就范”，一句话，是“拥蒋反共”，其是非曲直，将在《民国清流》第四卷中阐述。

第六章 民国二十五年（1936）

华北危机迫在眉睫，全国纷纷要求团结御侮的同时，新闻界、文化界争取言论自由的呼声，响彻大江南北。西安事变发生，举国震惊。

华北危机迫在眉睫，全国纷纷要求团结御侮的同时，新闻界、文化界争取言论自由的呼声，响彻大江南北。

1936年新年伊始，平津新闻学会召开成立大会。强烈呼吁政府开放“言禁”。纽约《太阳报》、伦敦《每日先锋报》驻京记者，后来成了名人的斯诺，积极支持平津新闻学会提出的废止新闻检查制度的主张。不久，《世界日报》对此做了报道，全世界都关注中国新闻界争言论自由的斗争。

1月7日，周作人写信给胡适，“规箴良言”：“鄙意对于国事、社会、学生诸方面，我们现在可以不谈或少管，此即弟两三年前劝兄勿办《独立评论》的意思。”胡适于9日复周作人的长信表示，自己一贯的人生哲学、欲罢不能的责任意识，是不会改变的。“老兄定笑我痴迷不悟吧”，予以婉拒。

1月11日，上海的顾执中、萨空了、包天笑等报界名流七十一名，联名在邹韬奋主办的《大众生活》发表《上海新闻记者为争取言论自由宣言》，与平津形成犄角之势，向国民党当局施压。七八月间，沈钧儒、陶行知、章乃器、邹韬奋四人联名，在《生活日报》等报发表《团结御侮的几个基本条件与最低要求》公开信，争言论、出版自由。

3月18日，北平《晨报》为抗议北平政府武装接管，刘尊棋等十六名编辑、记者全体辞职，表现新闻界对反动压迫的抗争。

5月31日，全国各界救国联合会在上海成立。其主要负责人沈钧儒、史良、沙千里、王造时率各界群众，走上街头，示威游行。

10月1日，巴金、茅盾、冰心、鲁迅、林语堂、周瘦鹃、包天笑等二十一位作家联名发表《文艺界同人为团结御侮与言论自由宣言》，要求当局“即刻开放人民的言论自由，凡足以阻碍人民言论自由之法规”，应“立即概予废止”。

10月19日，鲁迅在上海租界病逝。上海民众为他举行了隆重的祭奠活动。国民党中央党部发出“训令”，肯定鲁迅在五四运动时提倡白话、创作小说的贡献，对他转变为左翼作家，表示惋惜。并“绝对禁止”刊载“无谓捧场文章，利用死者大肆煽惑”。

12月12日，西安事变发生，举国震惊，忧心如焚。一百五十九家报馆联合发出《全国报界对时局宣言》。胡适立刻致电张学良：“陕中之变，举国震惊。介公负国家之重，苦遭危害，国家事业至少要倒退二十年。足下应念国难家仇，悬崖勒马，护送介公出险，束身待罪，或尚可赎于国人。”12月20日，《大公报》发表胡适的《张学良的叛国》一文，痛斥张“背叛国家”，“破坏统一”，“毁坏国家民族力量”。同时，胡适还攻击共产党，他认为西安事变背后肯定有共产党插手，他断言“向来抱着国际主义的共产党是绝对不能一变就成为爱国主义者的”。胡适逐渐成为国民党的“面折廷争的诤友诤臣”（1月致翁文灏等人信）。

沈从文出版散文集《湘行散记》和《从文小说习作选》及小说集《新与旧》。萧乾出版短篇集《篱下集》《栗子》，散文集《小树叶》《落日》。朱自清出版杂文集《你我》。冰心发表小说《西风》。林徽因发表诗《深笑》《风筝》《静院》《空想·外四章》等，编辑出版《大公报·文艺丛刊·小说选》。

“为国家做一个诤臣”——胡适抵御日本、保卫国家的思路

九一八事变，标志日本帝国主义开始加快罪恶的灭亡中国的步伐，中国的民族危机进入严重关头。每个中国人都得面对这一严峻的现实。可悲的是，就是在日本军国主义不断地进行政治军事挑衅，国家危亡、命悬一线的时刻，中国当局竟然惊慌失措，拿不出成熟的政治决策，而将中华民族的命运押在国联仲裁上。

身处华北平津最危急中心，一群曾拉开新文化运动大幕的自由主义知识分子，又不得不将他们的理性、智慧和爱国的精神，放在民族危亡中的外交、政治、军事的应对策略上。民族危亡的惊天大事，成了胡适为核心的爱国知识分子最为关心、最先思考的重大问题。一群书生，他们的应对策略，或真的是“书生之见”，解决不了根本问题，但他们表现出的爱国主义精神，光芒万丈。

1932 年 8 月 25 日，日本内阁外相内田在第六十三届议会上做了日本决定从速承认伪满洲国并加以政治军事援助的演讲。过了五天，胡适于 8 月 29 日夜写出《内田对世界的挑战》一文，发表在《独立评论》第十六号上。文章指出：

> 内田的演说虽然也有采取强辩的形式的地方，然而大体上可说是赤裸裸的正式宣示日本的强暴政策，毫不客气地向世界的舆论挑战，

抹煞一切国际条约的束缚……他并不依靠什么理论做强辩的根据，他的唯一根据是武力的强横……半年的国际调查，在日本人眼里，不过是添了一大堆废纸！中国人民与政府对国联的期待，照现在的情形来看，是难免绝大的失望的。所以我们到了这个时候，真不容再假借期待国联的藤牌来姑息自己了。世界各国是否能长久容忍日本的挑战态度，是否还有联合起来共同制裁一个害群之马的决心，——那都不是我们所应该得到特别重视的。我们不能依靠他人，只可依靠自己。我们应该下决心作一个五年或十年的自救计划，咬定牙根做点有计划的工作，在军事、政治、经济、外交、教育的各方面都得有个“长期拼命”的准备。无论国际政治如何变化，一个不能自救的民族是不会得人的同情与援助的。

通观胡适此文，可看出胡适对日本亡我中国的狼子野心，是有清醒认识的。对国际调查，既寄希望又不存幻想。他在抵御外侮、保卫国家的思路上，提倡“依靠自己”，下决心做一个切实可行的“自救计划”，“长期拼命”地自强。胡适的这种见识，即便现在看来，也是救国良策。

二十天后，日本公然再次挑衅中国，挑战国际社会，高调承认伪满洲国。日本代表武藤与伪满洲国代表郑孝胥在长春签订“日满议定书”。就在中国政府向日本提出抗议，向参加“九国公约”的十二国发出照会，敦请对此违反国际法的罪行，采取有效对付方法，以示公理后不久，胡适于9月19日，又写了一篇时评《究竟哪一个条约是废纸》，再次强调世界公论“道德的裁判”的道义力量，并幻想“日满议定书”必定会成为“一张废纸”。胡适对国联调查团，曾寄予些许希望，他自己相信国际公论会给中国一个满意的答复。此文发表的第二天，胡适再写《一个代表世界公论的报告》，再次指出“日本的侵略主义者能不能接受国际调处的原则”，乃是“真正根本的问题”。1932 年至 1933 年 10 月间，胡适又写《国联新决议草案的重大意义》等文章，对国联寄予希望。当然，胡适也逐渐看出国联这只“纸老虎”的虚弱和不作为的本质。

1933 年 3 月初，春风如刀，残雪未融。一百二十八个日本鬼子，凭借四辆铁甲车，一个昼夜长驱五十英里，冲进承德，中国守军汤玉麟部有十几万军队，却闻风丧胆，仓皇溃退到长城之内。六十万平方公里的热河省大地，十天内便被日寇侵占。全国为之震惊。

胡适闻之，于 3 月 6 日写《全国震惊之后》（《独立评论》第四十一号），谴责热河守军放弃国土仓皇溃退，乃“摧枯拉朽的失败”：

> 这回的事件足够证明前三年东三省二十万大兵的不抵抗是实在无能力抵抗。一年零五个月的整理与补充还不能抵抗，热河的绝好天险地利还不能抵抗，可以证明这种腐败军队遇着现代化的敌军势必如枯叶之遇劲风，朽木之遇利斧，无有不崩溃之理。

胡适在文中，为热河大溃败总结出五个原因，其中有“张学良应负绝大的责任”，胡适认为，张学良将军自从民国十七年（1928）以来负责东北四省军政全权，第二年又当了华北军政领袖。东三省、热河省，都是由他送给日本人的。他“自己以取咎取怨之身，明知不能负此大任而偏要恋栈，贻误国家”；又庇护汤玉麟，纵容他祸害人民，断送土地；汤玉麟驻热河时，不做准备；时机已急，不亲赴前线督师，今又不引咎自谴。胡适同时指出：“汤玉麟的责任应由张学良担负，张学良的责任至少有一大部分是应由中央政府担负的。”

特别是文中还提出：“中央不责成军事领袖蒋中正北上坐镇指挥，乃容许他逗留在长江流域作剿匪的工作，轻重失宜，误国不浅。”说明胡适并不赞同国民党提出的“攘外必先安内”的“剿共”方针，以“误国不浅”四字批评，当属极为严厉和剀切中理之辞。

《全国震惊之后》最深刻、最精彩的部分，是胡适对中日问题特别是两国的国势的观察，比较之后，做出救国之策：“先整顿自己的国家！”他说，“打倒一切虚骄夸大的狂妄心理，要养成虚怀向学的雅量，要准备使这个民族低头苦志做三十年的小学生”。

胡适在《跋蒋廷黼先生的论文》一文中，再次强调把国家政治的改造放在首位：

政治的改造是抵抗帝国侵略主义的先决问题……全国政治的努力不用在改造国家的政治，倒用在排外思想的煽动，用在口号标语式的打倒帝国主义。结果是我们糟蹋了整整十年的宝贵光阴，自己的国家的政治至今还不曾上轨道。

3 月 12 日，面对日本铁蹄步步逼近，胡适发表《日本人应该醒醒了！》，“披沥胸襟”正告日本人，“应该醒醒了”。他断言中国民族在日本人的“重炮与炸弹”下，“是不会屈服的”。在血与火的洗礼下，中国会一天天强大，最终会成为日本的掘墓人。

1933 年 2 月，因一份控诉北平军分会监狱酷刑虐待监犯材料的真伪问题，胡适与民权保障同盟总部发生矛盾，冲突深化，最后脱离同盟。离 1 月 30 日民权保障同盟北平分会成立，胡适出任执委会主席，次日与分会会员杨杏佛、成平（成舍我）还一起参观北平三监狱，才没几日。

2 月 24 日，胡适与英国大文豪萧伯纳晤面。胡适对萧伯纳说：

日本不能用暴力征服中国。日本只有一个法子可以征服中国，即就是悬崖勒马，彻底的停止侵略中国，反过来征服中国民族的心……日本军阀在中国的暴行所造成的仇恨到今天已是很难消除的了。但这一个仇恨最烈最深的时候，也许正是心理转变最容易的时候，九世之仇，百年之友，都在这一点觉悟与不觉悟的关头上。

胡适对萧伯纳的这一谈话中的“征服中国民族的心”一句，在当时与后来，遭到说不清道不明的误读。倘联系胡适一贯的反对日本军国主义的文章及此讲话的全文，其实，他的表述是清楚的、明白无误的，那就是日本必须“悬崖勒马，彻底的停止侵略中国”。不怀好意者的引申，无非是想败坏胡适形象，搞掉一位在国难当头伊始，就代表中国知识界理性、良知，积极宣传抗日的领袖。

1933 年，中日两国并没有宣战，但日本悍然侵略我国华北，“中国民族排日仇日的心理，只有一日深似一日，一天高似一天”。在这样的关头，胡适的时评，已成为当时整个中国的声音。3 月 27 日，胡适又有《我们可以等候五十年》在《独立评论》上发表。针对日本为欺骗世界舆论，故意做出的某些姿态，文中提出中日两国在目前形势交涉的唯一条件是取消伪满洲国，恢复中国在东三省与热河省的领土和行政主权的完整，舍此，“中国决不能和日本开始交涉”。胡适在这篇文章中，还清醒地指出：

我们此时也许无力收复失地，但我们决不可在这世界的道德援助完全赞助我们的时候先就把失地签让给我们的敌人。我们也许还要受更大更惨的侵略，但我们此时已被“逼上梁山”，已是义无反顾的了。我们此时对自己，对世界，都不能不坚持那道德上的“不承认主义”，就是决不承认侵略者在中国领土内用暴力造成任何局面、条约或协定。

可以说，中国领土完整、行政主权完整，是胡适在中日问题上言论的基石。

早在1932年9月15日，胡适在给罗文干的一封信函中，关于处理中日两国关系，就曾主张“我国必须决定一个基本方针”，说具体一点，即“一、取消满洲国；二、恢复在东北之行政主权”。

胡适在《国际流言中的一个梦想》（《独立评论》第九十号）一文中，重申他的这一主张：“即使华盛顿和伦敦、巴黎、柏林、罗马的政府都承认了满洲国，中国的政府和人民也决不承认它的，更不用说中、满的同盟了。”

在《解决中日问题的“任何悬念”》一文中，胡适态度鲜明地指出：

我们对日本，对世界，决不可回避这个满洲问题，我们敌人要我们不谈这个问题，难道我们就乖乖的不谈它了吗？我们必须时时刻刻提出这个问题，天天谈，日日谈，站在屋顶上大喊，锲而不舍的大喊。我们决不可因敌人忌讳而就忽略了这三千万人所在的失地，让他们去任日本军阀随意的宰割！

1933年4月8日，胡适回信汪精卫，辞谢汪诚恳请求他出任教育部部长的决定。胡适在信中说：

我所以想保存这一点独立的地位，决不是图一点虚名，也决不是爱惜羽毛，实在是想要养成一个无偏无党之身，有时当紧要的关头上，或可为国家说几句有力的公道话……为国家做一个诤臣，为政府做一个诤友。

胡适辞谢汪精卫力邀出任教育部部长之请的六天后，写了一篇《我的意见也不过如此》。起因是一封从陕西西安寄给《独立评论》的信。写信者叫徐炳昶，他在信中要求《独立评论》同人联合发一个“坚决主战”的宣言，特别提出胡适本人在中日关系特别是主战问题上，发表一下他近来的意见。

《独立评论》第四十六号上，发表了徐炳昶这封信的同时，胡适借此信也写了这篇《我的意见也不过如此》（1933 年 4 月 11 日）发在同期。文章表示，因日本在伪满洲国问题上毫不让步，又拒绝国联的调解并退出国联，他已经不主张与日本交涉了。

胡适在文章中的一段话，又引起一场波澜。关于主战问题，胡适在文中说：

> 我不能昧着我的良心出来主张作战。这不是说凡主张的都是昧着良心的。这只是要说，我自己的理智与训练都不许我主张作战。我极端敬仰那些曾为祖国冒死拼命作战的英雄，但我的良心不许我用我的笔锋来责备人人都得用他的血与肉去和那最惨酷残忍的现代武器拼命。

此文甫一发表，《大公报》即有《就利用“无组织”和“非现代”来与日本一拼》一文回应胡适。自称董时进的作者呼吁“脱开赤膊，提起铁匠铺打的大刀”，与鬼子拼命。“我们的老百姓到了草根树皮都没有，他们不吃也成，到饿死也不会骚动，更不会同士兵争粮饷”，“到必要时，我们正不妨利用百姓的弱点，使军阀惯用的手段，去榨他们的钱，拉他们的夫。反正我们的百姓好对付，能吃苦，肯服从，就拉他们上前线去死，尽其所有拿去供军需，他们也不会出一句怨言”。

明眼人是会从隐藏的文字中，读出董时进的“高论”，其实是一种牢骚和怨言。甚或是对当局不思强国，只顾榨取民脂民膏丑行的控诉。但胡适却从历史上轻言主战的教训，提醒国人。清议多误国，历史上安南、朝鲜、台湾、辽东半岛从中国版图上被人掠走的教训，都与主持清议的名流重臣不无关系，故胡适在主战问题上，一直是“唱低调”的，这是事实。

我们按时间顺序，看看胡适的“哀矜敬慎”对主战的态度。

1932 年 12 月 6 日，胡适在接受北平《晨报》记者采访时说：

> 大凡一个国家的兴亡强弱，都不是偶然的，就是日本蕞尔三岛，一跃而为世界强国……所以能够如此，也有他的道理。我们不可认为偶然的。我们要抵抗日本，也应该研究日本，知己知彼，百战百胜。

1933 年 5 月，傅作义率五十九军在怀柔抵抗现代化日军的飞机大炮的进攻。日军撤走后，傅作义在战场找到二百零三具阵亡官兵遗骸，葬之大青山下，立碑以慰忠烈。胡适敬佩不已，后以诗表哀敬，冷静而低调：

> 这里长眠的是二百零三个中国好男子，
> 他们把他们的生命献给了他们的祖国。
> 我们和我们子孙来这里凭吊敬礼的，
> 要想想我们应该用什么报答他们的血！

是年 12 月 20 日，胡适致信汪精卫，重申对抗日要“哀矜敬慎”：

> 当举国唱高调之时，我不怕唱低调；今日举国好像要唱低调了，我不敢不唱一点高调。

这也许正是胡适每发抗日政论时，既“哀矜敬慎”，又不给抗日泼冷水，而是揆时度势，知制有节，低调而不失信心。

1934年12月17日，是胡适生日，他在这天写《国际危机的逼近》一文，发于《独立评论》一百三十二号。文章全面阐述日本军国主义亡我中华野心不死，第二次世界大战一触即发，中华民族燕巢危幕，无力自救的悲剧不可避免，作为第二次世界大战主战场，中国必将遭到巨大牺牲。

但文章并不悲观，开始提倡武力御侮。据章希吕日记载："夜饭后和适兄闲谈了两个钟头，他对于第二次世界大战，怀了一个不能幸免之惧，中国尤首当其冲，牺牲必大，那时人民的痛苦必比现在尤甚。但中国能否翻身，就在这个世界大混战中。"最后一句话可解读为，中国只有通过抗战才能自救，才能翻身。

1935年6月27日，胡适写长信给外交部部长王世杰，信中说：

> 我们若要作战，必须决心放弃"准备好了再打"的根本错误心理。我们必须决心打十年败仗，必须不惜牺牲最精最好的军队去打头阵，必须不惜牺牲一切工商业中心做战场，一切文化做鲁汶大学。但必须步步战，必须虽步步败而步步战，必须虽处处败而处处战……从那长期苦痛里谋得一个民族翻身的机会。

胡适在主战问题上是低调的，但战端一开，他又是主张坚决抗战的，并主张持久战，通过全民抗战完成民族的自我救赎。

胡适又是十分重视中日两国人民的友谊的。

胡适认为，日本现在欲亡中国，而准备大举侵略，是中日两国千年历史不幸的一段，但"雾散云开自有时"，历史总会有中日两国平等友好的光明前途。出于对日本人民险恶前途的担忧与惋惜，胡适在《敬告日本国民》一文中忠告日本“悬崖勒马”，放下屠刀。

1936年7月，胡适到美国参加太平洋国际学会第六届年会。途经日本时，他专门到神户找室伏高信谈了一次话。1935年10月3日，日本学者室伏高信曾请求胡适为《日本评论》写一篇文章。胡适就写了《敬告日本国民》，刊登在《日本评论》（11月号）上。文章警告日本“悬崖勒马”，“苦心无边，回头是岸，不回头的危险是不能想象的”。

胡适还专门写了《答室伏高信》重申：“凡侵略我们的，凡阻害我们国家生存与发展的，都是我们的敌人。”

室伏高信也写了两封“答胡适之书”。这位和平主义者、东方文化主义者室伏高信，在信中表示，日本确应“慎戒”，不要受日本军阀的欺骗，要认中国为朋友。在第二封“答胡适之书”中，有几句十分精彩的话，抄录如下：

> 我们应该在东方诸民族的自由平等立场上结合起来，使世界为之战栗！我们可以效法马克思一句话“所失的不过是铁链（多译为镣铐——引者）而已”，要这样，世界的舞台始会转变，而“朝气的国家”一定能升出新鲜的太阳。

胡适拜访了室伏高信后，在从神户开往东京的火车上，遥望白雪覆盖的富士山，诗兴油然而生，遂觅得小诗一首：

> 雾鬓云裾绝代姿，也能妖艳也能奇。
> 忽然全被云遮了，待到云开是几时！

胡适自己说，“我写了这首小诗，颇寓对日本的一点希望”（7月21日日记）。

生活往往充满悖论。胡适一生对日本的政治文化十分敬仰。而从室伏高信的《胡适再见记》可以看出日本人一直视胡适为“排日的煽动家”“学生抗日运动的指导者”。胡适方如梦初醒，方知当他到日本列岛，走下邮轮时，为什么竟无一个日本人到码头迎迓。

更令人诧异的是，日本战败之后七十年，日本学术界仍对留学日本的周氏兄弟和郭沫若等人的研究趋之若鹜，而对中国新文学运动奠基人胡适的研究冷冷清清，甚至依如第二次世界大战时对胡适充满仇恨。

呜呼，被梁实秋称为“比较温和和高雅的”日本人，这是怎么啦?

把鲁迅当作"人"，不是当作"神"——周作人在"苦雨斋"并不"专谈风月"，对乃兄认识透彻

梁实秋在《看云集·忆岂明老人》一文中，是这样介绍他的老朋友周作人的"苦雨斋"的：

> 八道湾在西城，是名副其实的一条弯曲的小巷。进门去，一个冷冷落落的院子，多半个院子积存着雨水，我想这就是"苦雨斋"命名的由来了。临街一排房子算是客厅，地上铺着凉席，陈设简陋……上房是一明两暗，明间像是书库，横列着一人多高的几只书架，中西书籍杂陈，但很整洁。右面一个暗间房门虚掩，不知作什么的。左面一间显然是他的书房，有一块小小的镜框，题着"苦雨斋"三字，是沈尹默先生的手笔，一张庞大的柚木书桌，上面有笔筒砚台之类，清清爽爽，一尘不染，此外便是简简单单的几把椅子了。照例有一碗清茶献客，茶具是日本式的，带盖的小小茶盅，小小的茶壶有一只藤子编的提梁，小巧而淡雅。永远是清茶，淡淡的青绿色，七分满。房子是顶普通的北平式的小房子，可是四白落地，几净窗明。

梁实秋笔下的"苦雨斋"，房子是顶普通的北平的四合院，房子四白落地，窗明几净。周作人就是在这样的"苦雨斋"里，淡泊而寂寞地阅读"金枝"，吟咏日本俳句，写他清明冷隽的杂文小品。因寂寞而创作，是日

本人有岛武郎的名句："我因为寂寞，所以创作"，"我因为欲爱，所以创作"。周作人就是在寂寞中的"苦雨斋"读书、创作的，他在《瓜豆集·结缘豆》中说，"有一种苦痛却无法解除"，即"人生的孤独"。孔子说："鸟兽不可与同群，吾非斯人之徒与而谁与？"周作人就"像是一片树叶，与一切绝缘而孤立着"，但正是在这种寂寞的精神状态下，他获得了自由的人生境界，精神获得了自由，创作也获得了新的超越。鲁迅认为，周作人式的"咀嚼着身边的小小的悲欢，而且就看这小悲欢为全世界"，是"过于珍惜他有限的'哀愁'"，因而不免露出"有意低徊、顾影自怜之态"（《且介亭杂文二集·中国新文学大系·小说二集·导言》）。

鲁迅若听到欧内斯特·海明威获得诺贝尔文学奖时的感言，会怎么想呢？海明威说：

> 孤独是作家的精神资源，一个人可以被消灭，但不可以被打倒。一个人作品中的一些东西可能不会马上被理解，在这一点上，他有时是幸运的；但是它们终究会清晰起来，根据他们以及作家具有的点石成金的本领大小，他们将青史留名或被人遗忘。

海明威的诺贝尔奖获奖感言，可以让我们重新审视周氏兄弟。

寂寞的周作人在"苦雨斋"写的读书笔记体的精妙散文，给寥落的文坛，添了不少生气和热闹。读者可以经常从《大公报·文艺副刊》《论语》《人间世》《青年界》诸多报刊上，读到署名知堂、岂明的优雅文章。

郁达夫1935年编选的《中国新文学大系·散文二集》中，鲁迅和周作人的散文竟占去一半篇幅，郁达夫特别推崇周作人的散文，他说，周作人的散文"一变而为枯涩苍老，炉火纯青，归入古雅遒劲的一途了"。在郁达夫看来，周作人的散文远在鲁迅之上。

当代文学批评家，太看重鲁迅敢于直面现实，主张韧性战斗，凡文字都具深刻的社会斗争的意义，如郁达夫就说："鲁迅的文体简练得像一把匕首，能以寸铁杀人，一刀见血。重要之点，抓住了之后，只消三言两语就可以把主题道破。"是的，鲁迅的文章，具有很犀利的批判精神，但作为文学，这只是一种在特别语境和政治背景下被强化了的功能。如果承认文学是人学，除了教化的功能，还有更重要的审美功能的话，周作人的散文，则另有风景，"来得舒徐自在，信笔所至，初看似乎散漫支离，过于烦琐，但仔细一读，却觉得他的漫谈，句句含有分量"（郁达夫语）。

鲁迅式的"辛辣干脆、全近讽刺"与周作人式的"湛然和蔼、出诸反语"，是散文多样风采中的两种风格，孰好孰次，难以说清。胡适早在1922年《文学革命运动》一文中，就肯定了周作人的散文成就：

> 这几年来，散文方面最可注意的发展乃是周作人等提倡的"小品散文"。这一类的作品，用平淡的谈话，包藏着深刻的意味；有时很像笨拙，其实却是滑稽。这一类作品的成功，就可彻底打破那"美文不能用白话"的迷信了。

胡适的话，即使现在看，也基本是符合事实的。可惜的是，即使今天，还有不少文学史家，仍视鲁迅的散文为唯一正道，故意贬低胡适、林语堂、梁实秋、周作人等人的散文成就，这恐怕不是审美的偏差，而是鲁迅独大的政治意识在作祟。

有不少文章说周作人在九一八事变后，日本军阀准备用武力征服中国之际，躲进"苦雨斋"无动于衷，却伏案写作，"专谈风月讲趣味"。

周作人在"苦雨斋"里写文章，这是事实。但并不谈风月。对此，他在 1936 年 11 月出版的《瓜豆集·题记》中说：

> 有好些性急的朋友以为我早该谈风月了，等之久久，心想：要谈了罢，要谈风月了吧……其实我自己也未尝不想谈，不料总是不够消极，在风吹月照之中还是要呵佛骂祖，这正是我的毛病，我也无可如何。

躲在“苦雨斋”里，寂寞着，但又不是“谈风月讲趣味”，那能干什么呢？作为“五四”那代人且为骨干的周作人，不关心政局、不触及时事是不可能的。

1934 年 9 月 2 日，周作人从日本返回北平。第一件事是访亡友刘半农的夫人。周作人去日本途中，刘半农在西北调查方言，不幸染回归热，回到北平后医治无效亡故。等周作人到东京，才从友人那里得到此讯，闻之怅然若失，悲痛欲绝。夜深人静之时，周作人想起自己在《人间世》杂志上发表《五十自寿诗》时，同期还有刘半农的《双凤凰砖斋小品文》一文。他记得刘半农在《题记》中写道：“昔苦雨斋老人得一凤凰砖，甚自喜，即以此名其斋。今余所得砖乃有双凤凰，半农他事或不如岂明，此则信之矣。”

没多久，他们二人还在《论语》上以诗相和。刘半农诗为《自题画像》，云：

> 名师执笔美人参，画出冬烘两鬓斑。
> 桐眼注明劳碌命，评头未许穴窬（yú，指门边的洞——引者）钻。
> 诗文讽世终何补，磊块横胸且自宽。
> 蓝布大衫偏窃喜，笑看猴子沐而冠。

周作人记得十七年前，初见刘半农时，刘半农脚穿灰蓝缎帮鞋，钱玄同戏称此鞋为“鱼皮鞋”，遂和刘半农诗曰：

宝相庄严许拜参，面皮光滑鬓毛斑。
眼斜好显蛾眉细，头大难将狗洞钻。
脚下鱼鳞方步稳，壶中芝豆老怀宽。
布衫恰是新章服，抵得前朝一品冠。

刘半农与周作人的诗，各画了一张肖像图。刘半农为自己，周作人为刘半农。皆显其形、其神魄。两位老友唱和间的嬉笑、诙谐、戏语，掩不住感情笃深。往事似烟，周作人每每想起，总不禁潸然泪下。

周作人到北平的第十三天，参加北京大学举行的刘半农追悼会。周作人沉痛致悼词：

其一是半农的真。他不装假，肯说话，不投机，不怕骂，一方面却是天真烂漫，对什么人都无恶意。其二是半农的杂学。他的专门是语音学，但他的兴趣很广博，文学美术他都喜欢，做诗，写字，照相，搜书，讲文法，谈音乐。有人或者嫌他杂，我觉得这正是好处，方面广，理解多，于处世和治学都有用，不过在思想统一的时代，自然有点不合适。

周作人从人格和学问上极恰切地总结了刘半农的长处，表达的也正是自己看重老友的地方。

周作人一生，不断地送故人离去。徐志摩济南空难后，周作人写文章悼念这位与自己并无深交，甚至有笔墨交锋、相互讥讽的过世故人。他在

《看云集·志摩纪念》中，为“和蔼真率，令人觉得可亲近”的徐志摩表达了敬意。

人们当然不会忘记，周作人在好友李大钊就义时震惊、哀痛的情景。当《顺天时报》发表文章肆意向李大钊的英灵大泼污水时，周作人愤怒了，连续发表《偶感》《日本人的好意》等文，捍卫李大钊的一世英名，说他是“以身殉主义”的高风亮节之人。文章正气凛然。周作人还与胡适等人保护李大钊遗孀、遗孤，心中还惦记着李大钊文集的出版。

在“三一八”殉难者追悼会上，周作人也来送那些并不相识的年轻人，他献的挽联曰：

> 赤化，赤化，有些学界名流和新闻记者，还在那里诬陷；
> 白死，白死，所谓革命政府与帝国主义，原是一样东西。

读周作人上面的文字，依旧可见到新文化运动以来文人身上的温暖和真诚。

周作人在“苦雨斋”，也并未与外界隔绝，他时常会与文学界所谓的“京派”圈子保持联系。查1934年9月22日周作人的日记，有这样的记载，午往丰泽园赴《大公报·文艺副刊》之招宴，到者杨金甫、俞平伯、朱自清、闻一多、梁实秋、余上沅、郑振铎、沈从文等。

这些被称为“京派”的文学圈子里的人，有的是周作人的朋友、学生，有的是后进的新人。有的一直亲密相处，如俞平伯；有的曾有过碰撞，如梁实秋就与他有过“丑的字句”的争论。朱自清在谈到这场论争时说：“梁实秋氏主张有些字不能入诗，周启明氏不以为然，引起一场有趣的争辩。”

“丑的字句”争论刚息，梁实秋又多次著文，批判“五四”文学“浪漫的趋势”，周作人就是被批评者之一。但这纯属文学观念之争，并没有像创造社、太阳社与鲁迅关于“革命文学”论争时，搬出十八般武器。周作人与梁实秋在争论中，照样可以做朋友。比如，梁实秋特邀周作人到清华文学社做文学演说。周作人觉得梁实秋对“五四”文学浪漫主义的批评有道理，则由衷折服。梁实秋办《自由评论》，周作人成为该刊的主要撰稿人。

经常与友人交往、讨论，“苦雨斋”也不是凄风苦雨中与世隔绝的深山古寺。周作人的寂寞，是一种文学创作的状态。夸大了这种寂寞，说他在入世与出世间苦苦挣扎，或硬与世界观相挂，往往会远离真相。

周作人是关心社会，触及时事和政局的。

就在周作人刚从日本返回北平不久，在痛苦追悼亡友刘半农之时，他仍关注时事、国事。他曾在写给曹聚仁的信中，大谈日本入侵中国的形势，“榆关事起，平津骚然，照例逃难如仪”，指出“中国大难恐未有已，上下虚骄之气尚甚”。并对国人对待中日交战充斥着“国粹的狂言与八股言论”表示担忧，“即军备也是大刀队可胜于空军，打拳可敌坦克”，认为这是缺乏理性的危险态度（《跋知堂两信》）。

周作人致曹聚仁的信的观点，与同时间胡适在《独立评论》上发表的《全国震惊之后》的观点，很接近。胡适批评曰：面对武装到牙齿的日本强敌，“我们的一切法宝：口号标语、精神文明、宝华山念经、金刚时轮法会、‘太古式’的军备与运输”是抵御不了的。与周作人批评国民之“大刀队可胜于空军，打拳可敌坦克”的轻敌思想相近，指出非理性的轻敌之论，是抵御不了日本侵略的。

此外，周作人还参与胡适与“子固”关于御敌的争论。一位署名“子固”的人发表文章，不赞同胡适提出的抵御外侮，非“依靠自己”“长期拼命”

谋自身的现代化的“自救”主张。而大谈“忠孝仁爱、信义和平是维系并且引导我们民族更向上的固有文化”，才是救国之道。周作人站在胡适一边，写了一篇《西洋也有臭虫》参加论战，批评国难当前大谈复古老调的现象。周作人保持了一位“五四”的老战士的清醒。

周作人还关注第二次世界大战前夕的欧洲形势。从报上见到希特勒派军警捉同性恋者，于是写《关于捉同性恋爱》一文，从希特勒烧性书，驱逐犹太人说开去，由此及彼，又谈到希特勒“冲锋派清党”，继而笔锋一转，说道：“中国又何尝有批评德国的资格，我们说这些闲话岂非不自量乎？”

关于欧洲战事起，“妇女参战”的问题，周作人也感兴趣，忍不住撰写《关于孟母》一文，“女军人与殉难的忠臣一样，我想都是亡国时期的装饰，有如若干花圈”，表达了他的反非正义战争情绪。

1936年年初，周作人与胡适有过一次关于人生哲学与态度的通信讨论。是年1月9日，胡适致信周作人，重申“多事比少事好，有为总比无为好”的人生哲学。介绍“我的神龛里有三位大神：一位是孔仲尼，取其‘知其不可为而为之’；一位是王介甫，取其‘但能一切舍，管取佛欢喜’；一位是张江陵，取其‘愿以其身为蓐荐，使人寝处其上，溲溺垢秽之，吾无间焉，有欲割取吾耳鼻者，吾亦欢喜施与’”。

胡适此信，是回应周作人曾写信劝胡适凡事不可太热心，“汔可小休”的，故胡适在信中，反过来又说周作人，“吾兄自已也是有心人，时时发‘谆谆之言’，但胸襟平和，无紧张之气象，故读者但觉其淡远，不觉其为‘谆谆之言’”（《胡适往来书信》）。

胡适算是了解周作人的，但周作人对自己的解剖，似比胡适严峻。同月，周作人写了《自己的文章》，谈到自己文章和为人处世的矛盾：

平淡，这是我所最缺少的，虽然也原是我的理想……又或有人改换名目称之曰闲适……闲适是一种很难得的态度……惟其无奈何所以也就不必多自扰扰，只以婉而趣的态度对付之，此所谓闲适亦即是大幽默也。但此等难事唯有贤达能做得到，若是凡人就是平常烦恼也难处理，岂敢望这样的大解放乎。

“五四”以来的知识分子，大都有焦躁心态，文化也带一股焦躁之气。而周作人等人追求的平淡闲适之气，即胡适所说的“淡远”“平和”之气，绝非是一种对现实逃避，而是一种超越，一种对现实更清醒的把握。即便从道德、事功角度去看，闲适淡远的境界也是体现着随缘任运的明智和“以物观物”的智慧。

平淡闲适的境界周作人是努力追求了，但最终也没有修行到火候，以沉沦告终。

应该说，九一八事变之后，中国与日本逼近交战状态，周作人还是清醒的，他应邀到北京大学做了《关于征兵》的演讲。他甚为激昂地力主“修武备”，“用强力来对付”日寇的侵略，而且要求政府追究“无抵抗”而“失地”的责任。

1933 年 3 月，他在写给学生俞平伯的信中，说：

世界日报载北大将迁汴，闻之欣然。吾侪教书匠亦居然得列于古物南迁之次而南渡，此非大可喜事乎。不但如此，照此推论下去，大抵幽燕沦陷已属定命，而华夷之界则当在河——不，非当也，乃是决定的必在河哉，古人所谓天堑然则当指此耳。

此信对国民党不抵抗即将华北拱手让给日本的丑行，表示了嘲讽和批评。

同年 10 月，周作人又写《颜氏学记》，严厉谴责“日本之外则不惜与世界为敌，欲吞噬亚东，内则敢于在破坏国法，欲用暴烈手段建立法西斯政权”。

《颜氏学记》对当时甚嚣尘上的“气节论”也进行了批评。周作人说：颜子推“严重地责备偏重气节而轻于事功的陋习，我觉得别有意义”。他认为“事功”，即实际的行为与效果，比抽象无原则地空喊“气节”重要得多。1935 年，周作人写《关于英雄崇拜》，对史可法的气节崇拜提出异议：“我们对于他应当表示钦敬，但是这个我们不必去学他，也不能算是我们的模范。”周作人认为，气节，须平时使用才好，若是必以亡国时为期，牺牲太大。而且，这种死于国家社会别无益处。他哥哥鲁迅，在《寻开心》一文中，支持其弟的观点，说：“徒有气节而无事功，有时亦足以误国殃民，不可不知也。”

不注重抗战的实际准备，一味高唱“唯道德论”，乃是一种新国粹主义，也是“左倾”空谈掩盖下的消极抗战论。周氏兄弟的批判，意义深刻。

1934 年，周作人还曾发表《弃文从武》一文。此文表现了周作人在中日大战一触即发的局势下的矛盾心境：文人应有守土之责，又深感书生无用，而对战争的前途也缺乏信心。他说：“据我妄想，假如两国相争，到得一国的海军歼灭了，敌舰可以来靠岸的时候，似乎该是讲和了罢？”“中国甲午以来，至于甲戌这四十年间便一直只保有讲和状态的海军……现今要开始战争，如是可能，那是否近于奇迹？”《弃文从武》比《颜氏学记》似乎更冷静、更理性些，开始考虑中国“从武”“武备”具不具备与日本开战的能力，文中流露出无奈和悲观的情绪。据郑振铎在《惜周作人》一文中透露，他在撤离北平之前，找到周作人谈了一次话，周作人重复《弃文从武》的观点，对他说，和日本作战是不可能胜的，人家海军还没打，已经登岸来了，我们如何能够抵抗人家？

1935年，周作人写《关于日本语》《日本管窥》和《谈日本文化书》等文，指出有必要对中日关系及其出路，从另一个角度，即非军事角度，进行考察与选择。文中说：“一个民族的代表可以有两种，一是政治军事方面的所谓英雄，一是艺文学术方面的贤哲”，“我们只能分别观之，不当轻易根据其一以抹杀其二”。周作人的考虑并非无道理。当时中国国民被仇日情绪支配，周作人能保持这种清醒的理性态度，殊为不易。鲁迅在《从孩子照相说起》里，指出即使是日本这样的“仇敌”，对于其真正优点，“我们也应该向他学习”。鲁迅声明：“我相信自己的主张，决不是‘受了帝国主义者的指使’，要诱中国人做奴才；而满口爱国，满身国粹，也于实际上的做奴才并无妨碍。”

“周氏兄弟在非理性的‘爱国主义’情绪笼罩下，都保持了清醒的理性精神，这是值得重视的。”（《周作人传》）

1929年之后，文坛各派势力严重对立，交锋论争不断，是那个时代典型的文化现象。周作人在《关于写文章》一文中认为，这种笔战“现出自己的丑态来，如不是卑怯下劣，至少有一副野蛮神气”。兄长鲁迅却与他唱反调，在《中国文坛的悲观》一文中则说：“作文‘藏之名山’的时代一去，而有一个‘坛’，便不免有斗争，甚而至于谩骂，诬陷的……文坛决不因此混乱，倒是反而越加清楚，越加分明起来了。”

且先不论周氏兄弟之论孰是孰非，他们都积极地投入论争却是事实。

周作人作为自由主义知识分子，在20世纪30年代不仅受到国民党右翼势力的打压，同时又在关于“革命文学”的论争中，已被左翼作家视为异类，遭到否定和批判。只是当时左派们的主要攻击对象是鲁迅，周作人没有遭到更猛烈的炮火攻击而已。

后来，在共产党的指示下，左派们停止了对鲁迅的“围剿”，鲁迅也就成了左联骨干。当然，文坛并未因此而如鲁迅所说，“决不因此混乱”。左派的宗派主义、关门主义依然严重，内部的矛盾斗争也愈演愈烈。但是，左翼作家对周作人、胡适和林语堂等自由主义作家就不再客气了。

1935 年 1 月 1 日出版的《文学》杂志，发表了一篇《林语堂论》。这篇文章的作者是左联的论理家胡风。在文章中，针对周作人关于蔼理斯将叛徒与隐士统于一身的观点，胡风指出：“蔼理斯底时代已经过去了。末世的我们已经发现不出来逃避了现实主义而又对现实有积极作用的道路。就现在的周作人氏说罢，要叫‘伧父竖子’的我们在他里面找出在真实意义上的‘叛徒’来，就是一个天大的难题。”意思是作为“隐士”的周作人，已失去了他的历史积极作用了。

周作人针对胡风的这篇文字虽聱牙，意思却清楚的文章，写了《蔼理斯的时代》一文回敬，说：“蔼理斯只看见夜变成晨光，晨光变成夜，世事长此转变，不是轮回，却也不见得就是天国近了，不过他还是要跑他的路，到末了将火把交给接替他的人，归于虚无而无怨尤，这样他与那有信仰的明明是隔教的，其将挨骂是活该。”周作人是说，在历史的变动中，持“顺其自然”态度的“自我”，与胡风这类有“信仰”的左翼文人之间，是“隔”而不通，没有共同语言。

胡风又写《蔼理斯的时代及其他》，批评周作人的论调“对于已成的强者有利的”，向强者献媚。

周作人在《苦茶随笔·长之文学论文集·跋》中，认为左翼运动是建筑在“狂信”的基础上的“新礼教”，告诉人们“狂信是不可靠的，刚脱了旧的专断，便会走入新的专断”。周作人一直在反对“以文艺作政治的手段”，要求文学成为“传道”与“载道”的工具的。

在鲁迅眼里，他是赞同周作人的。在鲁迅三弟周建人写的《致周作人书》中，可知鲁迅与他的谈话，鲁迅说了下面别有见地的话：周作人的许多意见，“有许多地方，革命青年也大可采用，有些人把他一笔抹煞，也是不应该的”。当然，鲁迅这些话，只是说给三弟听，并未敢公之于众，鲁迅是深知其后果的。

值得研究的是，20世纪20年代后期，鲁迅与周作人在个人感情上已是水火不容，形同陌路了。但他们之间在许多重要问题的看法上，如反对文学做政治手段，要求文学成为“传道”“载道”的工具等问题的看法上，是有惊人相似的地方。

鲁迅与周作人在一些问题上有相似的看法，并非是一种默契、自觉的配合，而只是基于实事求是。他们之间的怨恨是根深蒂固的。他们又都遵守一种法则，不公开交锋。

查1932年11月20日，鲁迅回北平探望病中老母鲁瑞，与许广平的通信，当中就有这样的话来评价周作人：

乖姑：

此刻是十九日午后一时半，我和两乖姑离开，已是九天了。现在闲坐无事，就来写几句……这几天较有来客，前天霁野、静农、建功来。昨天又来，且请我在同和居吃饭，兼士亦至，他总算不变政客，所以也不得意。今天幼渔邀我吃夜饭，拟三点半去，此外我想不应酬了。周启明颇昏，不知外事，废名是他荐为大学讲师的，所以无怪攻击我，狗能不为其主人吠乎？刘复之笑话不少，大家都和他不对，因为他捧住李石曾之后，早不理大家了……

“周启明颇昏，不知外事”的评语，有点牵强。仅因废名批评他，就迁怒于周作人，难以服人。

周作人在 1933 年 3 月 4 日《致江绍原书》中谈及鲁迅出版的《两地书》时，颇不以为然地说：

即如“鲁”公之高升为普罗首领，近又闻将刊行情书集，则几乎丧失理性矣。

后周作人又在《周作人书信·序言》中，暗含讥讽地说：

（我的书信）原不是情书，不会有什么好看的。

兄弟间类似这种的文中有话，笔锋一转，便成棍棒，不留情面地敲打对方，似乎不少。鲁迅的《“京派”和“海派”》一文，写的是关于“京派和海派”的争论问题。1933 年 10 月 18 日天津《大公报·文艺副刊》发表了沈从文的《文学者的态度》一文，讥笑上海作家。不久，上海作家苏汶撰写《文人在上海》一文加以反驳，沈从文又写《论“海派”》等文。此后，报刊上展开了关于“海派”和“京派”的争论。鲁迅“赶了一下热闹”，参加了争论，顺便在文中给了周作人一枪，文中说“这回却有了真正老京派的题签”，“真正老京派打头”等语，实际上指 1935 年出版的施蛰存编的《晚明二十家小品》一文，开头说：“因为长久没有小孩，曾有人说，这是我做人不好的报应，要绝种的。房东太太讨厌我的时候，就不准她的孩子们到我这里玩。”房东太太，便是周作人的夫人羽太信子。据俞芳写的《周建人是怎样离开八道湾》一文说，羽太信子曾不让孩子去看鲁迅，而且咒骂让他冷清死。这话使鲁迅和朱安很受刺激。有了孩子的鲁迅在《从孩子照相说起》中旧事重提，愤懑犹在，且多了些得意的讥讽。

于是周作人又作《老人的胡闹》一文，说：

往往名位既尊，患得患失，遇有新兴势力的意见，不问新旧左右，辄靡然从之，此正病在私欲深，世味浓，贪恋前途之故也……老人的胡闹并不一定是在守旧，实在都是在维新。盖老不安分重在投机趋时。

周作人一贯平和淡然，但在此这等尖酸刻薄，定有深层原因。这让人想起鲁迅那篇《趋时和复古》。该文发表在1934年8月15日的《申报·自由谈》。文章一开头说：

半农先生一去世，也如朱湘庐隐两位作家一样，很使有些刊物热闹了一番……他已经快要被封为复古的先贤，可用他的神主来打“趋时”的人们了。

鲁迅在批判林语堂的同时，也把板子打在周作人的屁股上。周作人的怒气，怕由此而来，遂写《老人的胡闹》相讥。

人们都知道，1934年到1935年，鲁迅与周作人的争论，主要是关于“论语派”的争论。公开的是鲁迅与林语堂的争论，而骨子里是周氏兄弟的暗中争斗。因为周作人才是“论语派”的灵魂。鲁迅和周作人都避免兄弟公开争斗的良苦用心，也让人感动。

两位都有鲜明个性的作家，虽多年失和，彼此怨怼，但毕竟是同胞亲兄弟，血浓于水。

据他们的三弟周建人后来在《鲁迅先生对于科学》一文中的回忆，鲁迅在病危之时，竟是手捧周作人的著作阅读。在《鲁迅研究资料》第十二期中，有一封周建人在鲁迅病故不久写给周作人的信，转达鲁迅在最后时刻关于周作人的谈话，其中有关于“送李大钊之子赴日本之事，他（鲁迅——引者）谓此时别人并不肯管，而你却要掩护他，可见是有同情的，但有些作者，批评过于苛刻，责难过甚，反使人陷于消极，他亦极不赞成此种过甚的责难云云”。人之将死，其言也善，鲁迅还是肯定了周作人的一些作为。

我们再看看鲁迅逝世当天，周作人在接受《大晚报》采访时关于鲁迅的谈话：

> 说到他的思想方面，最起初可以说是受了尼采的影响很深，就是树立个人主义，希望超人的实现。可是最近又有点转到虚无主义上去了，因此，他对一切事，仿佛都很悲观。譬如我们看他的《阿Q正传》里面对于各种人物的描写，固是深刻极了，可是他对于中国人的前途，却看得一点希望都没有。实在说起来，他在观察事物上，是非常透彻的，所以描写起来，也就格外深刻。
>
> 在文学方面，他对于旧的东西，很用过一番功夫……有人批评他说：他的长处是在整理这一方面，我以为这话是不错的。
>
> 他的个性不但很强，而且多疑，旁人说一句话，他总要想一想这话对于他是不是有不利的地方……

周作人还在《关于鲁迅之二》中说：

> 一个人的平淡无奇的事实本是传记中的最好资料，但惟一的条件

是要大家把他当作“人”去看，不是当作“神”——即是偶像或傀儡，这才有点用处。

周作人客观地评价了鲁迅在小说和整理国故方面的成就，也对乃兄的性格做了分析。特别值得注意的是，周作人对将鲁迅请进神龛的做法，予以谴责，即便在当下，也极有深刻的意义。

“硁硁自守之节，老而弥笃”
——集状元、共产党员于一身的教授吴承仕

1935年冬，北平爆发了震惊中外的一二·九抗日救国运动，目标是反对日本帝国主义对华北的进一步侵略和国民政府的不抵抗政策，号召全国人民起来抗日救国。运动很快发展到全国各地。

12月9日，寒风凛冽，中国大学师生的队伍里，头发已染霜的吴承仕与学生并肩而行，赶到新华门前集会。那里军警已持刀枪警戒，气氛肃杀。从各方会集到新华门的队伍，口号震天，然后是慷慨的演讲。吴承仕振臂而呼，满腔热忱。军警受命逮捕学生，吴承仕又千方百计奔走营救，并写文章宣传抗日救国，揭露政府不抵抗政策。

一二·九运动爆发后，章太炎得知北平的国民党当局宋哲元欲以“共党分子”作乱为由，用兵镇压学生运动，便发电支持学生运动，曰：“学生请愿，事出公诚，纵有加入共产党者，但问今之主张何如，何论其平素。”

宋哲元复电表示：“先生之嘱，自当遵办。”

一二·九遂未发生血案。至今史书上很少提章太炎在此次爱国运动中的作用。

章太炎知弟子吴承仕参加此运动，甚为关心，为吴承仕安全计，多次致信劝他到南方。从弟子汪东处，得知吴承仕准备到南京中央大学任教，“甚喜”，催他尽快南下，并希望“每月来此两地”讲学。时章太炎居于苏州，盼弟子之殷切，让人动容。但后来，已是中共党员的吴承仕已接受党的指

示，决心在北平坚持抗日救国工作，无心南下苟且偷安。他遂于 1936 年 2 月 20 日，在东北大学休息室，致信尊师曰：

先生慈鉴，手谕敬悉，旭初瞩望之殷，劝勉之切，唯有感激，暑假以后，自当南下。私冀时奉明诲，俾免陨越。如或国难日深，中枢颠陨，托命何所，当不可知，则区区约言，又不足道矣。

1936 年 6 月，章太炎溘然离世。吴承仕众弟子闻章太炎先生仙逝，悲痛欲绝，无法到南方为师奔丧，他们发《通启》，告之全国，曰："先师章太炎先生发生不幸，于本年六月十四日，卒于江苏吴县，先生为革命元勋，国学泰斗，一旦辞世，薄海同悲。"

章太炎在北平的众弟子，在北平为老师举行追悼会和遗墨展览会。追悼会现场，众弟子拟一挽联以寄哀思：

素王之功，不在禹下；明德之后，必有达人。

吴承仕独自作一长挽，高度评价老师的学问、气节、人品：

隐括刘贾许颖，以阐扬十二经，玄素遗文，始议胡董，终驳皮康，自排满反日以还，式昭攘夷大义；

继述王李顾黄，卒光复五千载，羲农旧物，系狱三年，去食七日，后渔父中山而逝，允推开国元勋。

读吴承仕的这一副祭奠恩师章太炎的挽联，可见其对恩师的学养学识、文化人格的崇敬，也更见彼此那份深情厚谊。

1989年有一篇文章说："吴承仕在北平进步学生和文化界的声望越来越高，然而他的旧日的师友不理解他，章太炎视他为叛逆，和他断绝了师生之谊。"《细说民国大文人》一书也说，因吴承仕赞成马克思主义，"章太炎视他为叛逆，和他断绝了师生之谊"云云，此系揣测，并无实据，皆相互抄录，以讹传讹而已。1936年，吴承仕在自己创办的《时代文化》杂志上，发表《国歌改造运动》一文，辛辣讽刺国民党的国歌是"无聊的歌曲、倒字的野调，唱的是'三民主义误荡搜宗'……万口一声一齐吐倒字，无一时一处不表现在它的低能"。文章巧妙在从国语须区别四声说起，表面是文化探讨，实则为锋指国民党之独裁和倒行逆施。吴承仕将此文遥寄章太炎先生。章太炎收到后，即复信弟子吴承仕说："前接《国歌改造运动》数纸，已付导儿分赠同学。"导儿，章太炎长子章导，当时在大夏大学读书。倘若如所传，章太炎因弟子吴承仕"赞成马克思主义，而视之为叛逆，断绝师生之谊"的话，何以会复信吴承仕，并支持他写《国歌改造运动》？师生因信仰不同，偶有歧见，自然难免，但"断绝师生之谊"之说，纯属误传。

章太炎门生众多，且多是民国时期教育界、学术界的著名人物，如黄侃、沈兼士、马幼渔、朱希祖、钱玄同、许寿裳、鲁迅、周作人、吴承仕、汪东、曹聚仁等，众星闪烁，熠熠生辉。

章太炎的众多弟子中，尚有所谓的"四大金刚""五王"和"二妙"之说。"四大金刚"，系指黄侃、汪东、钱玄同、吴承仕。"五王"者，"四大金刚"加上朱希祖，即黄侃为天王、汪东为东王、朱希祖为西王、钱玄同为南王、吴承仕为北王。而后人又称黄侃、汪东为"章门二妙"。

本节专门介绍集清末状元、民国时共产党员双重身份的章门传奇人物吴承仕。

1980 年出版的缩印本《辞海》的“吴承仕”条曰：

吴承仕（1884—1939），学者。字检斋，安徽歙县人，清光绪举人。章炳麟弟子。历任北京大学、北京师范大学、中国学院教授。精研音韵训诂及古代名物制度。晚年以新观点整理古籍，较有成绩。1933 年以后，在北平创办进步的学术刊物，在党的领导下参加了一二·九运动，对于当时抗日民主运动有一定影响。抗战以后，坚持在天津从事地下活动，支持两个进步刊物，传播民主革命的吼声。著有《经籍旧音辨证》《经典释文序录疏证》《三名礼物》《礼服释例》《释车》《六书条例》《淮南旧注校理》等。

清光绪二十八年（1902），吴承仕赴南京乡试，中举人。光绪三十三年（1907），又以举人身份赴北京，参加在保和殿举行的贡考（俗称殿试）。因时逢“戊戌变法”，停科举改为“举贡考职”。吴承仕与进士一道朝考，获一等第一名，时称“朝元”，亦称状元。光绪钦点大理院主事。年仅二十四岁之吴承仕，成为清王朝最年轻的状元。

孙中山领导的辛亥革命成功后，吴承仕出任司法部佥事，如同鲁迅任教育部佥事。但吴承仕不恋仕途，不久拜章太炎为师，将精力转入学术领域，遂成大学问家，后又参加革命，加入中国共产党。

1984 年 2 月，北京师范大学举办了“吴承仕同志诞生一百周年”纪念活动。同年 3 月 27 日，《人民日报》发表蒋南翔写的《纪念吴承仕同志诞生一百周年》纪念文章。文中说：

我们举行隆重的集会纪念他，因为他不仅是一位著名的经学家、古文字学家和教育家，更重要的是，他由一位硕学鸿儒转变为马克思主义的革命者、光荣的中国共产党党员……他从前清的举人发展成为战斗的马克思主义者，经过这样漫长曲折的战斗经历，是举世稀有的。无论从他的学术成就，从他的革命实践来说，都值得我们深深的尊敬和永远的纪念。

1930 年，因章太炎屡屡发表不满蒋介石的言论，国民党两次通缉他，章太炎先生遂有三年隐居生活。吴承仕等弟子在老师隐居时，多与他联系，慰藉他。吴承仕曾写《特别再提出章太炎的救国路线》，在《盍旦》上发表：

我们应该知道，他的民族意识，是最敏感最坚固最彻底的，同时他那不屈不挠的节操……到现在仍旧保持不变。由于前者，他认识抗战是民族解放的出路；由于后者，他认识当局某种借口是摧残救国运动的工具而敢于揭破它。

他在去年十二月二十四日电称："学生请愿，事出公诚，纵有加入共产党者，但问今之主张如何，何论其平素？对此务宜坦怀……"又二十六日发表谈话："学生爱国运动，政府当局，应善为处理，不应贸然加以共产头衔，武力制止……"

……

我们感受着预告暴风雨到来的低气压，觉得章太炎先生的意见，当"救国""祸国"两词可以随人播弄的现阶段，尤有重大的意义……

这证明他老先生的救亡主张和对于当局的态度，是一贯的而非支节的，是必至的而非偶发的。

文章既消除舆论对章太炎冠以"复古""保守"的偏见，又是对国民党当局的揭露和批判。

据王西彦回忆：

> 1931 年，吴承仕先生邀请太炎生生来讲学，真可谓前呼后拥，老先生端坐讲台，弟子检斋（即吴承仕）、玄同、逖先、幼渔、兼士等垂手分立左右，太炎先生口操浙语口若悬河讲述，玄同先生以国语翻译，检斋先生帮助板书，一讲数小时，这些平日在我们青年眼中的权威名教授，却始终毕恭毕敬，站着不敢有怠。足见当时师之尊、弟之敬的程度，至今仍传为美谈。

王西彦是 1933 年暑假只身到北平进入中国大学国学系读书的。后又参加北平左联和旧学联的活动，参加一二·九运动，被选为“北平作家协会”候补执行委员。他的回忆，显然是后来听说的，因此与事实有出入。

章太炎到北平，非 1931 年，乃 1933 年 2 月，也非应吴承仕所“邀请”来讲学，而是北上北平，督促张学良抗日，并顺便应吴承仕等弟子之邀在北平讲学。另一目的，是携来自己一生所有的七卷著作，交给钱玄同、吴承仕等弟子设法印制出版。众弟子纷纷出资，“交由吴检斋总其成”。钱玄同、吴承仕用了两年时间，精心编辑校阅。《章炳麟论学集》终得出版。章太炎见到书，甚是高兴，即给吴承仕写信道：“此书经营二岁有余，方成剞劂，足下与玄同力亦疲惫矣。”

九一八事变后，日本帝国主义开始大规模武装侵略中国，沈阳、吉林、黑龙江相继沦陷。吴承仕时任北京师范大学教授联席会议主席，曾与高步瀛、袁同礼等多名教师联名通电全国，声讨日本帝国主义侵华罪行并要求国民党政府奋起抗日。

1934 年，在中国大学任国学系主任时，吴承仕创办《文史》杂志。多载托尔斯泰和高尔基及茅盾、曹清华等进步作家作品。鲁迅的《儒术》于

1934 年 6 月，以唐俟的署名，发在第一卷第二期的《文史》月刊上。那是鲁迅听得“中华民国二十三年五月二十日及次日，上海无线电播音由冯明权先生讲给我们一种奇书《抱经堂勉学家》（据《大美晚报》）”后，所引发的一段关于“儒术”的议论，并弦外有音地议论道：“现在忽由播音，以‘训’听众，莫非选讲者已大有感于方来，遂绸缪于未雨么？”

钱玄同认定，“《文史》是一赤色刊物”，或因《文史》所刊进步作品较多之故。但也证实吴承仕的政治态度。因此，《文史》仅出了四期，便被“查封”，合乎逻辑。

1935 年 10 月，吴承仕再办《盍旦》期刊，盍旦者，渴望光明之意，具有挑战性。坚持革命方向，又出了五期，也遭查禁。吴承仕坚持屡禁屡办的韧性精神，于 1936 年 8 月，又与一些同道创办了《时代文化》杂志。前面讲的《国歌改造运动》一文，就发表在《时代文化》上。

1936 年，吴承仕在《时代文化》发表《一二・一二的示威游行与学运》，翌年又在该刊发表《新学生团体的出现》，都是总结一二・九运动以来学生爱国运动所取得的发展，同时揭露国民党分裂学运的种种阴谋。就是在这一年深秋，经中共地下党的考验，吴承仕被接纳为中共党员，与齐燕铭等编在同一特别小组。

1937 年春，张友渔、吴承仕、张申府等进步教授，经研究决定，组织新启蒙学会。吴承仕被推举起草《新启蒙学会宣言》。不久，吴承仕拟就了宣言，提出新启蒙学会旨在“唤醒比较多的知识分子，成为时代改新的中心力量……争取当前的民族解放的胜利”。很显然，吴承仕受到左翼作家运动的影响，在党的指示下，力求走在时代潮流的前头，争取更多知识分子参加到民族解放运动中来，故有此举。

《新启蒙学会宣言》一出，社会反响并不大。一是因为当时大敌当前，国人更多考虑国家民族的命运；二是新启蒙宗旨不清。但即便是这样，反动派还是嗅出赤色味道，就有杨立奎再次出面，在《华北日报》上发表《斥灭沦丧德的新启蒙运动》一文，攻击新启蒙运动。杨立奎者，乃吴承仕在北京师范大学的同事。一二·九运动之后，吴承仕与杨立奎多有斗争。杨立奎与“新学联”“师大抗敌反共救国会”一起反对学生爱国运动。吴承仕曾撰文《新学生团体的出现》，揭露其反共反民主的丑行。同时向社会揭露“新学联”捏造有三百四十名北京师范大学的学生参加“新学联”的欺世勾当。如今杨立奎又跳出来，撰文谩骂：“启蒙学会的人拿忠孝节义五伦八德当作毒素，要把他一点一滴地洗净……这些禽兽，居然在大学里做教师，将来岂不是要教出一大群猛兽来吗？”并通电全国，诬蔑诽谤新启蒙学会及吴承仕。

吴承仕凛然反击，他在《与某人书》(《吴承仕文录》）一文中写道：

> 承仕幼承庭诰，长受业于章太炎先生之门，服官法界二十年，讲学于北京、师范、东北、中国、民国各大学，亦逾一纪。退食之暇，唯以研精小学，探究三礼为事，积久有深，撰述日多。或刻本行世，以就教于通人，或积稿盈尺，以待后来之删定，此皆经生素业，诚未足多。至于立身行道，表里如一，一事不妄为，一语不妄发，一介不妄取，硁硁自守之节，老而弥笃，则诚足以质天地而告鬼神者也……彼辈自有系统，如复兴社、CC团、弘毅社、黄埔系、蓝衣社等，实为其有力之支柱……承仕无官守无言责，似可洁身而退，然同舟有及溺之患，圣门无大隐之人，心所谓危，不敢不告。如谓爱国有罪，则斧钺诚无所逃，闻者足戒，则刍荛或有可采。

吴承仕此信，并不慷慨激昂，也不露锐利锋芒，但于雍容、自信之襟怀间，有一股凛然正气。恰与杨立奎之泼妇骂街式的苍白滑稽之腔形成强烈反差。正气者自正，邪气者自惭。杨立奎究竟是什么人，说他是反动教授，少有确凿之据，此处不多论。

7 月 7 日，卢沟桥事变爆发。抗日战争爆发，北平沦陷之后，吴承仕在北平地下党的保护下，来到天津英租界，化名汪少白，继续从事革命工作。

尾声

1937年七七事变，全中国军民奋起抗战，也激起广大作家学者为国家、为民族效力的战斗热情，他们纷纷走出都市的“亭子间”，摆脱狭隘的生活圈子，走向内地，走向乡村，走向抗日最前线，或到硝烟弥漫的战场杀敌，或进行各种救亡工作，或从事抗日文艺宣传，或为保住民族文化传统在敌后教书育人，不同程度地投入抗日战争的洪流，以孱弱的肩头，扛起挽救民族危亡的重任。

在伟大的民族解放战争中，广大作家学者感受颠沛流离的生活，目睹侵略者惨绝人寰的杀戮，经历战火洗礼和自我的精神救赎，以凝重伟岸的笔墨进行斗争。《民国清流》第四卷将全景式叙述这一段御侮救国的光辉历史，反映那一代书生在峥嵘岁月中表现出的高尚灵魂和人格力量。